本著作系浙江省高校重大人文社科攻关计划项目"高职院校现代学徒制运行机制研究"
(项目编号：2018GH025)
全国教育科学"十三五"规划项目"现代学徒制运行机制的国际比较和中国路径优化研究"
（项目编号：BJA180096）的阶段性成果

现代职业教育
研究丛书

丛书主编
石伟平

我国高职院校现代学徒制运行机制研究

贾文胜 著

上海教育出版社
SHANGHAI EDUCATIONAL
PUBLISHING HOUSE

总序

2004年,由华东师范大学职业教育与成人教育研究所牵头,联合国内兄弟单位出版了第一套"现代职业教育研究丛书"。第一套丛书的出版在学界取得了良好的反响,不仅获上海市第十届教育科学研究优秀成果奖一等奖、教育部第四届全国教育科学研究优秀成果奖一等奖,更在学界成为家喻户晓的"知名IP",一大批青年学者、博士、硕士都在阅读、学习和研究这套丛书,甚至于现在这套丛书早已"洛阳纸贵",在各大销售平台均已售罄。第一套丛书能被学界高度认可,作为丛书的总主编,我感到非常高兴,同时也能感受到读者的期盼和"更上一层楼"的压力。因此,在第一套丛书出版17年之际,在新的时代、新的起点,第二套"现代职业教育研究丛书"终于如期付梓,与读者见面。

从第一套丛书诞生的21世纪初,到第二套丛书面世的新时代,中国经济社会与职业教育都发生了翻天覆地的变化。经过改革开放40多年的发展与进步,中国已经稳居世界第二大经济体,人民生活水平显著提高。在国家经济社会迅速发展的进程中,职业教育也进入了"大改革、大发展"的新时代。如今,《国家职业教育改革实施方案》《关于实施中国特色高水平高职学校和专业建设计划的意见》《职业教育提质培优行动计划(2020—2023年)》等政策陆续出台,推动了中国职业教育的身份地位从"层次"到"类型",伙伴关系从"跨界"到"融合",社会功能从"教化"到"服务",价值尺度从"借鉴"到"创生",发展路径从"标准化"到"现代化"的大变革和大转型。在大改革、大发展的进程中,新的职业教育研究课题不断涌现,第二套"现代职业教育研究丛书"也就应运而生。

整体来说,第二套丛书完美地继承并发扬了第一套丛书以问题为中心、贴近实践、关照学科体系的特色,并在第一套丛书的优良传统之上探索了前沿的研究方法与范式,注重从学术研究转向改革实践。第二套"现代职业教育研究丛书"具有以下三个显著的特征:

一是以问题为中心,关注前沿热点。第一套"现代职业教育研究丛书"始终以问题为中心,关注研究和解释职业教育发展与改革的基本原理问题。第二套丛书也始终坚持问题中心的传统,但是更偏向前沿的热点问题。从当代中国职业教育改革的现实问题出发,以热点问题、重大问题、先进经验和改革方案为研究对象,重点分析了新时代职业教育类型化改革的关键问题与实践路径、中等职业教育改革的方向与路径、现代学徒制的运行机制、高职院校专业带头人的胜任能力、行业类高职校企合作、英国职业教育教师教育、美国社区学院的发展与美国生涯教育等问题。这些问题的探究与解答,相互促进,互为支撑,共同回应了当代中国职业教育改革的现实需求,形成了一个有机的共同体,这是第二套丛书的重要特色。

二是以规范为基础,运用多元方法。第二套"现代职业教育研究丛书"以社会科学研究的基本规范为底色,根据不同的研究问题,设计不同的技术路线,采用多元的研究方法,做了一些有参考性的探索。第二套丛书有三种经典的学术范式:(1)思辨类研究范式,从实践哲学与类型学的逻辑出发,分析中国职业教育改革的重大问题;(2)实证类研究范式,运用质性、量化或"质性+量化"的研究方法,开展问卷调查、深度访谈、个案分析和行动研究,这是第二套丛书在方法上的重大突破;(3)国际比较与借鉴的研究范式,立足中国问题,借

鉴英、美等国的经验,解决中国的问题。中国职业教育的研究虽然发展十分迅速,但是在学术范式和学术规范上还有很长的路需要走,这套丛书在研究范式上为职业教育研究提供了多样化的范本。

三是以改进为目标,突出政策建议。学术研究不仅仅是为了解释这个世界,更要改造这个世界。因此,第二套"现代职业教育研究丛书"不仅强调关注现实问题,提出真问题与好问题,还凸显多元化研究方法的使用和规范学术范式的开创,同时在研究结论之余有意识地强化了政策建议。学术研究不能是空中楼阁的花拳绣腿,研究结论必须能够在实践中得到检验。因此,第二套丛书十分强调政策建议,或专章分析问题,提出对策建议,或深度讨论重点难题,提出相应对策,或就调研过程中的突出矛盾撰写专报,为相关职能部门提供决策参考。事实上,理论往往是苍白的,而实践之树永远长青。第二套丛书强化政策建议,不仅连接了理论与实践两个系统,更在客观上推动了具体实践问题的"向前一步",例如宜兴陶都中专的办学改革、杭州职业技术学院的现代学徒制,这些都是在学术理论指引下的优秀改革实践。

马丁·布伯曾言:"凡真实的人生皆是相遇。"事实上,世间的一切美好都是因为相遇。十多年前,因为与上海教育出版社的相遇,有了第一套"现代职业教育研究丛书"的诞生;如今,华东师大职成教所与上海教育出版社再次相遇,再次牵手,打造了第二套"现代职业教育研究丛书",期待这套丛书能够"百尺竿头,更进一步"!在此,衷心感谢上海教育出版社的鼎力支持,感谢刘芳副社长、宁彦锋主任、公雯雯主任、茶文琼老师及丛书其他责任编辑的辛勤劳动,也感谢李鹏博士后为丛书的修订、统筹所做的不少幕后工作。

山高人为峰,攀登学术高峰的人更需要坚韧的心智和追求完美的信念。

尽管我们一心追求尽善尽美,但是学海无边无涯,有限的成果和现有的成果都难免存在缺憾。一方面,现有的一套、两套丛书显然不足以覆盖学海的全部课题,我们也期待着用第三套、第四套,一直到无数多的研究成果,来解释和解答职业教育研究中的重大问题;另一方面,囿于时间、精力的局限,现有的丛书难免会出现错漏,还请读者批评指正!

最后,作为丛书的主编,我期望这套丛书能够对中国职业教育的学术研究起到实质性的推动作用;也祝愿中国的职业教育顺利地从"层次教育"转向"类型教育",尽早实现职业教育的"中国梦"!

石伟平
2021 年 1 月 23 日

目录

第一章 绪论
- 第一节 研究缘起 ...2
- 第二节 文献综述 ...3
- 第三节 研究设计 ...9

第二章 高职院校现代学徒制运行机制的理论内涵
- 第一节 高职院校现代学徒制运行机制的概念界定 ...16
- 第二节 高职院校现代学徒制运行机制的参与主体及其主要诉求 ...22
- 第三节 高职院校现代学徒制运行机制的理论分析框架构建 ...30
- 小结 ...46

第三章 高职院校现代学徒制运行机制的现状调查
- 第一节 调研目的 ...50
- 第二节 调研方法 ...51
- 第三节 调研对象 ...53
- 第四节 调研结果 ...57
- 小结 ...106

第四章 高职院校现代学徒制运行机制的制度困境
- 第一节 社会建构:分析现代学徒制运行机制的理论视角 ...110
- 第二节 社会建构视域下现代学徒制运行机制的本质内涵 ...113
- 第三节 社会建构视域下现代学徒制运行机制的制度困境 ...115
- 小结 ...130

第五章　高职院校现代学徒制运行机制的国际比较

第一节　德国现代学徒制的运行机制　　　　　　　　　…134

第二节　英国现代学徒制的运行机制　　　　　　　　　…140

第三节　瑞士现代学徒制的运行机制　　　　　　　　　…146

第四节　德国、英国、瑞士三国现代学徒制运行机制比较与借鉴　…149

小结　　　　　　　　　　　　　　　　　　　　　　　…163

第六章　高职院校现代学徒制运行机制的案例分析

第一节　G 职业技术学院现代学徒制运行机制的个案分析　…166

第二节　W 职业技术学院现代学徒制运行机制的个案分析　…174

第三节　J 职业技术学院现代学徒制运行机制的个案分析　…183

第四节　高职院校现代学徒制运行机制个案比较及启示　…190

小结　　　　　　　　　　　　　　　　　　　　　　　…193

第七章　高职院校现代学徒制运行机制的实践路径探索

第一节　行动背景：充分深入把握当前国情与校情　　　…196

第二节　行动方案：在集思广益的基础上进行顶层设计　…202

第三节　行动实施：宏观指引与分布创新统筹推进　　　…209

第四节　现状调查：机制日趋完善且成效逐步彰显　　　…218

第五节　经验归纳：优选合作企业，提升合作能力　　　…221

小结　　　　　　　　　　　　　　　　　　　　　　　…225

第八章　结论、建议与展望

第一节　主要结论　　　　　　　　　　　　　　　　　…228

第二节　对策建议　　　　　　　　　　　　　　　　　…230

第三节　反思与展望　　　　　　　　　　　　　　　　…231

参考文献　　　　　　　　　　　　　　　　　　　　　…234

附录　　　　　　　　　　　　　　　　　　　　　　　…243

后记　　　　　　　　　　　　　　　　　　　　　　　…245

第一章

绪论

第一节 研究缘起

2014年5月,国务院印发《关于加快发展现代职业教育的决定》(国发〔2014〕19号),明确要求"开展校企联合招生、联合培养的现代学徒制试点,完善支持政策,推进校企一体化育人"①。2014年9月,教育部印发《关于开展现代学徒制试点工作的意见》(教职成〔2014〕9号),进一步强调开展现代学徒制试点对我国进一步加快发展现代职业教育的重要战略意义,即现代学徒制可以推进行业、企业全面参与职业教育人才培养,实现"五个对接",从而提高人才培养的质量和针对性。② 在这样的政策背景下,全国各地职业院校都纷纷展开了现代学徒制的试点工作。但是,现代学徒制的中国化实践还有许多理论问题亟待破解,例如:现代学徒制与过往职业院校积极开展的校企合作有何本质不同,现代学徒制是否仅仅是一种不同于传统校企合作的新的人才培养模式,我国当前的制度环境能否支持高职院校现代学徒制人才培养模式的运行,各利益相关者能否在现代学徒制实施过程中实现利益均衡,如何在借鉴西方发达国家现代学徒制构建基本经验的基础上探索具有中国特色的高职院校现代学徒制运行机制,等等。这些问题都亟待通过理论研究进行回答,而本研究的开展正是为了能够破解上述问题,进而为高职院校现代学徒制运行机制的构建指明方向。

应该说,现代学徒制的开展一方面可以推进职业教育精准服务经济社会发展,另一方面也可以推动教育体系与产业经济体系互动发展,提高技术技能人才培养质量,是推进现代职业教育体系建设的重要战略抉择。随着"中国制造2025"与"互联网+"的深入推进,我国经济社会的发展已经进入一个新的阶段,对人才的需求也产生了新的变化,日益需要高职院校培养出不仅能够胜任当前工作岗位需求,而且能够应对未来工作、世界不断变化发展的高素质技术

---

① 国务院.国务院印发《关于加快发展现代职业教育的决定》[EB/OL].(2014-06-22)[2020-05-10]. http://www.scio.gov.cn/ztk/xwfb/2014/gxbjhzyjyggyfzqkxwfbh/xgbd31088/Document/1373573/1373573_1.htm.

② 教育部.教育部关于开展现代学徒制试点工作的意见[EB/OL].(2014-08-25)[2020-05-10]. http://www.gov.cn/gongbao/content/2015/content_2806020.htm.

技能型人才。这一变化无疑对当前高职院校的人才培养模式提出了全新的挑战,而现代学徒制作为已经在西方国家取得了较好人才培养效果的培养模式,已经被实践证明是一种行之有效且符合职业教育规律的人才培养模式。因此,推进现代学徒制无疑是进入"后示范"时期高职院校突破发展瓶颈、实现内涵提升的关键路径。然而,尽管在思想意识领域,政府和高职院校都认识到开展现代学徒制试点是实现办学质量提升、人才培养模式变革的有效路径,但在具体实施过程中,各利益相关主体按照何种比例承担人才培养的成本、如何就人才培养目标展开相互合作、来自企业的师傅和来自学校的教师如何进行教学责任的分配、如何保障学徒不会成为企业的廉价劳动力、如何保障学徒培养质量等一系列现实问题都有待解决。本研究的开展不仅仅停留在理论层面,还针对上述问题采取行动研究策略,在行动中发现问题,在行动中解决问题,积累办学经验,通过对经验的理论反思形成理论成果,供其他开展现代学徒制试点工作的高职院校借鉴参考。

第二节　文 献 综 述

目前,关于现代学徒制的研究主要侧重于国别研究,缺少对西方发达国家学徒制研究的纵向历史梳理和横向的国际比较,研究水平仍停留于浅层次的经验介绍,鲜有学者探讨如何在借鉴西方发达国家现代学徒制成功经验并充分考虑我国制度环境的基础上探索具有中国特色的现代学徒制度。文献检索表明直接探讨现代学徒制运行机制的研究仍处于起步阶段,这一研究主题亟待进一步深入挖掘。通过对相关文献的梳理分析,笔者决定从以下几个方面对学徒制的国内外研究情况进行梳理分析与介绍。

一、现代学徒制多方参与利益均衡机制研究现状

现代学徒制(Modern Apprenticeship)自 20 世纪 90 年代正式提出至今,对各参与主体之间利益博弈的研究一直是国外学者及相关研究机构的关注点之一。1995 年,现代学徒制作为一种解决中级技能水平人才不足问题的手段被提出,旨在鼓励雇主重振学徒培训项目,以促进产业部门和此前无此传统培训

方式的企业发展学徒式培训。既然是培训,总会有成本,那么培训成本中雇主、学徒和政府分别应承担多少?自1994年,华威大学(The University of Warwick)的就业研究所(The Institute for Employment Research)就已经针对培训年轻人达到国家职业资格(NVQ)标准要求的雇主所承担的费用进行了一系列预估研究。霍加斯和凯勒等认为鉴于现代学徒制的作用在于确保年轻人可以达到2级或3级技能水平,所以重要的是就现代学徒制对雇主培训项目的资助贡献进行评估。Steven McIntosh对英国学徒制培训的成本与收益研究发现,政府投资于学徒制的净现值大大高于其他职业资格项目,同时现代学徒制项目的内部回报率也分别高达35%和39%。[1] 冉云芳对浙江和上海67家企业的实证调查发现,企业参与校企合作的成本和收益总体呈现出"低成本、低收益"的状态,其影响因素为企业特征和合作目的。[2] 尽管国内学者大多没有直接以现代学徒制为对象进行相关利益、成本等的研究,研究视角也未能触及机制层面,但这些研究成果在一定程度上呈现了我国企业参与人才培养的现实状况,为后期对参与利益均衡机制的研究奠定了基础。

二、现代学徒制人才培养合作开发机制研究现状

现代学徒制是世界各国技术技能人才培养的重要形式之一,"作为工学结合人才培养模式的深化,其内在的逻辑体系和运作流程蕴含着丰富的职业教育思想,具有深刻的教育价值"[3],应从"人才培养方案的制定""教材的开发""教学设计""评价与考核""双师教学与管理""实训与就业"六个方面加强校企人才培养合作开发。中国特色现代学徒制培养模式的成功构建,应依托政校企行合作平台,落实政府主导、行业指导、校企协同的培养过程,实现"五个对接"。[4] 而在中国特色现代学徒制运行方面,应建立企业主导、政府推动的"准市场"运行机制,同时还应构建"分层管理与系统合作的管理机制""行业协会协调,学校和企业主导,培训中介参与,多方联动的运营机制""利益均衡

---

[1] McIntosh,Steven. A Cost-Benefit Analysis of Apprenticeships and Other Vocational Qualifications [R].Nottingham:DfES Publications,2007.

[2] 冉云芳,石伟平.企业参与职业院校校企合作成本、收益构成及差异性分析——基于浙江和上海67家企业的调查[J].高等教育研究,2015,36(09):56-66.

[3] 李传伟,董先,姜义.现代学徒制培养模式之育人机制研究与实践[J].职教论坛,2015(09):75-77.

[4] 陈爽.基于协同育人视角的中国特色现代学徒制探析[J].中国职业技术教育,2015(30):76-79.

的合作保障机制""基于终身学习思想的阶梯化的内容机制和职业教育与普通教育互通的发展机制"①等。欧阳丽、罗金彪则认为发展现代学徒制，须进一步推动国家职业教育制度体系建设，明确各方职责，建立多方参与的利益机制，实施政府引导与自主探索相结合的发展策略。②

三、现代学徒制师徒关系构建机制研究现状

甘布勒认为，随着现代学校教育尤其是大学教育的广泛发展，西方社会传统学徒制背景下师傅的角色越来越沦为"一种基于学院、机构培训和工作经验的组合体"。换言之，尽管经历了许多历史的变迁，但传统学徒制的某些特定元素还是得以保留，师傅的角色系统地分散在人群、机构和制度中。传统师徒制被定义为"技艺高超者与无技艺者之间的一种协议，无技艺者凭此学习专门的技艺"。尽管许多人断言这样的传统师徒关系正在消失，而且在今天的现代经济和技术环境下无用武之地，但学徒制不仅继续在当代教育中发挥着关键作用，而且在许多国家正努力从社会和经济角度重新强调学徒制作为一种传统大学教育的可替代品。在有关学徒制独特亲密关系的研究成果中，一对一师徒关系最具价值。在国外文献中，也有学者就有关工作场所学习本质框架和工作环境展开了研究。菲利埃察把职业学习定义为一种社会化和认知的过程，他们关注知识的传输和转换，以及观念的转变和学徒身份的建构。同时有学者认为学习也是一种社会实践，在实践中通过师傅和学徒共同参与，意义得以创建。师徒关系的成功建立关键在于学徒与师傅之间的相互了解和实践工作的共同参与。王海林等尝试性地将"导学关系"的观念引入现代职教范畴，认为"导学关系"是现代职教师生关系的核心。③潘建峰以西子航空工业学院现代学徒制试点为例，为了更好地管理"师徒关系"这一现代学徒制最核心的关系，"校企共同建立了学徒制指导教师与学徒之间培养培训和管理制度"。④

---

① 郭全洲，谭立群.中国特色现代学徒制基本框架及运行机制研究[J].河北师范大学学报（教育科学版），2014(06)：123-127.
② 欧阳丽，罗金彪.校企协同推进现代学徒制的认识与思考[J].职教论坛，2015(35)：74-77.
③ 王海林，韩秀景.高职院校现代学徒制"导学关系"研究及改进建议[J].高等职业教育（天津职业大学学报），2017，26(02)：65-70.
④ 潘建峰.基于现代学徒制的高端制造业人才培养研究与实践[J].中国职业技术教育，2016(05)：46-49.

四、现代学徒制教学运行的协调机制研究现状

现代学徒制的教学过程既应包括师傅的"教"也应包括学徒的"学",关于现代学徒制"教学运行"的研究主要应关注作为工作本位学习的现代学徒制的学习内在机理和学习成效。有学者就认为,与全日制的学校职业教育相比,基于工作本位学习的学徒制具有如下优势:使学习情境化,从而更有助于技能形成,更容易为那些不喜欢学术学习方式的学生所接受,获得课堂教学中难以习得的软技能,同时学徒可以提前获得专业身份并建立社会关系。① Lave 用实践共同体中的"合法边缘参与"对学徒制的学习机制进行解释,认为学徒学习的内容可以从边缘的、琐碎的业务开始,然后逐步转向更加核心、复杂的业务;参与的地位也是从边缘的参与者逐步发展为组织的核心成员;由此使实践共同体再生产循环。② 还有学者提出了认知学徒教学理论,并将其作为一种教学模式运用到了不同领域之中。柯林斯和杨格等人则从不同角度对认知学徒制的特征进行了考察分析,认为其特征主要有以下五个方面:关注认知过程、显性化、主张学习和实际工作环境结合、注重反思、认知外显化。③ 国内学者对认知学徒制的研究主要集中在应用研究的领域,即如何将认知学徒教学模式应用到不同领域的教学实践中。如,路宝利提出:"在吸收传统学徒制示范、指导等合理内核的基础之上,认知学徒制为职教师资培养提供了一种全新的范式,基于师范技能习得的'亲知''默会'等属性,'认知学徒范式'成为职教师资培养新的选择。"④张思则根据认知学徒制理论提出了一种新的教师工作坊研修模式。⑤

五、现代学徒制质量保障机制研究现状

现代学徒制作为当前一种有效的人才培养制度在世界范围内颇受青睐,

---

① Sharpe Andrew, James Gibson. The Apprenticeship System in Canada:Trends and Issues [R]. Ottawa:CSLS,2005:20.

② J.勒夫.情景学习:合法的边缘性参与[M].王文静,译.上海:华东师范大学出版社,2004.

③ Young,A.Higher-Order Learning and Thinking:What Is It and How Is It Taught?[J]. Educational Technology,1997,37(7-8):40-41.

④ 路宝利,刘延翠,盛子强,周琪.认知学徒制背景下职教师资培养范式转换研究[J].中国职业技术教育,2015(27):34-41.

⑤ 张思,刘清堂,熊久明.认知学徒制视域下教师工作坊研修模式研究[J].中国电化教育,2015(02):84-89.

但现代学徒制在运行过程中也遭遇到一些问题。在加拿大2007年国家学徒调查(the Canadian National Apprenticeship Survey,2007)中,有受访者就认为,工作场所或雇主等特定因素或工作场所条件会导致学徒与雇主之间的摩擦。在澳大利亚,库利和柯滕对学徒未完成学业所进行的原因调查表明,"岗位相关"的问题是主要的决定因素,如被当作廉价劳动力、学徒所承受的压力,以及虐徒行为盛行等。斯内尔和哈特更是把"不愉快的工作环境",包括不安全的工作条件,认定为是个体退出学徒关系的最常见原因。欧洲有研究将学徒中途退出的主要原因归结于恶劣的工作条件、师傅的低支持度,以及职场关系等;还有一些学徒退出的原因在于,与同事或上司之间的冲突,以及对工作场所培训机会不足的抱怨。因此对学徒培训而言,监督和指导同等重要。尽管培训是学徒关系确立的基本组成部分,但监督或雇主承诺缺失的现象却并不少见。哈里斯和西蒙斯认为与学徒有关的培训质量问题主要包括:缺乏相关工作场所,培训内容陈旧,具备相应学科知识和培训能力的合格培训师数量不足。因此,如何保障学徒的质量,并在质量保障的基础上形成一种长效的机制,应为我国现代学徒制构建过程中予以关注的重要问题。刘静慧、关晶认为亟须从政策制度层面,加强外部的制度保障,在保障质量的前提下,适度扩大实践范围。[①] 张启富认为现代学徒制的质量保障范式可以分为两类:一类偏重结果控制,以英国、澳大利亚为典型;另一类偏重过程控制,以德国、瑞士、奥地利等为典型。此外,张启富从"探索现代学徒制的长效机制""完善专兼职教师队伍建设""创新开放式教学管理制度"三个方面,对我国现代学徒制的发展提出了质量保障措施。[②]

六、现代学徒制在我国实施的实践研究现状

现代学徒制起源于西方国家社会文化土壤,是否能够在我国制度环境下运行?如欲运行又面临何种制度障碍?回答这些问题不仅需要从理论层面进行解答,更要进行实践探索,在实践中总结经验教训,通过系统反思形成理论,然后再进一步指导实践。我国许多教育实践者已经在某些学校或专业的基础

---

① 刘静慧,关晶.我国"现代学徒制"实践的现状研究——基于2004—2014年公开文献的数据分析[J].职教论坛,2015(25):21-27.
② 张启富.高职院校试行现代学徒制:困境与实践策略[J].教育发展研究,2015,35(03):45-51.

上展开了实践,如程宇通过对唐山工业职业技术学院现代学徒制实践探索经验的总结,认为其经验主要为"制定'两套方案',实施联合培养;实施'两套标准',规范培养过程;建设'两支队伍',校企双师育人"①。黄享苟则以高职院校建筑工程技术专业为例,探索现代学徒制人才培养模式,基本经验为"首先应构建基于施工过程的课程体系,同时以扎根区域经济、发挥学校主导作用、注重师傅选拔培养,以及建立广泛的实训基地作为条件保障"②。张启富以浙江工商职业技术学院"带徒工程"为例,对我国高职教育试行"现代学徒制"的理论与实践进行了探讨,认为现代学徒制宜采取试点先行、逐步推进的总体策略。③ 广小利则以物流课程体系改革为研究对象,从课程观、课程目标、课程内容、课程组织实施及考核评价方式等方面全面推进改革,探索了现代学徒制的实现形式。④

七、现代学徒制在我国构建的路径研究现状

现代学徒制作为一种内生于西方国家历史文化母体的技能传承制度,当将其移植到中国时,必然会由于制度环境的差异而产生水土不服。因此,如何破解在我国构建现代学徒制所面临的制度障碍就成为当前亟待解决的问题,我国学者对这一问题也进行了广泛的探讨分析。如,赵鹏飞提出实施现代学徒制要坚持校企联合招生、校企共同管理、产教融合和双导师培养。⑤ 吴建设提出现代学徒制的"双主体""双身份""双体系""双导师"和"双标准"的"五双模式"。⑥ 岑华峰则认为,构建现代学徒制不仅要在学校层面制定人才培养目标、培养路径、培养时间与地点安排、课程内容安排与考核等,也必须从国家层面为现代学徒制实施创造良好的制度环境。除上述外,还有许多学者从不同视角对如何根据中国国情构建现代学徒制进行了探讨。如,谢俊华从国家、学校、企业三者之间的关系入手,认为现代学徒制实施必须厘清三者之间的职

---

① 程宇.唐山工业职业技术学院现代学徒制育人模式[J].中国高等教育,2008(06):65-68.
② 黄享苟,郭自灿,陈卓.高职建筑工程技术专业现代学徒制人才培养模式探索[J].职业技术教育,2011(26):19-22.
③ 张启富.我国高职教育试行现代学徒制的理论与实践——以浙江工商职业技术学院"带徒工程"为例[J].职业技术教育,2012(11):55-58.
④ 广小利.基于现代学徒制的物流专业课程体系改革[J].教育理论与实践,2015,35(27):57-58.
⑤ 赵鹏飞.现代学徒制人才培养的实践与认识[J].中国职业技术教育,2014(21):150-154.
⑥ 吴建设.高职教育推行现代学徒制亟待解决的五大难题[J].高等教育研究,2014(07):41-45.

责分配。① 程宇提出,现代学徒制在制度层面需要法律保障,在机制层面需要建立相应的管理和经费投入机制,而在实践层面需要学校开展更加微观和细化的改革。②

通过对现代学徒制国内外相关文献的梳理分析,可以发现:一是现代学徒制已经成为一个多学科关注的领域,对于现代学徒制的研究,不同学科的学者基于学科所赋予的研究视角和研究方法,对学徒制这一主题进行了不同维度的研究,也取得了较为丰硕的成果;二是理论与实践结合较为紧密,关于现代学徒制的研究主体不仅包括高校的专家学者,许多一线的实践者也通过对现代学徒制构建过程中实践经验的总结梳理,形成了一些理论成果,较好地指导了实践的发展。就本研究的主题而言,关于现代学徒制运行机制的研究还存在如下一些不足:一是系统性地阐述和分析现代学徒制运行机制的成果还未出现,关于现代学徒制运行机制的研究不仅数量不多,而且主题分散不聚焦,这是当前亟待弥补的一个理论空白;二是以现代学徒制运行机制为视角对各国现代学徒制构建的基本经验、教训进行梳理分析和比较的成果相对较少;三是关于现代学徒制运行机制的研究还较多地聚焦在理论思辨层面,研究结论无法验证和实施,少有学者采取行动研究的方法对这一问题进行探究;四是国内对于师徒关系构建机制的研究相对较少。

第三节 研 究 设 计

一、研究目标

首先,在基本确定参与高职院校现代学徒制构建利益相关者及其基本诉求的基础上,借鉴西方国家(英国、德国、瑞士等)现代学徒制运行机制构建的基本经验教训,从理论维度构想高职院校现代学徒制运行机制的基本分析框架,并以此框架为依据设计调研问卷和访谈提纲等调研工具。

---

① 谢俊华.高职院校现代学徒制人才培养模式探讨[J].职教论坛,2013(16):24-26.
② 程宇.我国现代学徒制的政策发展轨迹与实现路径[J].职业技术教育,2015,36(09):28-32.

其次,借助上述开发出的调研工具,选取我国不同地区、不同类型高职院校为调研对象,通过实证调研了解清楚当前我国高职院校现代学徒制运行机制构建的现状和出现的问题,并分析制约我国高职院校现代学徒制运行机制构建的成因。

然后,再进一步选取若干所已经开展了一段时间现代学徒制试点的学校作为典型案例,以前文构建的现代学徒制运行机制的理论分析框架为视角,深度剖析其运行机制的运行机理,并归纳总结其经验教训。

最后,基于上述研究,提出能够契合我国国情的、具有一般意义的高职院校现代学徒制运行机制的构建路径,并采取行动研究方法,以笔者所在学校——H职业技术学院为行动研究对象,在结合学校实际情况的基础上,将提出的构建路径运用到现代学徒制运行机制的构建实践中。在行动中反思,在反思中行动,理论与实践紧密结合,通过行动实践再进一步修正构建路径的不足之处,从而能够为我国高职院校现代学徒制运行机制构建提供有力的理论指导。

二、研究内容

(一) 高职院校现代学徒制运行机制的理论分析框架

通过对现代学徒制相关文献的梳理分析,厘清高职院校现代学徒制运行机制的核心概念及其内涵特征,辨析与其相关的概念并指出制约现代学徒制运行机制构建的内外影响因素。在上述研究的基础之上,进一步从理论层面构建高职院校现代学徒制运行机制的分析框架。

(二) 我国高职院校现代学徒制运行机制构建的现状和问题

首先以高职院校现代学徒制运行机制的理论分析框架为基本依据编制调查问卷和访谈提纲等调研工具,其次选取不同体制、不同区域、不同专业的已经开展了现代学徒制试点的高职院校为调查样本,通过问卷调查和深度访谈,了解当前高职院校现代学徒制运行机制构建的现实状况和主要问题。

(三) 西方国家现代学徒制运行机制构建的基本经验

通过对西方国家现代学徒制运行机制的梳理和分析,以德国、英国、瑞士等国家为比较研究对象,归纳总结当前西方发达国家现代学徒制运行机制的共性特征。借助现代学徒制运行机制的理论分析框架选择具有一定代表性的国家和地区的现代学徒制运行机制进行系统的梳理和对比分析,以此为依据探讨不同国家和地区现代学徒制运行机制的差异,并分析其造成差异的成因。

(四) 我国高职院校现代学徒制运行机制构建的案例研究

选取若干所不同区域、不同体制的高职院校现代学徒制试点单位为典型案例,通过深入真实"现场",收集其现代学徒制运行机制构建的"第一手"资料,呈现其运行机制的构建过程与运行机理。以理论分析框架为视角,通过对几所学校运行机制构建经验、教训的对比分析,总结现代学徒制运行机制构建的共同规律。

(五) 我国高职院校现代学徒制运行机制构建的路径探析

在对各国现代学徒制运行机制构建经验及教训进行充分反思的基础上,结合对当前我国现代学徒制构建所面临制度障碍的实然把握,探索出一种能够符合我国国情、契合各方利益需求的现代学徒制运行机制。最终在满足政府、企业、学校、学生各方利益诉求的基础上,能够在这一运行机制下实现利益均衡和相互合作。

(六) 高职院校现代学徒制运行机制构建的行动研究

以H职业技术学院为实验对象,基于行动研究,探索高职院校现代学徒制运行机制的实践模式。将前期研究初步形成的现代学徒制运行机制构建策略运用到办学实践中进行验证,对在实践应用中遇到的问题进行归因分析,并同时修正预期理论的不足,然后将修正后的理论重新运用于实践。通过这样一个循环往复的过程,将理论反思与实践行动紧密结合起来,试图探索出适合我国高职院校现代学徒制的运行机制。

三、研究方法

(一) 文献法

通过对国内外现代学徒制相关文献的梳理,厘清现代学徒制发展的历史渊源、发展阶段和当前研究的现状与问题。在对前人研究成果进行充分梳理和分析的基础上,得出现代学徒制运行机制的基本内涵与特征,明晰参与现代学徒制运行机制构建的利益相关主体以及有何因素在影响现代学徒制运行机制的构建,并初步建立现代学徒制运行机制研究的理论分析框架,为编制问卷和访谈提纲奠定文献基础。

(二) 问卷法

在文献研究的基础上初步确立现代学徒制运行机制的理论分析框架,并据此编制"高职院校现代学徒制运行机制调查问卷",分为企业和学校两个版本,对实施现代学徒制的企业、院校与学徒进行大样本的问卷调研,分析我国现代学徒制运行机制构建的基本情况和出现的问题,切实获得"第一手"资料信息。

(三) 访谈法

访谈法在本研究中的运用主要集中在两个阶段。第一个阶段是在确定高职院校现代学徒制运行机制理论分析框架和编制调查问卷之前,试图通过访谈让理论构想能够更加紧密地与实际情况相吻合,能够真实地反映实际状况;第二个阶段是问卷调研后,在基本把握清楚当前我国高职院校现代学徒制运行机制构建现状和问题的基础上,结合问卷调研结果进一步通过访谈来挖掘阻碍高职院校现代学徒制运行机制构建的关键制度障碍,了解、掌握一线的实践者做了哪些努力探索,取得了什么成果。

(四) 比较研究法

以德国、英国、瑞士等开展现代学徒制的国家为研究对象,首先对各国现代学徒制运行机制构建的时代背景和历史演化过程进行梳理分析,并借助前文建构的理论分析框架对各国的现代学徒制运行机制进行横向比较分析,从事物的相对静止状态中比较事物的异同,分析其原因,并总结其共有的规律。

(五) 案例研究法

结合本研究的目的,选择若干所不同区域、不同体制的高职院校现代学徒制试点单位为典型案例,通过分析、解剖,并深入高职院校运行机制构建的真实现场,收集"第一手"资料,呈现其运行机制的过程与机理,并通过对几个典型案例的对比分析,总结其运行机制构建的共有规律。

四、技术路线

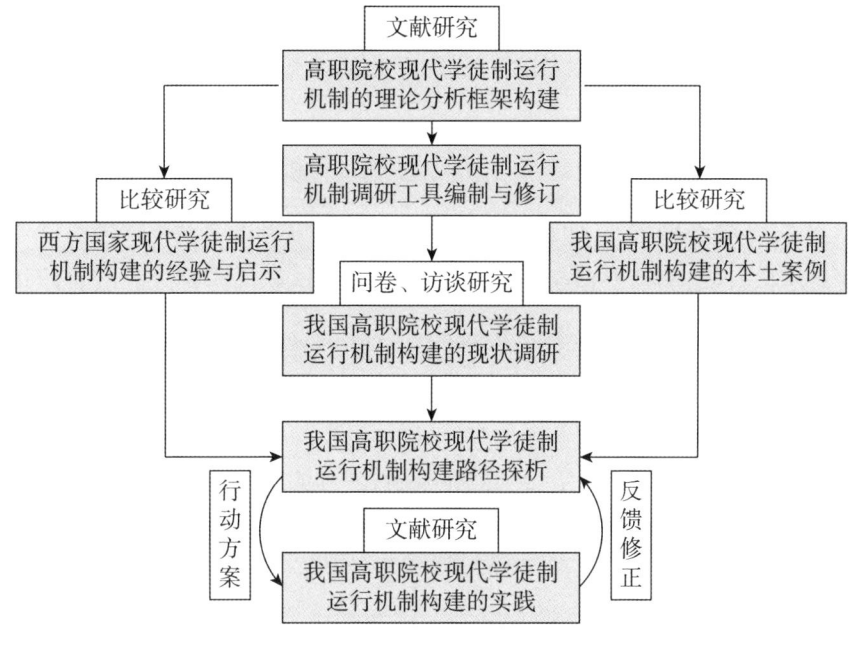

图1-1 本研究的技术路线示意图

五、研究创新

第一,视角创新。尽管目前已经有很多学者基于不同的角度对现代学徒制进行分析研究,但还尚未针对现代学徒制的运行机制进行深入的分析探索。本研究基于对现代学徒制概念内涵与其他相关概念的辨析,明确指出了高职院校现代学徒制运行机制的内涵及其构成要素,对构成要素间的内在逻辑关系进行了充分阐述,并基于以上研究确立了分析高职院校现代学徒制的新理论视角和分析框架,重新对国内外现代学徒制的探索经验进行了整理分析,也对我国现代学徒制的实施现状进行了深入调查,凭借新的视角和分析框架有助于探索过去未曾发现的"新知"。

第二,理论创新。本研究的理论创新表现为全面阐述分析了高职院校现代学徒制运行机制的理论内涵及其构成要素,并基于对其内涵的深入阐述分析编制了相应的评价量表,基于此量表对高职院校现代学徒制运行机制理论模型进行实证检验。通过对高职院校现代学徒制运行机制理论结构的清晰阐述,以此分析框架为依据对国内外现代学徒制的探索经验进行了梳理分析并总结归纳相关规律。基于经济社会学派的"社会建构"理论,深入分析现代学徒制运行构建过程中面临的体制机制困境,并基于行动研究深入探讨了在当前国情下高职院校现代学徒制运行机制的构建路径,提出了符合中国国情的"本土理论"。

第三,方法创新。目前对于"现代学徒制运行机制"这一主题的研究还缺乏较为系统、深入的探究,而且相关的研究成果大多也仅停留于理论思辨和案例探讨阶段,得出的结论存在一定程度上的主观性,缺乏实证经验的验证和支持,对实践缺乏指导意义。本研究最大的创新之处在于能够将理论研究与实践探究结合起来,将定量研究、定性研究和行动研究有机整合起来,用理论指导实践,基于实践再反思理论的不足,从而通过这样一个"理论—实践—理论"不断循环往复的过程,既提升理论的指导意义,又更好地促进实践。

第二章

高职院校现代学徒制运行机制的理论内涵

在政策的大力支持下,全国各地高职院校都纷纷展开了现代学徒制的试点工作。然而,我国现代学徒制构建的制度环境与德国、英国、瑞士等国家还有着很大差异,这些差异必然会影响到现代学徒制在我国的"落地生根"。所以,高职院校在实施现代学徒制的过程中一定要考虑到我国独特的国情,不能盲目地照搬西方国家现代学徒制构建的经验,需要在中国特有的制度环境下考虑到不同参与主体的利益诉求,通过政策措施来打造良好的制度运行环境,从而在保障各方利益诉求满足的基础上形成良性的运行机制。基于以上阐述,本章的研究正是为了探讨在我国当前的制度环境下,高职院校现代学徒制在运行实施过程中,都有哪些主体参与到了现代学徒制中,其利益诉求为何,哪些因素会影响到现代学徒制的运行,高职院校现代学徒制的运行机制又包含了哪些不可忽视的关键要素。对于以上内容的探讨分析是后续研究开展的理论基础和逻辑前提。

第一节　高职院校现代学徒制运行机制的概念界定

一、现代学徒制:基于师徒关系的校企跨界育人合作制度

本研究的主题是现代学徒制运行机制,在对其概念进行阐述分析之前,首先十分有必要对现代学徒制运行机制的内涵进行阐述分析。现代学徒制概念的内涵是开展本研究的基本前提,也是界定本研究范围的关键。关于现代学徒制的概念内涵,国内外不同学科背景的学者基于自身的研究视角提出了各不相同的观点。伦敦经济学院经济学家 Hilary Steedman "根据企业与学校在合作过程中的积极性与主导地位的不同将当前西方国家的'现代学徒制'分为两种主要类型:一种是需求引导型,即呈现高企业合作与低学校整合特征;一

种是供给引导型,即呈现低企业合作与高学校整合特征"。① 在上述研究的基础上,又有学者进一步根据上述分类结果,将更多国家的学徒制纳入到上述分析框架之下,并据此将西方实施现代学徒制的国家分为两个系统,即北欧系统(Northern European Systems)和盎格鲁撒克逊系统(Anglo-Saxon Systems)。北欧系统主要是以德国"双元制"为代表的一类国家,如丹麦、奥地利、瑞士等,这些国家一般具有较好的学徒制历史传承,企业普遍具有较高的参与热情,各利益相关者能够就学徒培训达成较好的合作机制;盎格鲁撒克逊系统以英国、美国为典型代表,现代学徒制主要以项目的形式开展,并没有上升为一种国家制度,企业培训一般遵循"自主自发"的原则,国家仅仅通过相关政策鼓励企业提供学徒岗位,这些国家往往更重视普通教育,职业教育的地位相对不高,如加拿大、澳大利亚、新西兰等国。

相较于国外以国家现代学徒制实践中的结构功能为阐述依据,国内学者对现代学徒制概念内涵的研究更多是依据其对国外学徒制实践经验和相关文献的思辨分析。例如,赵志群认为,相较于传统学徒制,现代学徒制具有学徒对象扩大、相关利益群体更多、更需要建立规范化的运作机制等特点。② 其在对西方国家现代学徒制特征进行归纳总结的基础上,进一步指出:"所谓'现代学徒制',是将传统的学徒培训方式与现代学校教育相结合的一种'学校与企业合作式的职业教育制度',是对传统学校制的发展。"③这一概念明确指出了现代学徒制参与的两个主体,即学校和企业,而且现代学徒制是一种职业教育制度,不仅仅是一种企业的用工制度,这无疑表明了这一制度构建的"跨界"属性特征。除此以外,其他学者针对这一问题,也进行了较为详细的梳理分析,如赵鹏飞认为,现代学徒制是一种新型的职业人才培养形式,是将传统的学徒培训与现代学校教育思想结合的一种企业与学校合作的职业教育制度。④ 在以上研究的基础上,为了能够进一步深入解读现代学徒制的内涵,有学者对二战后西方各国现代学徒制改革的基本经验和基本特征进行了总结,如关晶、石

---

① Hilary Steedman.Apprenticeship in Europe:Fading' or Flourishing[R].London:Centre for Economic Performance,2005(12).
② 赵志群,陈俊兰.我国职业教育学徒制——历史、现状与展望[J].中国职业技术教育,2013(18):9-13.
③ 赵志群.职业教育的工学结合与现代学徒制[J].职教论坛,2009(36):1.
④ 赵鹏飞,陈秀虎."现代学徒制"的实践与思考[J]中国职业技术教育,2013(12):38-44.

伟平认为,以德国为代表的西方国家现代学徒制的典型特征主要包括六个方面:国家战略层面的制度管理,多元参与的利益相关者机制,以企业为主、工学结合的人才培养模式,以学徒为主的双重身份和统一规范的教育培训标准,等等。① 而且,基于当前我国现代职业教育发展的大背景,以及对于西方各国学徒制改革的新措施与新理念,关晶进一步指出了现代学徒制的"现代性"特征。她认为现代学徒制的"现代性"主要体现为五个方面:一是功能目的的变化,从重生产性到重教育性;二是教育性质的变化,从狭隘到广泛;三是制度规范的变化,从行会层面上升到国家层面;四是利益相关者机制的变化,从简单到复杂;五是教学组织形式的变化,从非结构化到结构化。② 基于以上分析,可以明确现代学徒制的基本内涵,即现代学徒制是一种具有跨界特征,为了实现技术技能型人才培养的目标,企业与学校紧密合作、合理分工,协同开展人才培养的一系列对各相关主体进行激励、约束和规范的校企合作制度。为了能够进一步明晰这一概念,笔者将现代学徒制同其他容易产生混淆的概念进行对比分析,从而进一步对现代学徒制的内涵进行更深入的阐述分析。

其一,现代学徒制与传统学徒制的概念内涵辨析。

现代学徒制是从传统学徒制发展演化而来的,现代学徒制至今仍然保留着传统学徒制的基因,"学徒制"通常被定义为"以师傅带徒工为主要形式,以某行业或职业的知识技能学习为内容,徒工可因劳动获得某种形式回报的职业教育形态"③。从"学徒制"的定义可以得出传统学徒制与现代学徒制共同具有的内涵特征。第一,两者都以技术实践为学习的主要途径,无论是现代学徒制还是传统学徒制,两者的教学过程都寓于工作过程之中,通过工作过程掌握技术技能是两者共同的学习路径,而且学习过程都遵循着从简单到复杂、从局部到整体的过程,最终获得胜任岗位需求的技术实践能力。第二,学徒(学生)技能习得要经过严格的技术训练,无论是传统的学徒制还是现代学徒制,对学徒的技能熟练程度要求都比较高,现代学徒制沿袭了传统学徒制的师傅带徒方式,由企业派遣技术技能熟练的师傅以"师带徒"的方式进行,在训练过

---

① 关晶,石伟平.西方现代学徒制的特征及启示[J].职业技术教育,2011(31):77-83.
② 关晶,石伟平.现代学徒制之"现代性"辨析[J].职教论坛,2015(01):64-65.
③ 关晶.西方学徒制研究[D].上海:华东师范大学,2010.

程中,师傅对徒弟有着十分严格的要求,如果学徒不努力,企业可以解除与学徒的培训合同,而且在整个技能习得的过程之中,职业技能训练的时间也非常长,英国的学徒培训大约需要60%的时间在企业接受技能培训,而且学徒必须参加一系列的考试后才能获得毕业文凭。

尽管作为从传统学徒制演化发展而来的现代学徒制仍然延续了学徒制的基本内核,但随着经济社会的迅速发展,学徒制的存在形态与发展状态已经发生了实质性的改变。这种改变恰恰体现在"现代性"这一词语上,通过对现代学徒制"现代性"内涵的分析,就可以基本上明确现代学徒制与传统学徒制的本质区别。有学者通过对英国、德国、澳大利亚等国家现代学徒制实践经验的总结归纳,认为现代学徒制的"现代性"主要体现在以下四个方面。第一,功能目的从重生产性转向重教育性。因为国家从宏观层面进行干预,现代学徒制是一种以教育为首要功能目的的社会制度,尽管企业在招收学徒上会从自身的经济利益出发,但由于国家一系列保障学徒(学生)权益的法律、法规的出台,从根本上保障了现代学徒制不会成为企业"廉价用工"的工具。第二,现代学徒制的"现代"特征体现在其是一种正规的教育而不像传统学徒制是一种非正规的培训。在当前实施现代学徒制的国家,现代学徒制均已纳入到国家正规的教育体系之中,学生(学徒)按照规定毕业或结业后均可获得国家认可的毕业证书或职业资格证书,这表明现代学徒制已经具有与学校教育相同的地位,而且学生(学徒)还可以继续接受更高层次的教育。第三,现代学徒制的"现代"特征体现为对学徒制的规范主体实现了从行会向国家的转变,国家通过法律法规的出台、专门机构的统筹管理、统一课程框架的制定、认证资质的颁布实施等多种途径来保障现代学徒制的顺利实施,这表明现代学徒制已经成为国家整个人力资源开发战略中的重要组成部分。第四,现代学徒制的"现代"特征还体现在利益相关者实现了从过去"简单"到"复杂"的转变,与过去学徒制较为简单的利益关系不同,现代学徒制在运行实施的过程中牵涉多个具有不同利益诉求的主体,包括政府、企业、行业、学校、(行业)企业师傅、学校教师、学徒(学生),在德国甚至还包括第三方的培训机构或中介机构,这一切无不表明现代学徒制运行的复杂程度已经大大超过了传统学徒制的实施,现代学徒制如果想要顺利实施就必须考虑到不同主体各自的利益诉求是否能够在合作过程中得到有效的满足。① 综合以上分析,现代学徒制与传统学徒制的根本不同是随着时代发展,学徒制再一次"升级换代",尽管其仍然保留了传统学徒制的一些关键内核——重视学生在工作情境之中掌握技术实践能力的培养,但其已经实现了对传统学徒制根本上的超越,已经不仅仅是一种在工作场所中培养技术技能人才的非正式制度,而是纳入到国家整个人才战略之中,受到国家相关法律、法规的约束,尤其是学校加入到现代学徒制之中,更是全面改变了学徒制的原有形态和运行方式,可以说,是对传统学徒制的一种变革与超越。

其二,现代学徒制与校企合作的概念内涵辨析。

前文阐述分析了现代学徒制与传统学徒制的区别,而现代学徒制与校企合作概念有何区别不仅在学术研究领域未能对其进行深入的阐述分析,更是在实践领域造成了办学者的困惑,直接影响到了现代学徒制在我国的推广与实施。因此,在理论上对两者进行辨别区分就显得尤为重要。从国内外相关文献来看,关于"校企合作"这一概念可以从广义和狭义两个方面有效地进行区分。从广义上看,校企合作泛指学校和企业之间在人才培养、科学研究、产品开发等方面的联合行动;从狭义上看,它仅仅指企业和学校两种组织机构利用各自的资源在人才培养上开展的紧密合作,企业负责技术实践能力的培养,而学校则主要负责普通文化知识和技术理论知识的传授,通过这种方式实现人才供给主体(学校)和人才需求主体(企业)在人才培养上的紧密合作。如果从字面意义上看,很难区分校企合作与现代学徒制的实质区别,在广义上,现代学徒制也是学校和企业之间的一种合作模式。因此,必须基于当前我国校企合作实践过程中的核心特征和现代学徒制的本质内涵进行深入的辨别分析。如果基于以上视角,我国现代学徒制与当前开展的校企合作的主要区别就在于前者更加强调企业在人才培养过程中的主体和主导地位,同时需要行业、产业在人才培养过程中发挥规范和监督等作用。由此可见,现代学徒制与校企合作的根本不同主要体现在"谁来主导"和"学徒身份"这两个最为关键和核心的特征上。

二、运行机制:主体间互动博弈的相互作用关系

按照《辞海》的解释,机制指机器的总体构造和工作原理。如果把"机

---

① 关晶,石伟平.现代学徒制之"现代性"辨析[J].职教论坛,2015(01):64-65.

制"引申到不同的学科领域,就会形成不同话语内涵,如引申到生物学科领域,就形成了生物机制,引申到社会学科领域,就形成了社会机制。生物学和医学在分析一些现象(如光合作用、肌肉收缩)时,常常会使用机制一词来分析现象背后的原因。"机制"在这里主要是指有机体内发生生理或病理变化时,各器官之间的相互联系、作用和调节的方式。因此,"机制"一词的内涵实质其实就是所欲考察的主体内部各要素或不同主体之间的相互作用关系。而所谓的"运行机制"是指"在人类社会有规律的运动中,影响这种运动的各因素的结构、功能及其相互关系,以及这些因素产生影响、发挥功能的作用过程和作用原理及其运行方式"①。通过对运行机制内涵的深入分析,如若要考察某一自然或社会现象的运行机制,首先必须明确运行过程中的主体为谁,各主体在运行过程中所发挥的主要功能及相互作用关系则是考察运行机制的第二个方面。

三、高职院校现代学徒制运行机制

基于前文对"现代学徒制"和"运行机制"两个概念的清晰界定,本研究的核心概念——"高职院校现代学徒制运行机制"的内涵也就水落石出了。即高职院校现代学徒制运行机制是指高职院校与企业两个合作主体在联合培养技术技能型人才的过程中,参与到这一过程中的各个相关主体基于自身的诉求而在寻求相互合作的过程中所产生的相互作用关系。本研究的目的正是为了探讨这一运行机制可以从哪几个理论维度进行深入的阐述分析,当前高职院校现代学徒制在运行实施的过程中出现了哪些问题,可以通过哪些制度措施对现代学徒制的运行状况进行系统的优化,从而保障人才培养目标的达成与实现。高职院校现代学徒制运行机制中的参与主体及其相互之间的基本关系模型如图 2-1 所示。从图中可以看出,高职院校现代学徒制运行机制中的参与主体主要有政府、行业协会、高职院校、企业、学生、师傅和教师,而这些主体通过相互作用所形成的结构和功能正是现代学徒制运行机制所欲研究的重点。

---

① 张倩.中职学校校企合作运行机制研究[D].上海:华东师范大学,2012.

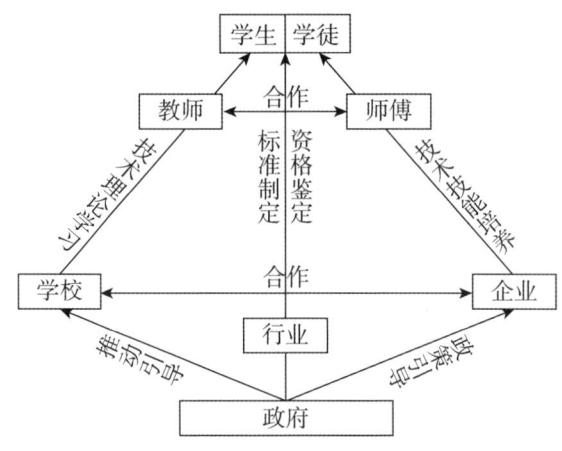

图 2-1　高职院校现代学徒制运行机制模式示意图

第二节　高职院校现代学徒制运行机制的参与主体及其主要诉求

如欲对高职院校现代学徒制运行机制进行深入的分析,必须首先明确参与到高职院校现代学徒制运行机制的主体为谁,其对这一制度的诉求为何,这是深入分析高职院校现代学徒制结构与功能的必要前提。如果用"社会建构"这一理论视角来分析高职院校现代学徒制的构建,一个国家或一个地区的某种制度选择并不是处于这个社会中的成员自己抉择的,而是与其整个经济社会的治理机制相匹配的。换言之,制度是被社会建构的,即学徒制不仅仅是企业主体和学徒主体之间的双向博弈,而是国家、行会、企业、学校、学徒和家长等不同利益相关者基于自身主体的利益诉求,两两之间或多者之间的多维、多元和多次的博弈,并最终形塑了学徒制度的变迁轨迹。基于这一理论视角,通过企业内部技能形成的学徒制度和外部技能形成的职业学校制度均属于一种技能形成方式,而区别两者的唯一标志是支撑两种制度运行的社会基础而非学徒培养的物理空间。"不同的市场制度环境对各方围绕劳动安全的利益政治行动方式规制不同,由此产生的差异最终形塑了资本主义国家间技能形成路径的不同轨迹。"[①]因此,对

---

① 王星.技能形成的社会建构——中国工厂师徒制变迁历程的社会学分析[M].北京:社会科学文献出版社,2014:50.

于以"竞争替代"为原则进行经济治理的英、美资本主义国家而言,则主要以外部技能形成方式为主;而对于通过企业间或企业内的联合与协商(行会组织)来干预市场的德国、日本等国家而言,则主要以内部技能形成方式为主。

所谓建构,主要包括三个层面的含义:一是达成共识,即不同的行动者在基于自身利益诉求的前提下为达成某一社会行动目标而进行磋商和妥协,最终达成共识;二是社会性,即影响社会行动目标的因素具有社会性特征,是受整个社会环境所制约的,而非个体主体完全理性选择的结果,其因素包括利益、价值、权力、意识形态以及社会的习俗规范等;三是不同行动主体的理性也是被建构的,即个体的行动策略会受到其他个体或因素的影响,被深深打上整个社会的"烙印"。基于社会建构的视角,高职院校现代学徒制的本质是不同行动者之间基于自身的利益诉求,在一个特定场域游戏规则之下,为了达成"技能传承"这一社会目标,相互博弈、相互妥协的建构过程。厘清高职院校现代学徒制这一特定场域之中的参与主体,并对其主要的利益诉求进行识别和价值判断是深入分析其运行机制的必要前提。因此,笔者以能够影响到高职院校现代学徒制的构建,并借鉴别国在现代学徒制构建中的参与主体为基本判别依据,提出我国高职院校现代学徒制运行机制的参与主体应主要包括行业企业(师傅、学徒)、高职院校(学生)、政府等。

一、行业、企业:提前筹划未来人力资源的战略储备

离开行业、企业,单凭学校自身无法培养出满足社会需求的高素质技术技能人才,这已经被各国的职业教育办学实践所证明,也因德国、瑞士等国蜚声国际的"双元制"体系而被反复印证。而且,在西方国家,行业、企业在现代学徒制运行过程中,主体地位非常突出。以德国"双元制"为例,企业的主体性地位主要体现在以下三个方面:一是企业具有教育的决策权和管理权,主要包括企业可以参与制定教学大纲,通过考试委员会等相关机构参与毕业生的资格审核和质量鉴定等;二是企业具有招生资格,对于获得"教育企业"资质的企业每年都会制订当年的培训生招生计划,同时制定企业用人标准和技能要求等,并据此提供培训场所,通过自设的聘任程序选录学徒,并与学徒签订合同,最后只要将录取的结果报给政府学徒就可以注册入学;三是企业具有一定的教

育教学权力,职业学校主要进行专业理论和普通文化知识的教学,而企业则主要负责学生实践能力的培养。从德国企业在现代学徒制中的作用可以十分清楚地看到企业在参与现代学徒制过程中所具有的重要地位,企业的积极参与是保证现代学徒制得以实现的最为重要的一环。行业协会在学徒制的发展中也居于十分重要的地位,概括起来其对学徒制的控制与管理包括以下几个方面:(1)制定一般性的管理规范(师徒之间的契约、学徒最低年限、保证师傅资质等);(2)教学指导和监督;(3)学徒考核。[①]直至今日,行业协会在现代学徒制的发展中仍然具有重要的地位,难以被取代。例如,在德国"双元制"中,行业协会的主要职责包括:发布与职业培训相关的规范;审查培训师与培训场所的资质;任命培训顾问,监督培训的执行;注册和解除企业与学徒的培训协议;向培训师和学徒提供咨询建议;对学徒的培训进行评价等。[②]可见,行业协会无论是在传统学徒制还是在现代学徒制的发展中都起到了至关重要的作用,这种作用甚至可以用不可或缺来形容。

然而,企业作为一个以"盈利"为生命线的经济组织,为何会将有限的资源投入到人才培养之中,其积极参与现代学徒制的利益诉求是什么,在我国的制度环境下其利益诉求能否得到有效满足,这是现代学徒制得以顺利运行最为关键的一个因素。因此,识别并分析企业在参与现代学徒制中的利益诉求是探讨现代学徒制运行机制的必要前提。企业作为经济属性的组织,其一切活动都离不开经济利益的最大化,企业参与现代学徒制一定是其所投入的资源能够得到其他方面的补偿。企业的主要职能是提高自身的生产经营能力,创造财富,服务社区与社会。企业发展的核心是人才,而生产一线的技术技能型人才主要是由职业院校来培养,但职业院校由于缺乏企业先进的设施、设备,其人才培养的质量标准往往不能满足企业的用人需求,这样企业就不得不花费大量的时间和精力用于人才的培养,而且还需要花大精力去劳动力市场寻找符合企业需要的人才。而参与现代学徒制的企业就可以通过与职业学校的合作,优先挑选企业所需要的人才,而且由于企业参与人才培养可以保证人才培养的质量规格符合企业的需求,同时还具有挑选人才的优先选择权,把一些优秀的学徒留为己用,这样就从根本上保障了企业技术技能人才的持续供给,

---

①② 关晶.西方学徒制研究[D].上海:华东师范大学,2010.

而且还能保证较高的质量。因此,企业只有在获得利益补偿的情况下,才会参与到现代学徒制中,如若没有了企业的积极参与,现代学徒制运行机制也就无从谈起。如图2-2所示,有80%以上的企业和学校都认为,企业参与现代学徒制最为主要的利益诉求就是能够获得未来人力资源的战略储备,这是企业参与现代学徒制最为根本的原因。

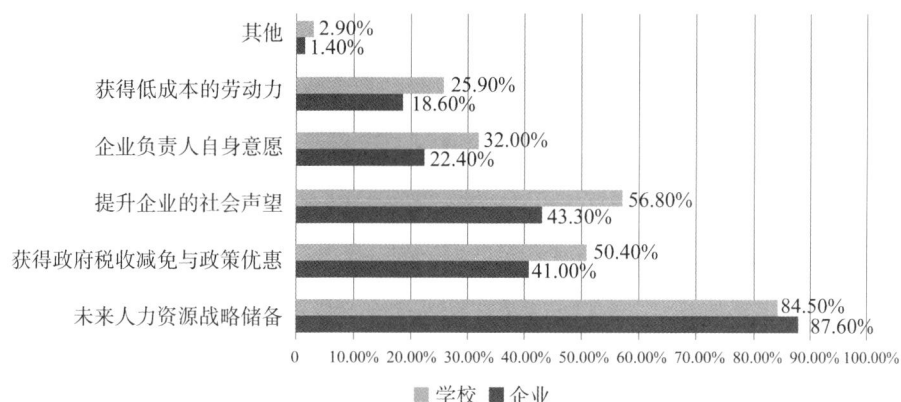

图2-2 基于企业与学校视野的企业参与现代学徒制的主要利益诉求示意图

企业师傅在现代学徒制中的利益诉求经常被人们所忽视,认为企业师傅作为企业的雇员理应服从企业的安排,只要企业具有参与现代学徒制的积极主动的意愿,企业师傅自身的积极性就自然而然地得以调动,企业师傅的利益诉求就不需要得到专门的考虑。现实环境远远要比理论假设更加复杂,企业师傅尽管作为企业的雇员,按照双方所签署的雇佣协议而言应该听从企业的安排,履行企业赋予的培训学徒的职责,但同时企业师傅同企业是一种劳动雇佣关系,雇员之间也存在着较为激烈的竞争关系,而学徒(学生)作为未来的企业雇员,同样和企业师傅之间存在着潜在的竞争关系。在这种关系之下如何保障企业师傅的劳动安全,即如何防止"教会徒弟,饿死师傅"现象的发生就成了现代学徒制能否在具体实施过程中得以有效运行的关键。例如,有学者对某国有企业的调查发现,由于外部制度环境的变迁,学徒制已经很难再在国有企业中重新实施,而其中面临的最大障碍就是企业师傅顾忌到自身的"劳动安全",而不愿意积极投身到学徒培养活动中。王星在《技能形成的社会建构》一书中指出,市场化的劳动组织方式孕育了员工之间的等级竞争,从而引发了员工自身的劳动安全忧虑,因此在缺少非市场性劳动安全制度保护的情况下,师傅对徒弟技能传授的动机明显不足。① 因此,对于企业师傅而言,其利益诉求的有效满足同样是高职院校现代学徒制运行机制构建的重要现实前提,在开展现代学徒制的实践探索过程中必须重点考虑企业师傅所担当的角色和其自身的利益诉求。

二、高职院校:提高自身人才培养质量和社会声誉

高职院校作为企业潜在的重要利益相关者②,在现代学徒制构建的过程中也具有十分重要的地位。在传统的学徒制运行机制中,并没有职业学校的参与,因为当时科学还没有大举进入到工业生产领域,但随着手工业生产的逐渐凋零,以现代科学为基础的大工业迅速发展,导致传统的学徒制日渐难以满足企业的需求。因此,在德国、英国等国都出现了培养现代工业生产所需要的技能型人才的职业学校,而德国更是将现代学校制度同传统学徒制度结合起来,凡是招收了学徒的企业都要将其送进职业学校学习普通文化知识和技术理论知识,这便是双元制发展的雏形。因此,职业院校作为技术技能型人才供给的主体,对于企业的发展具有十分重要的作用。因为随着知识经济的逐渐兴起,对于企业而言,物质资本的重要性正在逐渐降低,占有知识的人才资本日益成为稀缺资源,高度专业化的不可替代的人力资本在企业价值创造过程中居于绝对的主导地位。而技能型人力资本作为人力资本的一个重要类型,其在企业的发展过程中具有十分重要的地位和作用,是企业在创新发展环节中不可或缺的一环。对于企业而言,有效介入职业院校的人才培养过程,同职业学校形成紧密合作关系,成为其当前重要的发展战略。因此,高职院校在现代学徒制构建过程中是不可或缺的,也是现代学徒制运行机制中的重要一环,没有职业院校的积极参与,现代学徒制的构建也必将难以有效实现。

高职院校在现代学徒制构建中的利益诉求能否实现也是现代学徒制是否能够有效运行的关键因素。对于高职院校而言,之所以要积极参与现代学徒制,主要是因为技术技能人才的培养仅仅依靠教育部门根本无法完成,高职院校无论是在设施设备的硬件资源投入上,还是在"双师型"教师的软件资源投

---

① 王星.技能形成的社会建构——中国工厂师徒制变迁历程的社会学分析[M].北京:社会科学文献出版社,2014:336.
② 耿洁.职业学校——企业潜在重要的利益相关者[J].中国职业技术教育,2010(21):22-26.

入上,都无法满足高素质技术技能型人才培养的需求。如图2-3所示,高职院校参与现代学徒制最主要的利益诉求是为了提高人才培养质量从而提升学校声望(87.50%),其次则是为了能够提高学校与行业、企业联系的紧密性(86.10%)。因此,通过现代学徒制实现同企业在人才培养上的密切合作,实现自身的利益诉求——利用行业、企业资源解决高职院校当前实习教学资源、实践教学场所的不足,完成学生技术实践能力的培养,并利用行业企业的劳动力市场信息资源和岗位人才质量标准,调整学校的专业设置、人才培养目标和培养规格,最终实现高职院校在人才培养质量上的提升和办学声誉的提高。因此,对于高职院校和企业而言,两者的利益诉求在一定程度上是契合的,企业需要提前进行人力资源的储备,而高职院校需要借助企业资源实现人才培养质量的提升,因此构建现代学徒制运行机制的目的就是保证学校和企业的利益诉求能够实现紧密的契合,并通过制度措施来保障双方的利益诉求,从而保证现代学徒制能够顺利运行。

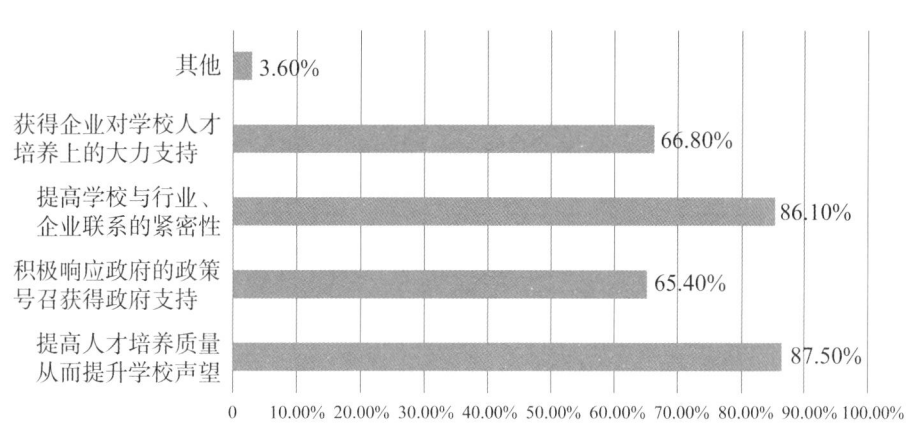

图2-3 高职院校参与现代学徒制的主要利益诉求示意图

高职院校的学生(学徒)也是现代学徒制的重要参与者,其利益的有效满足对于现代学徒制运行机制的构建同样也具有十分重要的意义,如若没有学生(学徒)对现代学徒制价值的认可,并通过自身在学习上的积极投入来提高自身的技术技能从而实现现代学徒制的价值彰显,则现代学徒制运行机制也将因为缺乏学生的积极参与而难以得到有效构建。因此,保障学生(学徒)的利益诉求,并通过精心设计的人才培养方案和质量严格的培养过程提升学徒技术技能就成为吸引更多的学生(学徒)参与到现代学徒制、保证现代学徒制运行顺畅的关键。在传统的学徒制和我国过去开展的校企合作中出现过很多侵占学徒权益,把学生(学徒)当作廉价工人的情况,最终都导致传统学徒制和职业院校的校企合作因为缺少了学生(学徒)的积极参与而难以为继的情况。例如,2011年由北京大学、清华大学的师生参与完成的《西进——富士康内迁调查报告》指出,许多职业院校实际上已经变身成了向富士康推荐一线员工的中介机构,这些学校的学生在经过短短一年或者两年的学习之后,就被以顶岗实习的名义送到富士康这类的工厂,成为脱离学校的"准员工"。除此之外,2013年10月,据《南方都市报》报道,G省F职业学校学生谭××在工厂实习期间猝死,年仅16岁,9月初经学校安排前往中山东凤镇某电器厂实习,学校规定只有参加了学校安排的实习,修满相应学分才能毕业,而所谓的实习就是学生每天要在生产线上站着工作10多个小时,所做的事情跟自己的专业根本就没有任何关系。正是因为这些不保护学生(学徒)权益的现象频繁出现才导致职业院校校企合作社会声誉不佳,不仅脱离了原本的初衷,反而因为投机的行为造成职业院校办学声誉下降。基于以上阐述分析,学生(学徒)作为现代学徒制重要的利益攸关方,其利益诉求的有效满足与实现对于现代学徒制的高效运行十分重要。如图2-4所示,学生(学徒)能够积极参与现代学徒制无外乎希望通过这条学习途径获得未来谋生所需的专业技能,从而在毕业之后获得一份体面的工作与收入,这是学生(学徒)参与现代学徒制最为主要的利益诉求。

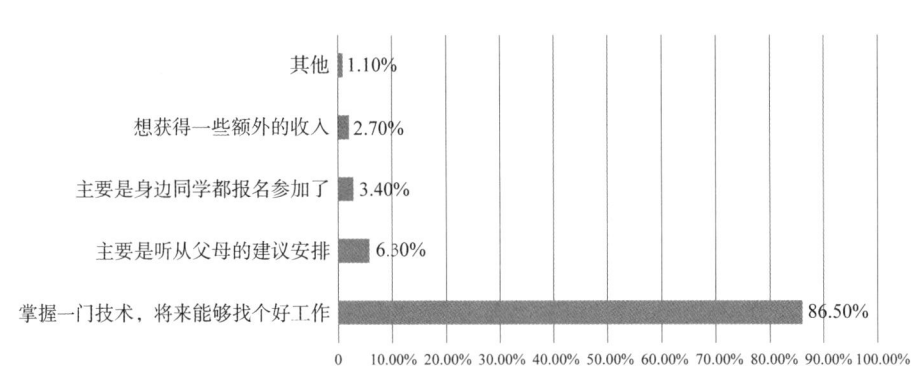

图2-4 学生(学徒)参与现代学徒制的主要利益诉求示意图

在访谈调研中也同样发现,学生参与现代学徒制最为看重的就是未来能够有一个好的生涯发展,如一名学徒在访谈时提道:"我度过了一年多的大学生活,感觉对以后自己的工作和发展前景不是特别看好,就想选择一个电子班

(学校二年级开始和企业合作的学徒班),对我自己来说是第二专业,能够更快地掌握一些东西,更好地进入公司。"

三、政府:提升教育服务经济社会发展的能级

政府在传统学徒制中一般处于"旁观者"的角色,很少会直接干预学徒制的发展,直到近代以来,行业协会学徒制日益走向衰败,国家为了维持社会的稳定,避免学徒制对"学徒"日益严重的剥削现象持续下去,才开始通过法律、法规来规范学徒制,保障学徒的合法权益,明确参与主体在学徒培养中的责任、义务和权利。德国政府在通过法律、法规来规范学徒制的运行方面一直较为积极主动,正是在其积极干预之下,德国"双元制"才成为职业教育的典范代表。例如,德国于1969年颁布的《职业教育法》不仅明确了"双元制"这一称谓,还对学校、企业、行业协会在"双元制"中的地位、作用、权利、义务进行了十分明确细致的规定,从根本上保障了"双元制"能够在德国得到顺利的实施。英国政府则直接将现代学徒制与国家职业资格(NVQ)对接。通过这些措施,现代学徒制就不再是一个独立于正规教育系统之外的体系,而被纳入到整个国家的教育体系之中,不仅可以同普通教育体系实现在横向上的贯通,还纷纷为最高级别的学徒制设计了与高等教育接轨的入口,如英国的"基础学位",法国的"第一学位"等。[1] 从以上各国政府的举措来看,在现代学徒制中政府已经不再同过去的传统学徒制一样居于旁观者角色,而是积极地参与到了现代学徒制的构建过程中,而且将其纳入到整个国家的正规教育体系之中。一方面是因为技能人才培养是国家人才发展战略的重要组成部分,另一方面则是因为现代学徒制对于促进青少年就业、维持社会稳定发展、降低失业率具有非常重要的意义。

基于以上分析可以发现,政府在高职院校现代学徒制的构建中居于日益重要的地位,政府之所以日益重视现代学徒制的构建和发展,是因为在当前我国发展方式迅速转变、产业结构调整步伐日益加快的背景之下,实施现代学徒制有利于大力发展职业教育,提高职业院校办学水平,培养更多的高素质技术技能型人才,从而更好地服务于区域经济社会的转型发展。伴随着地方劳动

---

[1] 关晶,石伟平.现代学徒制之"现代性"辨析[J].教育研究,2014,35(10):97-102.

者技术技能水平的迅速提升,不但对促进大学生就业、改善民生具有重要意义,而且对于促进整个区域经济发展方式的转变也同样具有重要的战略意义。因此,政府对于现代学徒制的利益诉求主要是希望企业和学校能够培养出高素质的技术技能型人才,满足经济社会的发展需求。这不仅能够有效地缓解当前大学生就业难的问题,更能够有效地促进当前经济社会发展水平的提高。

第三节 高职院校现代学徒制运行机制的理论分析框架构建

在基本明确了高职院校现代学徒制运行机制的主要内涵及其参与现代学徒制运行的相关主体的基本利益诉求之后,还需要进一步思考分析高职院校现代学徒制可以从哪几个理论维度进行分析探讨,这是进一步对其理论内涵进行深化认知并进行实证调查研究的必要前提。现代学徒制运行机制理论分析框架的构建主要是依据在对现代学徒制本质属性进行诠释的基础上分析其理论上可能的构成维度,并基于对其假定结构进行数理统计上的检验与验证,从而为后续研究的开展既提供一个材料收集、概括与归纳的依据,也提供一个进行深度剖析现象、发现问题的逻辑分析框架和一套概念体系。因此,本研究在充分借鉴相关理论研究成果的基础之上,结合笔者自身的实践思考,试图为高职院校现代学徒制运行机制的研究提供一个初步的理论分析框架。

一、高职院校现代学徒制运行机制分析框架构建的基本假定

理论分析框架的构建必须建立在基本假定的基础之上,这是保证分析框架在具体运用过程中的有效性和针对性的必要前提,高职院校现代学徒制运行机制理论分析框架构建的基本假定如下。

假定一:高职院校现代学徒制构建是一个多元主体参与的过程。高职院校现代学徒制的构建需要多元主体的共同参与才能实现,这是由于技术技能型人才培养具有跨界的特征,学生既需要掌握技术操作的理论知识,又需要通过实习实训掌握技术实践操作能力,而且随着现代科学的快速发展,理论科学知识与工作场所知识之间的关系越来越紧密,单纯让学生掌握技术操作的理论知识,学生不仅很难学会,而且也无法胜任岗位的需求,但如果仅仅通过实习实训来掌握技术操作能力,又难以掌握技术背后的原理,影响学生的可持续发展。因此,技术技能型人才的培养日益需要职业学校同企业进行紧密的合作,双方共同参与到学生(学徒)的培养中,实现高素质技术技能人才培养的目标。而且,与传统的学徒制相比,高职院校现代学徒制构建过程中的利益主体日益多元,包括了政府、行业协会、企业、学校、企业师傅、学校教师和学徒(学生)等,他们基于各自的利益诉求参与到现代学徒制构建这一社会集体行动之中。

假定二:高职院校现代学徒制构建是基于各方利益诉求博弈的过程。前文提及,现代学徒制是一个多元主体共同参与构建的过程,而且在这一过程中,不同的参与主体都是自身利益最大化的行为体。因此,现代学徒制构建的过程本质上就是不同参与主体基于自身的利益诉求而相互博弈的过程,各个主体都是为了能够实现自身利益最大化的理性行为主体。而且,不同参与主体的利益诉求之间可能存在着一致也可能存在着分歧,可能在某一时间段一致也可能在另一时间段存在分歧,可能在某一情境下一致也可能在另一情境下产生分歧。总而言之,各个主体参与现代学徒制主要是为了能够实现自身的利益诉求,而且由于各个主体的利益诉求并不是在任何时间、任何情境下都能达成契合,这个过程必定是一个不同主体之间基于自身利益诉求而相互博弈的过程。这个博弈过程既可能就利益分配达成一致而实现合作,也有可能因为一方或多方利益诉求的难以满足或者相关主体的利益受损而导致现代学徒制构建的破裂或者难以有效运转。

假定三:高职院校现代学徒制构建的本质是要实现跨界的合作。现代学徒制的构建是一个多元主体共同参与构建的过程,而且各个主体基于自身的利益诉求而相互博弈,但与其他类型的博弈互动关系不同,高职院校现代学徒制的构建还具有"跨界"性的重要特征。也就是说,参与到高职院校现代学徒制构建中的主体既有以实现经济利益为目标的企业,亦有以实现人才培养与发展为旨归的教育机构,这两种机构之间在组织目标、运行逻辑、激励机制上存在着根本的不同,这种不同无疑将会对各方利益诉求的契合造成更大的困难。现代学徒制的构建需要跨越企业与学校、工作与学习,是一种跨界的活动——根据专业教学要求,学生在高职院校接受理论知识为主的教育,而在企业岗位或校内工厂则以"工人"的身份参加相关实践工作。企业与学校如若要实现在现代学徒制上的合作就需要跨越企业与学校之间的"物理边界""社会边界"和"心理边界"①,因此,现代学徒制的运行机制必然是不同主体之间基于自身利益诉求而实现跨界的合作。

二、高职院校现代学徒制运行机制分析框架的理论构想

在上述基本假定的基础上,就可以试图根据现代学徒制运行机制的本质内涵属性,确定高职院校现代学徒制运行机制的理论分析框架,然后依据这一框架对各国现代学徒制运行机制的构建经验进行对比分析,总结其共性规律;然后依据这一框架编制调查问卷和访谈提纲,对我国高职院校现代学徒制现有运行机制的现状进行调研。因此,现代学徒制运行机制理论分析框架的构建是本研究开展的逻辑起点,也是后续研究顺利开展的重要基础。从高职院校现代学徒制运行机制的本质内涵可以得知,高职院校现代学徒制运行机制是高职院校和企业两个合作主体在联合培养技术技能型人才过程中,参与到这一构成中的各个相关主体基于自身的利益诉求而在寻求合作的过程中所发生的相互作用关系。因此,现代学徒制本质上是一种跨界合作制度,而运行机制就是在寻求这一制度的构建并维持这一制度的运行过程中各个主体之间的相互作用关系。既然如此,如若现代学徒制本质上又是一种跨界合作制度的话,那么按照合作开展的逻辑,就必然会有如下几个关键的问题需要回答:其一,组织属性各不相同、利益诉求也各有不同的主体之间为何会开展合作?即合作缘何开展?其二,如若想要达成合作,不同的利益诉求主体之间将会通过何种途径、手段达成利益之间的相互妥协?即合作如何达成?其三,合作意向达成后,不同的合作主体在合作进行过程中承担的角色为何,又需要履行何种任务职责?即合作如何进行?其四,如何保证合作主体之间能够尽职尽责地履行先前所达成的合作契约,保证合作目标能够顺利实现?即合作目标如何实现?(如图2-5所示)因此,既然高职院校现代学徒制在本质上是一种跨界合作制度,那么高职院校现代学徒制运行机制的构建就是围绕着合作过程而发生的相互作用关系。基于以上分析,就可以根据如上四个紧密围绕合作而

---

① 崔永华,张旭翔.论职业教育的"跨界"属性[J].教育发展研究,2010,30(17):43-46.

开展的问题确定高职院校现代学徒制运行机制的理论分析框架。

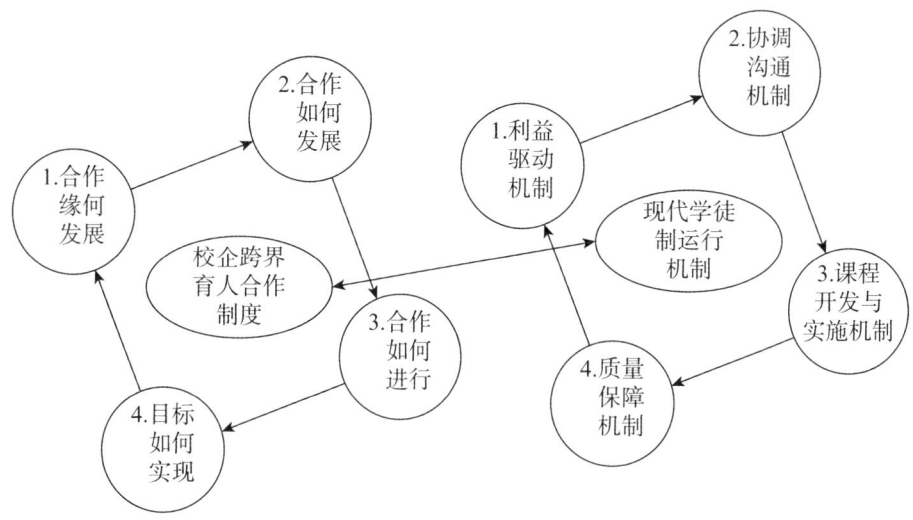

图 2-5 高职院校现代学徒制运行机制分析框架示意图

（一）利益驱动机制：合作缘何开展

合作缘何开展？这是高职院校现代学徒制构建的第一个必须回答的问题，因为不同的合作主体组织属性不同，所追求的目标也有差异，为何要跨越组织的边界联合培养高素质技术技能型人才，对于这一问题的回答是高职院校现代学徒制构建的起点，也是各方产生相互作用关系的一个起点。根据上文的基本假定，高职现代学徒制的参与主体都是自身利益最大化的行为体，各个主体都是为了实现自身利益最大化的理性行为主体。按照这一假定，高职院校现代学徒制得以构建的一个必要前提就是各方能够通过现代学徒制的构建获得利益。利益指益处，对人有好处的事物。这里所指的利益就是各个参与主体能够从参与现代学徒制获得何种好处，这是现代学徒制得以运行实施的一个有效前提。因此，各方利益诉求的满足，尤其是企业利益诉求的满足是现代学徒制能否得以在我国实施的一个重要前提。针对这一问题在不同主体之间产生的相互作用关系，就称为利益驱动机制。

在过去的校企合作过程中，之所以会出现"剃头挑子一头热"的情况，就是因为企业的利益很难得到保障，人们往往认为校企合作是一件"费力不讨好"的事情，不仅很难获得自己所需要的人才，也会时常干扰到企业正常生产秩序的运行，企业会因此而怠于投身校企合作。如果对比分析德国、瑞士等协调性市场经济国家的学徒制和英、澳、美等非协调性市场经济国家之间的学徒制,就会明显地发现德国、瑞士等国家中的企业要比后者参与现代学徒制的积极性高出许多。之所以造成这一差异,是因为"协调性市场经济国家(德国、日本),通过企业间或企业内联合与协商(如行业协会组织)干预市场,依赖企业之间的联合网络限制企业之间在劳动力市场的恶性竞争,从而为企业内学徒培训制度的产生奠定了社会基础"。通过国家、行业协会的介入,保证了企业与学徒之间可以达成"可信承诺",防止了因为"挖人外部性"而损害相关企业投入现代学徒制的利益,从而激发了企业参与现代学徒制的内生动力,而且这些国家都会对参与现代学徒制的企业进行财政上的补助和税收的减免,这其实就是不同主体之间如何就各方利益诉求的达成而发生的相互作用的真实写照,这一相互作用就可以称为利益驱动机制,这是合作能够开展的有效前提。

(二) 协调沟通机制:合作如何达成

当具有不同利益诉求的主体基于自身的利益考量而拥有参与现代学徒制的意愿后,就需要进一步探讨各个主体之间通过何种方式达成合作,即各主体之间如何进行协调沟通。在合作的过程中,高职院校属于提供公共服务的公共机构,而企业则属于以盈利为核心的私营机构,两种主体具有完全不同的组织属性,存在着十分明显的组织边界,如果没有具有一定权威性和规范性的沟通平台为双方的利益博弈提供一个平台来保证各方利益诉求的充分表达和有效沟通,就很难保证双方能够达成合作的目标。在国外,搭建行业、企业部门与教育部门之间的沟通合作平台,是保证合作能够实现的重要途径。这一平台往往建立在国家和州层面,然后由这些由多元主体组成的机构来制定或影响相关法律、法规的制定,从而保证不同利益主体的诉求能够得到有效保障;而且在国家和州层面建立协调机构,也避免了职业院校和企业两者之间在实践过程中因反复沟通而导致交易成本过高的现象。

例如,关晶研究指出,在德国的双元制中,政府、工会、行业协会和学校等不同主体分别扮演了不同的角色,并分别代表参与双元制的利益相关者,但这些主体之间又通过协商的方式对双元制的实施达成一致的意见,从而最终形成对双元制的各种规范。① 在实施双元制的许多组织和管理机构中,甚至是相

① 关晶.西方学徒制研究[D].上海:华东师范大学,2010.

关规范的制定过程中,随处都可以体现这种利益均衡合作的机制,比如对双元制起到指导和协调作用的联邦职业教育研究所领导委员会,是由11名雇主代表、11名工会代表、5名联邦政府代表和5名州政府代表共同组成的。又如,对州政府就职业教育相关事宜提供咨询建议的职业培训委员会是由6名雇主代表、6名雇员代表和6名职业学校教师共同组成的;而考试委员会是由数量相等的雇主代表、工会代表和至少一名职业学校的教师共同组成。① 现代学徒制合作的达成还需要保证各方的利益诉求能够在具体实施的过程中得以实现,因此必须构建保证各方利益诉求都能得到表达的协调沟通机制。

(三) 课程开发与实施机制:合作如何进行

高职院校现代学徒制运行机制构建的核心内容是课程开发与实施机制,无论是前文阐述的利益驱动机制还是协调沟通机制,最终的目的都是要明确不同的参与主体在实现人才培养这一共同目标的过程中(即人才培养过程中)应肩负何种职责,又应该在具体实施人才培养目标的过程中如何通过协同合作完成育人的目标。课程开发与实施机制从其内涵而言涉及了教什么、怎么教、谁来教三个方面的问题。针对教什么这一问题,其实要回答的是课程内容如何开发,谁来决定学习何种知识、技能,不同的主体之间在决定学什么这一问题上主要的职责、权限是什么,谁具有主导的地位,不同主体之间如何通过相互合作开发课程内容,这一过程也可以概括为课程开发机制。而针对怎么教的问题,其要回答的是在确定了课程内容之后,谁来实施已开发出的课程,各主体之间又如何通过协同合作保证课程规划能够顺利落地,又如何通过资源整合开发来保证这一课程规划的顺利实施与运行,通过何种教学手段传授相应的知识,这一过程可以概括为课程实现机制。而针对第三个问题即由谁来教,主要回答的是由谁来负责对学生进行知识、技能的传授,他们在向学生传授知识与技能的过程中所肩负的职责权限有哪些,他们之间又存在着何种相互关系,这一构成可以概括为教师合作机制。由此可见,高职院校现代学徒制教学运行机制是整个高职院校现代学徒制最为核心的内容,因为其直接关系到对学生(学徒)如何进行培养,而人才培养的方式直接关系到人才培养质量的高低,将直接关系到现代学徒

---

① 关晶.西方学徒制研究[D].上海:华东师范大学,2010.

制是否能够实现其人才培养目标的预期。现代学徒制不是学校和企业的简单嫁接,只有实现了在人才培养上的紧密合作才能达成合作的预期,如果仅仅是实现了外部的形式上的合作关系,而没有在人才培养上进行科学的设计和严谨的规划,就算高职院校同更多的企业建立了现代学徒制合作关系,也根本无法保证其人才培养目标的达成。

如果审视西方各国现代学徒制的发展,就会发现教学运行机制一直都是各国现代学徒制改革的重点内容,例如德国在"双元制"的课程开发上,职业学校依据"框架教学计划"组织教学,而企业培训遵循的是联邦政府颁布的"职业培训条例"。所谓的"框架教学计划",是指按照培训学年划分的,对学习的范围、目标、内容和时间进行详细规定的计划。而"职业培训条例"是对职业培训的名称、技能和知识、时间进度安排以及考试要求等进行详细规定的条例。[①] 而且,由于职业教育既发生在企业,又发生在职业学校,必然涉及教学内容的更新与课程开发的协调沟通问题,针对这一问题,德国"双元制"都做出了十分详细的规定,培训条例和框架教学计划的制定一般分为四个阶段:研究阶段、要素确定阶段、协调阶段和颁布实施阶段。从以上案例可以看到,教学运行机制的构建对于现代学徒制而言起到十分关键的作用,将直接决定通过现代学徒制所培养的人才是否能够达到预期。

(四) 质量保障机制:目标如何实现

现代学徒制是一个涉及多元主体参与的人才培养过程,在合作过程中由于不同合作主体之间的利益诉求并不能总是保证协调均衡,外部环境的干扰以及内部结构的局部改变都极有可能对现代学徒制的运行产生干扰,从而导致人才培养目标难以达成。因此,为了保证人才培养的质量,不同的合作主体也会通过多种途径建立质量保障机制,其内容涉及多个方面,有的国家通过职业资格证书来保证学徒培养质量,也有的国家通过对过程进行实时的质量监控来确保守护质量的底线。因此,所谓现代学徒制的质量保障机制就是各参与主体为了能够保证人才培养的质量所形成的相互作用关系,即由谁来掌握学生培养质量的话语权,由谁来具体负责对培养质量进行监控,作为人才培养主体的学校和企业在保障人才培养质量中的责任、义务和权利为何。通过对

---

① 关晶.西方学徒制研究[D].上海:华东师范大学,2010.

各个国家现代学徒制的构建实践的考察,可以看到质量保障机制已经成为现代学徒制构建的主要内容,尤其是国家日益认识到现代学徒制在促进经济发展和社会稳定上所发挥的重要功效后,更是成为维护现代学徒制人才培养质量的重要成员。例如,在德国"双元制"的实施过程中,对于"职业培训条例"和州教学计划的贯彻实施建立了较为完善的督导体系,其中企业培训由行业协会负责督导,而职业学校的教学则由各州的教育与文化事务部负责全面的监管。[①] 因此,高职院校现代学徒制运行机制的分析必须考虑到各参与主体为了能够达成人才培养目标,都采取了何种举措、行动,各主体在保障学徒培养质量上的权利、责任与义务为何,各主体之间通过何种相互作用关系来维持并保障这样一种质量标准。

三、基于分析框架的高职院校现代学徒制运行机制的量表编制

抽象的概念无法直接用来测量高职院校现代学徒制的运行现状,也无法对理论分析框架进行直接的检验与验证,因此需要开发现代学徒制运行机制的评价测量工具,使抽象的、概念化的各个分析维度能够可操作化。由于针对高职院校现代学徒制运行机制的研究还不多见,国内外还没有针对现代学徒制的运行机制开发任何评价测量工具,为了能够探索高职院校现代学徒制运行机制的内容结构并验证本研究所提出的理论分析框架,本研究需要开发编制高职院校现代学徒制运行机制的量表。构建现代学徒制运行机制理论模型最为重要的一步是题项生成的方法、途径与具体步骤。由于需要开发多维度的量表,本研究根据过往学者提出的量表开发建议,并参考了一些知名量表开发的过程。整个量表的编制过程如下文所示。

(一) 高职院校现代学徒制运行机制调查问卷初始题项的生成与修正

量表开发所需要的题项可以从两个方面进行获取:一是从已有的相关问卷和文献中获得;二是通过对具有相应经验的个体进行访谈获得。遵循这样一种思路,基于前文概括归纳总结出的高职院校现代学徒制运行机制的理论分析框架,本研究量表的题项主要有三个来源:一是直接从国内外相关的量表和问卷(主要来源于校企合作运行机制的调查问卷)中选取一些与本研究主题

---

① 关晶.西方学徒制研究[D].上海:华东师范大学,2010.

相关的题项,并对其进行相应的修改;二是从相关的文献资料中获取,由于这些资料的陈述方式和量表所要求的陈述方式不同,通常需要对其进行语义内涵的转换和语词顺序的调整;三是从对具有相应工作经验个体的访谈中获得,对其访谈的文本资料进行内容分析,进而整理成本研究所需要的量表项目。经过上述三个过程,根据前文通过理论分析得出的高职院校现代学徒制运行机制的理论分析框架,初始形成了"高职院校现代学徒制运行机制评价量表",这一量表的题项共有52个,其中16项直接来自相关的问卷,13项来自文献资料的分析,还有23项来自对相关个体(高职院校中负责现代学徒制实施的院系领导和专业负责人)的访谈。

（二）高职院校现代学徒制运行机制的量表检验

在通过一系列途径和方法基本确定高职院校现代学徒制运行机制评价的初始量表之后,还需要进一步通过效度分析和信度分析来判断该量表是否能够有效测量高职院校现代学徒制运行机制的现状以及其是否是一个具有可信度的测量工具。

1. 高职院校现代学徒制运行机制调查问卷的效度分析

在基本确定该量表的初始题项后,需要对题项进行效度分析。在社会科学领域,近年来逐渐采用专家效度测量方法。专家效度测量的内容主要包括关联性、简洁性和准确性分析。① 下文为本研究对该初始量表测量的具体步骤和做法。

邀请7名专家(高职院校办学中具体负责现代学徒制运行实施的院系领导与专业负责人)参加,这7名判断者的基本信息见表2－1。在正式开始判断之前,由笔者向其解释清楚每一个题项的具体内涵,并向其阐释说明本研究提出的高职院校现代学徒制运行机制和4个基本维度的理论内涵,并针对每个维度给出一个例子。然后让7名判断者将这52个题项归入4个理论维度之中,如果认为某一题项不属于这4个维度之中的任何一个,就将其列入"不合适"一组中。每个判断者在对这些题项进行判断之前都不知道这些题项是根据哪一个维度所得出的。经过这样一个判断过程之后,如果有6名专家将某一题项列入了"不合适"这一组中,即意味着该题项不属于任何一类,那就将其

---

① 赵辉.中国地方党政领导干部胜任力模型与绩效关系研究[D].成都:西南交通大学,2007.

删除。经过这样一个过程共删除了3个题项,保留了49个题项。

进行了第一轮判断之后,还需要进行第二轮判断,同样是邀请上述专家进行判断,这次他们需要判断这些题项能够说明现代学徒制运行机制4个维度的等次,即"完全说明""一般说明"和"不能说明"。如果有6位以上的专家认为是"完全说明",且没有1位认为是"不能说明",则该题项可保留。经过这样一个过程,初始量表一共删除了6个题项,保留了43个题项。

表2-1 高职院校现代学徒制运行机制初始量表效度评判者信息举要一览表

评判者	性别	职称	年龄	专业	参与现代学徒制时间
CYZ	男	副教授	45	计算机技术	2013年
PJF	男	副教授	36	机电一体化	2012年
GWG	男	副教授	36	模具设计与制造	2012年
XLF	男	副教授	36	电梯维修技术	2015年
BZG	男	教授	52	针织艺术设计	2012年
YF	女	讲师	41	服装设计	2012年
LY	女	副教授	35	机械设计与制造	2013年

2. 高职院校现代学徒制运行机制调查问卷的信度分析

为了能够检验本量表的信度,笔者采用李克特5级量表制,将"高职院校现代学徒制运行机制评价量表"设计成了"高职院校现代学徒制运行机制调查问卷",请被试者在"1非常不符合"到"5非常符合"之间选择。以无记名的方式,随机选择了浙江省H高职院校正在实施现代学徒制试点的80名专业教师进行填写。共回收问卷79份,回收率为98.75%;其中有效问卷为62份,有效率为78.48%(判定有效问卷的标准:漏填、误填率不超过5%,即每份问卷的漏填、误填率不得多于3题)。使用SPSS23.0对回收的有效问卷进行统计分析。被调查样本的基本情况见表2-2。

表2-2 初测问卷调查样本相关信息一览表(62)

项目名称	类别	频次	百分比(%)
区域	东部	62	100%
	中部	0	0
	西部	0	0

（续表）

项目名称	类别	频次	百分比(%)
示范校	是	62	100%
	否	0	0
学徒制开展时间	0—1年	27	43.5%
	1—3年	21	33.9%
	3年以上	13	21.0%
	缺失	1	1.6%
合作企业所属行业	商务与管理	2	3.2%
	生产与制造	45	72.6%
	电子与信息	11	17.7%
	教育与文化	1	1.6%
	缺失	3	4.8%
企业规模	大型	21	34.3%
	中型	22	36.0%
	小型	19	30.6%

注：处理调研数据时，研究者统一采用各分项数除以总项数的方法，计算各分项所占比例，并将计算结果在四舍五入后保留一位小数。因为四舍五入后的数据和实际的数据之间有些许误差，造成部分栏目各分项比例之和并非100%，这是由统计方法误差造成的。为保持全书数据的真实性和统计方法的一致性，研究者并未强行修改相关数据。书中如有类似情况，不再另外说明。

在对被调查的基本信息进行初步的分析后，就可以进一步对本问卷的信度进行分析和探讨。经过统计分析后，对问卷进行内部一致性分析的结果见表2-3，量表总体的信度水平为0.832，达到了0.8以上，表明量表的信度符合并达到了理论需要。

表2-3 高职院校现代学徒制运行机制量表的总体信度及各维度信度（$n=62$）一览表

	运行机制	利益驱动机制	协调沟通机制	课程开发与实施机制	质量保障机制
a系数	0.832	0.759	0.726	0.762	0.683

四、高职院校现代学徒制运行机制分析框架的实证检验

在上述研究中，笔者提出了高职院校现代学徒制运行机制的理论分析框架，并初步开发设计出了高职院校现代学徒制运行机制评价量表。为了能够进一步检验量表的有效性，需要通过探索性因子分析和验证性因子分析来验

证。本部分研究的假设主要有两个：一是高职院校现代学徒制运行机制是多维度的，一共有四个维度，分别为利益驱动机制、协调沟通机制、课程开发与实施机制以及质量保障机制；二是高职院校现代学徒制运行机制是一个二阶结构，即利益驱动机制、协调沟通机制、课程开发与实施机制以及质量保障机制四个一阶因子可以在二阶上聚合成高职院校现代学徒制运行机制。本研究所采用的量表为笔者自行研制的"高职院校现代学徒制运行机制评价量表"，初始问卷包含43个题项。然后，采用目的抽样的方式选择了浙江省H高职院校正参与实施现代学徒制试点的80名专业教师进行填写，共回收问卷79份，回收率为98.75%；其中有效问卷为62份，有效率为78.48%，样本基本信息见表2-2。对回收的数据采用SPSS23.0进行统计分析，分析结果如下文所示。

（一）高职院校现代学徒制运行机制分析框架探索性因子分析

在正式进行探索性因子分析之前，先采用项目分析的方法对一些没有鉴别力的题项进行删除。高职院校现代学徒制运行机制评价量表的项目分析结果见表2-4。

表 2-4 高职院校现代学徒制运行机制评价量表项目区分度临界比率指标分析一览表

项目号	t值	显著性	项目号	t值	显著性
项目 1	3.550*	.009	项目 23	3.357*	.010
项目 2	7.000**	.000	项目 24	3.341*	.009
项目 3	4.187*	.002	项目 25	3.693*	.005
项目 4	4.710*	.002	项目 26	6.128**	.000
项目 5	12.793	.074	项目 27	5.200**	.000
项目 6	10.237*	.001	项目 28	-.737	.480
项目 7	7.000*	.001	项目 29	7.000**	.000
项目 8	8.364*	.018	项目 30	5.584*	.001
项目 9	9.518*	.010	项目 31	2.322*	.046
项目 10	12.631	.235	项目 32	-3.341**	.009
项目 11	7.000*	.002	项目 33	2.700*	.024
项目 12	9.566*	.006	项目 34	1.948	.002

(续表)

项目号	t 值	显著性	项目号	t 值	显著性
项目 13	7.000*	.003	项目 35	-2.330*	.047
项目 14	12.907**	.000	项目 36	2.887*	.016
项目 15	12.773**	.000	项目 37	2.922*	.014
项目 16	12.517*	.001	项目 38	4.478*	.001
项目 17	12.999	.121	项目 39	3.667*	.008
项目 18	12.905*	.005	项目 40	7.937**	.000
项目 19	12.907*	.008	项目 41	5.017*	.002
项目 20	10.934*	.004	项目 42	5.308**	.000
项目 21	7.000*	.007	项目 43	.583	.001
项目 22	10.934*	.004			

注：*$P \leqslant 0.05$，**$P \leqslant 0.01$.

见表 2-4，通过项目分析可以发现项目 5、10、17、28 四个项目的鉴别力较差，因此予以删除，其他项目的鉴别力都较好（P 值都小于 0.05 以下），予以保留。

对所有题项进行初步的删选之后，就可以进一步对剩余的题项进行探索性因子分析，检验结果见表 2-5，样本适当性系数 KMO 的指标为 0.740（>0.5），表明该量表各个题项之间的相关程度无明显差异，数据适合进行因子分析。

表 2-5　KMO 和 Bartlett's 球形检验值一览表

Kaiser-Meyer-Olkin measure of sampling adequacy			0.740
Bartlett's Test of Sphericity		Approx.Chi-square	1987.242
		df	780
		sig	0.000

确定此样本数据可以进行因子分析后，需要进一步确定一共可以从中抽取多少个公共因子。如图 2-6 所示，通过统计分析得到的碎石图表明，在 4—7 个共同因子处，陡坡线逐渐平坦，即表明抽取 4—7 个因子是适宜的。

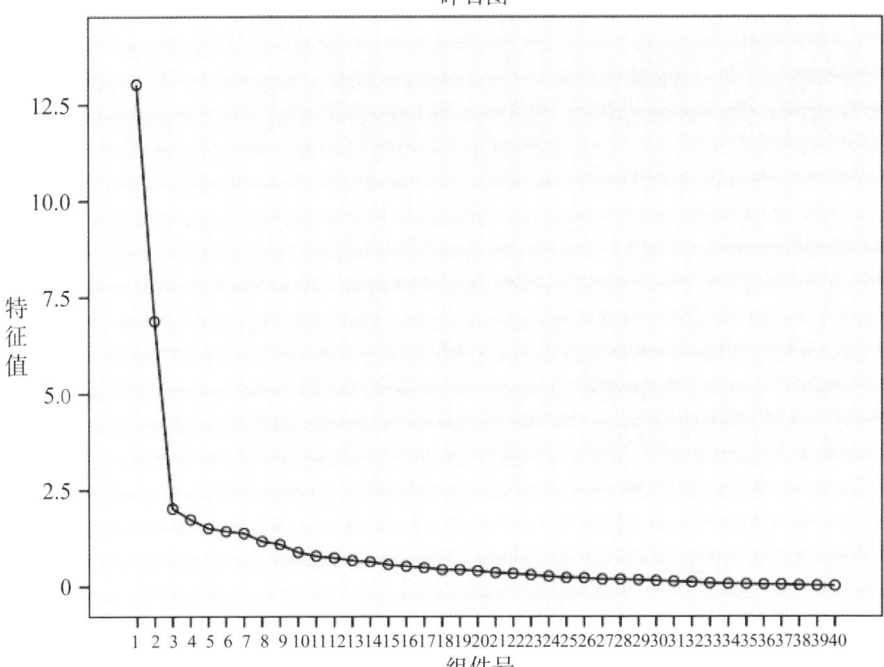

图 2-6 探索性因子分析的碎石示意图

采取主成分分析法(PCA),根据因子分析的结果,删除因子载荷较小(<0.30)或共同度较小(<0.20)的项目。结合量表在构建时所依据的理论分析框架,多次重复这一探索过程,一共反复进行了 3 次探索性因子分析,相继剔除题项 5 个(A9,A31,A19,A1,A34),直至变异累积率趋于稳定。表 2-6 为 4 个共同因子的特征值及其贡献率,35 个项目在 4 个因子上的负荷情况见表 2-7。

表 2-6 4 个共同因子的特征值及其变异解释率一览表

共同因子	特征值	变异百分比%	变异累积百分比%
1	11.560	33.029	33.029
2	6.546	18.702	51.730
3	1.736	4.960	56.690
4	1.631	4.661	61.351

表 2-7　高职院校现代学徒制运行机制评价量表各项目的因子负荷矩阵一览表

项目编号	因子负荷			
	因素 1	因素 2	因素 3	因素 4
A23	−.907			
A21	−.905			
A25	−.879			
A22	.877			
A24	.842			
A26	.839			
A27	−.837			
A30	.787			
A29	.781			
A33	.734			
A32	.671			
A35	.654	.435		
A2		.831		
A4		.784		
A7		.736		
A10		.675		
A8		.632		.329
A6		.584		
A3		.582	.323	
A13		.553		.459
A11		.542		
A12		.473		
A42			.714	.365
A41		.394	.694	
A36			.663	.431
A38			.662	
A40		.484	.596	
A37		.436	.561	.406
A39		.466	.552	
A43		.311	.507	.482
A18				.781
A20				.749

（续表）

项目编号	因子负荷			
	因素1	因素2	因素3	因素4
A16				.608
A14		.484		.545
A15	−.367		.350	.526

注：因子负荷值小于0.3的没有显示

（二）高职院校现代学徒制运行机制分析框架验证性因子分析

经过探索性因子分析后，已经表明此量表有较好的聚合效度，为了能够进一步直观形象地呈现各个项目之间的关系和结构内容，又采用验证性因子分析进一步考察整个量表的构想效度。

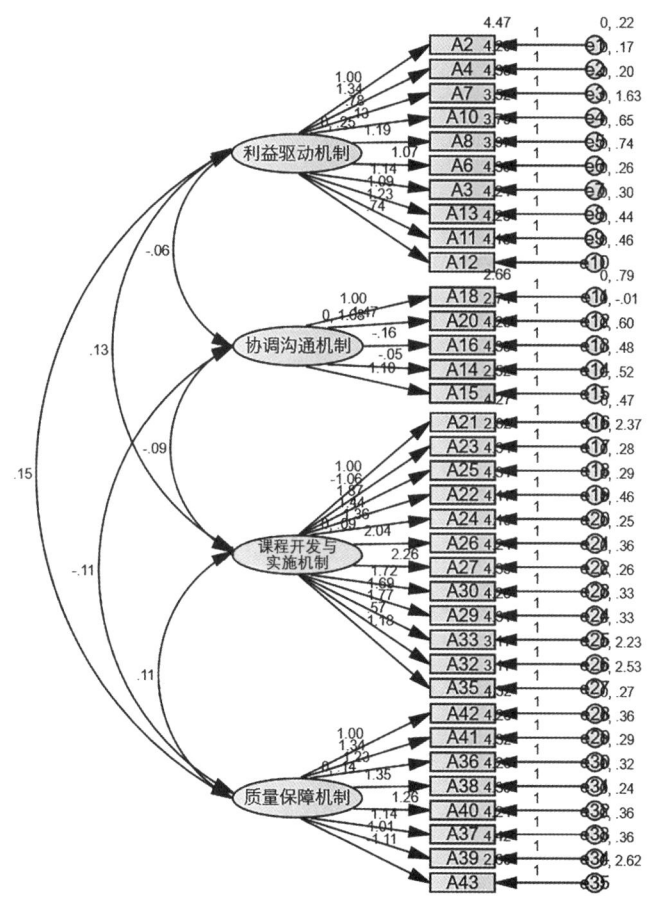

图2-7 高职院校现代学徒制运行机制理论分析框架验证性分析示意图

本研究采用 AMOS22.0 软件对问卷的探索性因子分析结果进行验证性因子分析。根据结构方程模型理论,对模型进行验证性检验。在结构方程模型中各指数的拟合标准分别为:X^2/df 大于 10 一般表示模型很不理想,小于 5 一般表示模型可以接受,小于 3 则表示模型较好,但样本容量越大,则 X^2/df 越大;①RMSEA 处于 0 和 1 之间,临界值为 0.08,越接近 0 越好。因此,从表 2-8 可以看出,除了 RMSEA 稍大于 0.08 之外,其他拟合指标都达到了临界值。

表 2-8 高职院校现代学徒制运行机制五因子模型拟合指标一览表

拟合指数	X^2/df	IFI	CFI	TLI	NFI	RMSEA
模型	2.318	0.932	0.975	0.912	0.964	0.082
可接受标准	1—3	>0.9	>0.9	>0.9	>0.9	<0.08

小 结

基于"现代学徒制"和"运行机制"概念内涵的阐述分析,高职院校现代学徒制运行机制的内涵主要是高职院校与企业两个合作主体在联合培养技术技能型人才过程中,参与到这一过程中的各个相关主体基于自身的诉求而在寻求相互合作的过程中所产生的相互作用关系。高职院校现代学徒制运行机制的参与主体主要有政府、行业协会、企业(学徒与师傅)、高职院校(学生与教师),而这些主体之间通过相互作用关系所形成的结构和功能正是现代学徒制运行机制所欲研究的重点。通过对各个利益主体的利益诉求的分析,行业协会、企业参与现代学徒制的利益诉求主要是能够提前筹划未来人力资源的战略储备,学校参与现代学徒制的主要诉求是能够提高自身人才培养质量和社会声誉,政府参与现代学徒制的主要诉求是提升教育服务经济社会发展的能级。

本章在基本明确现代学徒制运行机制的主要内涵及其各参与现代学徒制运行相关主体的利益诉求后,进一步探讨分析了高职院校现代学徒制运行机

---
① 吴明隆.结构方程模型——AMOS 的操作与应用[M].重庆:重庆大学出版社,2009:43.

制的理论维度(主要是在对现代学徒制本质属性进行诠释的基础上分析其理论上的可能构成维度),并基于对其的假定结构进行数理统计上的检验与验证。高职院校现代学徒制运行机制的基本假定主要有三个方面:其一,高职院校现代学徒制运行机制构建是一个多元主体参与的过程;其二,高职院校现代学徒制运行机制构建是基于各方利益诉求博弈的过程;其三,高职院校现代学徒制运行机制构建的本质是实现跨界的合作。基于以上假定,根据现代学徒制运行机制的本质内涵属性,按照合作开展的逻辑就必然需要回答如下问题:合作缘何开展、合作如何达成、合作如何进行、目标如何实现。基于以上分析,高职院校现代学徒制运行机制的理论分析框架可概括为以下四个方面:利益驱动机制、协调沟通机制、课程开发与实施机制、质量保障机制。基于分析框架编制出了"高职院校现代学徒制运行机制评价量表",并基于此量表对高职院校现代学徒制运行机制的分析框架进行了实证检验。

第三章

高职院校现代学徒制运行机制的现状调查

前文已经针对现代学徒制运行机制的理论结构进行了分析探讨,分析结果表明建构责权明确、利益共享的运行机制是现代学徒制成功实施的关键保障,而西方国家现代学徒制的每一次调整与改革无一不是基于一方或多方利益诉求的变化而发生的。因此,明确参与现代学徒制各方的利益诉求,并在各方利益诉求的基础之上进行规则的制定与构建是现代学徒制得以在中国落地生根的关键。然而,到目前为止,我国尚未针对现代学徒制进行国家层面的制度建构,仍然停留在学校层面的试点、试行阶段。与西方各国不同,我国的政府和行业在现代学徒制的推动上明显存在缺位的现象,而且我国企业所面临的市场竞争环境以及学生自身的生涯发展需求同西方国家都有很大的不同。以上这些差异都表明在我国特殊的国情下,现代学徒制运行机制的构建路径必定不同于西方国家,这种特殊性决定了要想找到在中国实施现代学徒制的路径,必须对当前我国正在试点进行现代学徒制人才培养模式改革的高职院校[①]进行深入的调研分析,分析现代学徒制试点过程中各方的利益诉求为何,针对人才培养如何进行沟通协商,各自在人才培养过程中又承担了何种责任,如何进行协同培养。因此,唯有充分了解在我国国情之下高职院校现代学徒制运行机制的现实状况为何,才能进一步基于对经验的理性反思找到阻碍现代学徒制在我国实施的关键制度障碍。

第一节 调研目的

本次调研的主要目的是深入了解在当前国情之下 100 所试点高职院校现

---

① 2015 年 8 月,教育部遴选了 165 家单位作为首批现代学徒制试点单位和行业试点牵头单位,其中有 100 所试点高职院校(资料来源:教育部.教育部办公厅关于公布首批现代学徒制试点单位的通知[EB/OL].(2015-08-06)[2020-06-10]. http://www.moe.edu.cn/srcsite/A07/s3069/201508/t20150817_200588.html)。

代学徒制运行机制的现实状况——参与现代学徒制的各个主体如何针对学徒培养进行互动、合作与交流,在这一过程中各自承担了何种责任,履行了何种义务,是否达到了合作的预期目标,利益是否得到了实现和满足。具体而言,根据前文提出的高职院校现代学徒制运行机制的理论分析框架可以进一步分解为如下四个小目标。

其一,高职院校现代学徒制利益驱动机制的现状。即当前参与现代学徒制试点的各主体的利益诉求为何,在合作过程中是否能够有效地满足各方的利益诉求,是否存在着利益冲突,政府是否采取了适当的激励措施来激发各方参与现代学徒制试点的积极性与主动性。

其二,高职院校现代学徒制协调沟通机制的现状。即当前参与现代学徒制试点的各个主体之间如何处理彼此之间或者多者之间的利益博弈和信息沟通,是否建立了协调沟通的平台以及完善的协调沟通制度,又是如何运行实施的。

其三,高职院校现代学徒制课程开发与实施机制的现状。即当前参与现代学徒制试点的各个主体之间是如何就学徒培养进行职责上的分工的,在人才培养开发、教学组织实施、教学团队打造、教学资源整合等方面是如何彼此合作的。

其四,高职院校现代学徒制质量保障机制的现状。即当前参与现代学徒制试点的各个主体之间就人才培养质量的提高是如何进行合作的,在标准制定、教学运行监控、学徒质量认证上各自都承担了何种责任与义务,又是如何进行沟通协作的。

第二节 调 研 方 法

为了能够真正把握当前试点高职院校现代学徒制运行机制的现状,本研究采用了问卷调查和访谈两种方法,之所以采取这两种方法是出于对两种方法优缺点的综合考虑。问卷调查法是一种结构化的调查,其调查问题的形式、提问的顺序、答题的方式都是程序化和固定的,而且是一种文字为主的交流方式。因此,这种调查方法的优点集中体现在问卷调查结果容易量化,节省时间、经费和人力,便于统计和分析,可以进行大规模的样本调查。但是这种方法的缺点同样十分明显。首先,这种方法对问卷设计的要求非常高,问卷题项的设计需要设计者具有丰富的设计经验,不同的人针对同一个问题往往会有不同的理解,信效度较难控制;其次,这种方法存在广而不深的问题,限于问卷的篇幅,只能通过问卷询问一些较为基本的信息,很难深入了解问卷填写者真实的动机、意图甚至是情绪,研究者和研究对象之间针对研究问题的意义构建很难实现。而访谈法恰恰弥补了问卷调查法的上述缺陷,通过访谈可以了解被访者针对所研究问题的真实看法与态度,而且收集的材料要比问卷调查法更为深入。因此,综合考虑了两种方法的优缺点后,笔者决定将两种研究方法有机地结合起来,通过问卷调查法从"面"上了解整个高职院校现代学徒制运行的大概状况,然后再通过访谈法从"点"上深入了解现代学徒制运行的细节,通过点面结合最终真实地反映试点高职院校现代学徒制运行机制的现状。

一、问卷调查法

问卷调查法是围绕研究主题事先设计好一系列问题,以书面的形式征询被调查者的意见,然后通过对问卷的回收、整理和统计分析,获得相关研究成果的一种方法。本研究根据前文分析得出的高职院校现代学徒制运行机制的理论分析框架,共编写了三份高职院校现代学徒制运行机制调查问卷,分别为教师卷、企业卷和学生卷(问卷内容详见附录)。其中教师卷和企业卷中都包含了高职院校现代学徒制运行机制评价量表,该评价量表根据现代学徒制运行机制的理论分析框架编制得出,共分为四个维度,每个维度的信度系数分别为0.759、0.726、0.762、0.683,该量表的总体信度为0.823。

二、访谈法

访谈法是质性研究中一种十分重要的方法。根据访谈目的和形式的不同,可以将访谈法分为结构访谈、半结构访谈、无结构访谈、面对面访谈、电话访谈、网络访谈等多种不同的类型。在本研究中,所采用的访谈方法主要为半结构访谈法(Semi-Structured Interviews),这一方法是指按照一个粗线条式的访谈提纲进行非正式访谈。该方法对访谈对象的条件、所要询问的问题等只有一个粗略的基本要求。本研究根据访谈对象的不同设计了三份访谈提纲,分为教师、学生和企业三种(访谈提纲详见附录)。

第三节 调研对象

现代学徒制运行机制的构建涉及多个利益相关者,包括政府、企业、学校、师傅、教师和学生(学徒)。因此,为了能够客观真实地反映现代学徒制运行的真实状况,就必须充分考虑不同主体视野下的现代学徒制运行状况,因为各个主体自身的利益诉求是不同的,如果仅从某一主体的视野来看现代学徒制的运行状况,必然会存在偏见,必将难以获得全面、客观、准确的信息。因此,为了能够较为全面深入地了解当前高职院校现代学徒制运行机制的现状,在研究对象的选择上,将尽量选取多方利益相关主体。

一、问卷调研对象

在问卷调研对象的选择上,选择范围主要聚焦在当前正在进行现代学徒制试点的100所高职院校,具体的调研对象包括高职院校教师、合作企业人力资源部门负责人以及学生(学徒)。在样本的选取上采取便于抽样的方法,选择了20所正在试点运行现代学徒制的高职院校为调查院校,兼顾了区域、类型的差异,共发放学校卷300份,收回281份,有效回收率为93.67%,被调查对象的具体信息详见表3-1;发放企业卷300份,收回210份,有效回收率为70%,被调查对象的具体信息详见表3-2;发放学生卷600份,收回528份,有效回收率为88%,被调查对象的具体信息详见表3-3。

表3-1 被调查对象详细信息一览表(学校卷)

统计变量	类别	人数	百分比(%)
所在区域	东部	181	64.4%
	中部	37	13.2%
	西部	57	20.3%
	缺失	6	2.1%
是否为国家示范校	是	128	45.6%
	否	147	52.3%
	缺失	6	2.1%

（续表）

统计变量	类别	人数	百分比(%)
开展现代学徒制的时间	0—1年	61	21.7%
	1—3年	146	52.0%
	3年以上	60	21.3%
	缺失	14	5.0%
合作企业规模	大型(800人及以上)	102	36.3%
	中型(300—799人)	92	32.7%
	小型(299人及以下)	70	24.9%
	缺失	17	6.0%

表3-2 被调查对象详细信息一览表(企业卷)

统计变量	类别	人数	百分比(%)
所在区域	东部	137	65.2%
	中部	21	10.0%
	西部	44	21.0%
	缺失	8	3.8%
开展现代学徒制的时间	0—1年	78	37.1%
	1—3年	81	38.6%
	3年以上	47	22.4%
	缺失	4	1.9%
合作企业规模	大型(800人及以上)	60	28.6%
	中型(300—799人)	76	36.2%
	小型(299人及以下)	71	33.8%
	缺失	3	1.4%
是否建立自身的员工培训体系	是	183	87.1%
	否	25	11.9%
	缺失	2	1.0%
未来技术技能型人才的需求度	不高	10	4.8%
	一般	84	40%
	高	113	53.8%
	缺失	3	1.4%
企业当前的技术类型	劳动密集型	30	14.3%
	资本密集型	4	1.9%
	技术密集型	39	18.6%
	劳动+技术密集型	107	51.0%
	资本+技术密集型	28	13.3%
	缺失	2	0.9%

(续表)

统计变量	类别	人数	百分比(%)
企业当前所属的阶段	初创期	19	9.0%
	成长期	85	40.5%
	稳定期	82	39.0%
	衰退期	2	1.0%
	转型期	17	8.1%
	缺失	5	2.4%

表3-3 被调查对象详细信息一览表(学生卷)

统计变量	类别	人数	百分比(%)
所在区域	东部	314	59.5%
	中部	64	12.1%
	西部	130	24.6%
	缺失	20	3.8%
是否为国家示范校	是	335	63.4%
	否	165	31.3%
	缺失	28	5.3%
参与现代学徒制的时间	0—1年	183	34.7%
	1—3年	139	26.3%
	3年以上	180	34.1%
	缺失	26	4.9%
合作企业规模	大型(800人及以上)	151	28.6%
	中型(300人—799人)	120	22.7%
	小型(299人及以下)	204	38.6%
	缺失	53	10.0%
年级	一年级	167	31.6%
	二年级	215	40.7%
	三年级	133	25.2%
	缺失	13	2.5%

二、访谈调研对象

在访谈调研对象的选择上,选择范围同样聚焦在当前正在进行现代学徒制试点的100所高职院校,具体的调研对象包括高职院校负责现代学徒制试点工作的专业负责人、教师、院(校)长,以及合作企业中负责具体实施现代学徒制的人力资源部门管理者、企业师傅。具体访谈对象的信息见表3-4、表3-5、表3-6。

表3-4 被调查对象详细信息一览表(企业人力资源负责人)

姓名	性别	职务	企业规模	企业类型	所属行业	备注
王兴	男	培训中心主任	360人	技能密集型	飞机制造	Q1
李梅	女	人力资源主管	360人	技能密集型	飞机制造	Q2
孙红	女	企业总经理	1000多人	知识密集型	IT服务业	Q3
王刚	男	企业总经理	500多人	知识密集型	创新产业	Q4

表3-5 被调查对象详细信息一览表(学校专业负责人)

姓名	性别	所属专业	开展时间	企业规模	所属行业	备注
白杨	男	服装设计	2年	中型	纺织工业	Z1
金峰	男	电梯专业	2年	中型	电梯维保	Z2
吴天	男	数控加工	2年	中型	机床制造	Z3
王艳	女	机械设计	2年	中型	飞机制造	Z4
李艳	女	软件开发	1年	小型	IT服务	Z5
吴刚	男	数控加工	2年	大型	汽车制造	Z6
王红	女	工业设计	2年	中型	家装设计	Z7
李磊	男	软件开发	2年	中型	IT服务	Z8
王赢	男	建筑技术	2年	中型	建筑业	Z9
张天	男	物流管理	2年	中型	物流业	Z10
张芳	男	烹饪	2年	大型	餐饮服务	Z11
李水	男	水利工程	3年	大型	水利行业	Z12

表3-6 被调查对象详细信息一览表(学生/学徒)

姓名	性别	所属专业	参与时间	企业规模	所属行业	备注
王刚	男	机械制造	1年	360人	飞机制造	X1
李磊	男	模具	1年	360人	飞机制造	X2
赵阳	男	软件开发	1年	1000多人	IT服务业	X3
李伟	男	软件开发	1年	1000多人	IT服务业	X4
李刚	男	软件开发	1年	1000多人	IT服务业	X5
张伟	男	软件开发	1年	1000多人	IT服务业	X6
李红	女	软件开发	1年	1000多人	IT服务业	X7
张剑	男	工业设计	1年	500多人	创新产业	X8
李霸	男	工业设计	1年	500多人	创新产业	X9

第四节 调研结果

前文已经针对本次调研的整体设计思路进行了详细的阐述分析,下面就根据问卷调研和访谈调研所获得的结果呈现并真实反映当前试点高职院校现代学徒制运行机制的现状。对试点高职院校现代学徒制运行机制现状的考察仍然试图以理论分析框架为基本视角,从利益驱动机制、协调沟通机制、课程开发与实施机制以及质量保障机制四个方面出发,但在具体分析现代学徒制运行机制的四个分维度之前,首先借助高职院校现代学徒制运行机制评价量表,在整体上分别从学校和企业的角度对当前高职院校现代学徒制运行机制的现状进行考察分析,调研结果见表3-7和表3-8。无论是高职院校还是企业,他们对高职院校现代学徒制运行机制的评分都处于中等水平。如图3-1所示,企业在各个维度上的评价都要略低于学校。

表3-7 企业视野下高职院校现代学徒制运行机制各维度描述性统计结果一览表

	极小值	极大值	均值	标准差	等级指数[①]
利益驱动机制	14.00	50.00	36.74	6.43	2.67
协调沟通机制	9.00	45.00	16.71	3.99	2.34
课程开发与实施机制	21.00	60.00	42.29	7.70	2.52
质量保障机制	13.00	40.00	28.47	5.45	2.55

表3-8 学校视野下高职院校现代学徒制运行机制各维度描述性统计结果一览表

	极小值	极大值	均值	标准差	等级指数
利益驱动机制	15.00	61.00	39.28	7.22	2.92
协调沟通机制	5.00	35.00	17.25	4.06	2.44
课程开发与实施机制	16.00	60.00	44.49	8.91	2.70
质量保障机制	8.00	74.00	29.54	6.83	2.68

---

① 等级指数:每一个被调查个案在某一维度所有题项上得分的总和除以题项数目后所得分数进行加总后的平均即为各个维度的等级指数。

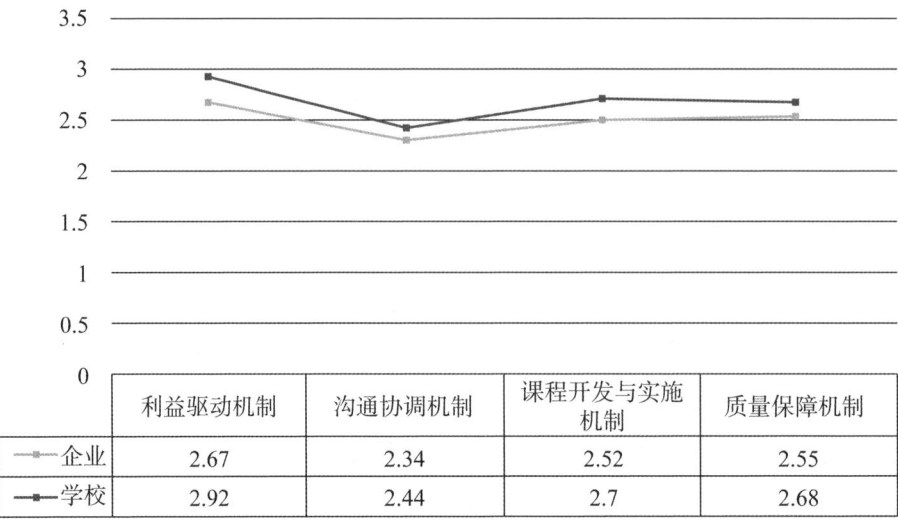

图 3-1 企业与学校对高职院校现代学徒制运行机制评价分数对比示意图

一、高职院校现代学徒制利益驱动机制的现状

（一）高职院校现代学徒制利益驱动机制的整体现状

前文已经从总体上对试点高职院校现代学徒制运行机制的情况进行了探讨与分析，结果表明无论是高职院校还是企业，对于当前现代学徒制运行机制的评价都处于中等水平，而且企业的评价要比高职院校的评价略低。但是这仅仅是从总体和全局视野对高职院校现代学徒制运行机制的现状进行的分析，为了能够对其有更深一步的认识，本部分内容试图进一步从利益驱动机制、协调沟通机制、课程开发与实施机制、质量保障机制四个维度对其发展现状进行评判。首先是从利益驱动机制维度对其运行现状进行考察，该维度分为两个方面：一为内部驱动机制，主要探讨企业与高职院校在合作过程中是否能够有效地满足各方的利益诉求，各方之间是否能够达到利益的均衡；二为外部驱动机制，主要探讨为了促进高职院校现代学徒制的有效运行，政府是否出台了有效的激励措施，调动企业的积极性。借助高职院校现代学徒制运行机制评价量表的调查，无论是企业还是高职院校，都认为当前高职院校同企业在合作过程中的利益契合度处于中等水平。

（二）高职院校现代学徒制内部驱动机制的现状

高职院校现代学徒制的有效运行，离不开企业的积极参与，西方国家现代学徒制构建的经验表明,企业向社会提供充足的学徒岗位是现代学徒制得以顺利运行最为基本的前提。而作为一个以盈利为目标的组织,提供学徒岗位的前提必定是现代学徒制能够为企业带来潜在的收益,这是促使企业参与现代学徒制最为重要的因素。一般而言,企业参与现代学徒制的主要利益诉求在于进行人力资源的战略储备,如图 2-2 所示,无论是从企业还是从学校的视野来看,企业参与现代学徒制最为主要的利益诉求都是为了能够获得未来人力资源的战略储备,选择该选项的人数达到了总体的 80% 以上。但也有部分企业认为自身参与现代学徒制主要是为了获取低成本的劳动力,而且所占比例也达到了 20% 左右。与此同时,高职院校参与现代学徒制也具有一定的利益诉求,如 27 页的图 2-3 所示,高职院校参与现代学徒制主要是为了能够加强高职院校与企业、行业之间的关联,提高人才培养质量从而提升高职院校自身的社会影响力。

基本了解当前企业和高职院校参与现代学徒制的利益诉求为何之后,本研究进一步借助高职院校现代学徒制运行机制评价量表了解企业在同高职院校展开现代学徒制合作的过程中,双方的利益诉求是否得到了有效的满足和实现,即高职院校和企业双方通过参与现代学徒制是否能够达成利益的均衡,是否存在一方利益受损而导致参与主动性不高的情况。经过对问卷调查结果的分析,无论是从企业自身还是从高职院校出发,当前高职院校同企业在合作过程中的利益契合程度都处于中等水平。

表 3-9　基于企业与学校视野的现代学徒制内部驱动机制的描述性统计分析一览表

	极小值	极大值	均值	标准差	等级指数
内部驱动机制(企业)	6.00	25.00	18.54	3.64	2.70
内部驱动机制(学校)	8.00	25.00	19.80	3.74	2.95

前文已经从整体上对企业参与现代学徒制的内部驱动力进行了考察分析,但是这仅仅是从整体上对双方的契合程度进行了考察。企业的类型是多种多样的,例如按照规模可以分为大型、中型、小型,按照发展阶段可以分为初创期、成长期、稳定期、衰退期和转型期,等等。既然企业内部是存在差异的,那么不同类型的企业在参与现代学徒制的动力强弱程度和利益诉求上是否同样存在着差异,这种差异如何对企业参与现代学徒制的动机产生

影响,又是如何影响企业与高职院校在利益诉求上的契合程度。为了对上述问题进行探究,本研究借助高职院校现代学徒制运行机制评价量表和实地的访谈调查,以期能够了解企业类型的差异是否影响企业参与现代学徒制的动机,又如何影响企业与高职院校在合作过程中利益契合程度的达成。

1. 区域差异对现代学徒制内部驱动机制的影响

为了能够探究区域差异对现代学徒制内部驱动机制的影响,本研究采用了单因素方差分析法对现代学徒制内部驱动机制的区域差异进行了分析,检验结果见表 3-10。基于企业视角,区域差异并未对现代学徒制内部驱动机制产生显著的影响,但其显著性水平已经较为接近 0.05,如果基于高职院校的视角,区域差异已经对现代学徒制内部驱动机制产生显著的影响。F 检验后采用多重比较(LSD 法)对东部、中部、西部企业参与现代学徒制的内部驱动机制得分的平均值进行了比较(见表 3-11、表 3-12),分析结果表明中部院校与企业之间合作的利益契合程度要明显高于西部高职院校与企业之间的合作。而且,如果直接以平均得分为依据的话,企业与高职院校之间的利益契合程度也呈现出东—中—西的递减趋势,这表明企业所在区域对双方之间利益契合的达成产生了一定的影响,西部地区高职院校同企业合作的利益契合程度要低于中部高职院校,也就是说中部高职院校现代学徒制的开展过程中更能够满足双方的利益诉求。

表 3-10 区域差异对现代学徒制内部驱动机制影响的变异数分析摘要一览表

	变异来源	平方和	自由度	均方	F 值	sig	事后比较
内部驱动 (企业)	组间	76.125	2	38.063	2.904	.057	东>西;中>西
	组内	2608.355	199	13.107			
	总计	2684.480	201				
内部驱动 (学校)	组间	118.182	2	59.091	4.451	.013	中>西
	组内	3611.360	272	13.277			
	总计	3729.542	274				

表 3-11　不同区域企业参与现代学徒制内部驱动机制得分的多重比较(企业视角)

(I)区域	(J)区域	均差(I-J)	标准误	显著性
东部	中部	-.768	.848	.366
	西部	1.276*	.627	.043
中部	东部	.768	.848	.366
	西部	2.044*	.960	.034
西部	东部	-1.276*	.627	.043
	中部	-2.044*	.960	.034

表 3-12　不同区域企业参与现代学徒制内部驱动机制得分的多重比较(学校视角)

(I)区域	(J)区域	均差(I-J)	标准误	显著性
东部	中部	-1.246	.657	.059
	西部	1.037	.553	.062
中部	东部	1.246	.657	.059
	西部	2.284*	.769	.003
西部	东部	-1.037	.553	.062
	中部	-2.283	.769	.003

2. 参与时间长短对现代学徒制内部驱动机制的影响

为了能够探究参与时间对现代学徒制内部驱动机制的影响，本研究采用了单因素方差分析法对现代学徒制的内部驱动差异进行了分析，检验结果见表 3-13。基于企业视角，参与时间的差异对现代学徒制利益驱动机制产生了显著的影响，从学校视角来看，参与时间同样对现代学徒制内部驱动机制产生了显著的影响。F 检验后采用多重比较(LSD 法)对 0—1 年、1—3 年、3 年以上不同参与时间段的现代学徒制内部驱动机制得分平均值进行了比较分析(见表 3-14、表 3-15)，分析结果都表明，在合作的初始阶段，双方之间的利益契合水平都较低，但随着合作时间的逐渐增加，高职院校同企业之间的利益契合程度呈现出逐渐增高的趋势。但这也有可能是随着时间的增长，一些没有从中获得所期望利益的企业不再参与到合作之中，参与的时间越久表明双方在合作过程中越有效地满足了各方的利益期待。

表3-13 参与时间对现代学徒制内部驱动机制影响的变异数分析摘要一览表

变异来源		平方和	自由度	均方	F值	sig	事后比较
内部驱动（企业）	组间	270.991	2	135.496	11.028	.000	3年以上>0—1年；1—3年>0—1年
	组内	2494.198	203	12.287			
	总计	2765.189	205				
内部驱动（学校）	组间	101.513	2	50.756	3.729	.025	1—2年>0—1年
	组内	3593.192	264	13.611			
	总计	3694.704	266				

表3-14 不同参与时间企业参与现代学徒制内部驱动机制得分的多重比较（企业视角）

（I）参与时间	（J）参与时间	均差(I-J)	标准误	显著性
0—1年	1—3年	-2.515*	.556	.000
	3年以上	-2.017*	.647	.002
1—3年	0—1年	2.515*	.556	.000
	3年以上	.499	.643	.439
3年以上	0—1年	2.017	.647	.002
	1—3年	-.499	.643	.439

表3-15 不同参与时间企业参与现代学徒制内部驱动机制得分的多重比较（学校视角）

（I）参与时间	（J）参与时间	均差(I-J)	标准误	显著性
0—1年	1—3年	-1.449*	.562	.011
	3年以上	-.532	.671	.428
1—3年	0—1年	1.449	.562	.011
	3年以上	.917	.566	.106
3年以上	0—1年	.532	.671	.428
	1—3年	-.917	.566	.106

3. 企业规模对现代学徒制内部驱动机制的影响

为了能够探究企业规模对现代学徒制内部驱动的影响，本研究采用了单因素方差分析法对不同规模的企业在现代学徒制内部驱动机制上的得分的差异进行了分析，检验结果见表3-16、表3-17、表3-18，基于企业视角，企业规模的大小对现代学徒制内部驱动机制产生了显著的影响，而从学校视角来看，企业规模的大小对现代学徒制内部驱动机制并未产生十分显著的影响，但从平均得分来看，中型企业同高职院校之间合作的利益契合水平最高。上述分析表明企业规模的大小也是影响高职院校同企业之间合作的利益契合度的一个十分重要的影响因素,这可能是由于大型企业自身的社会声望较高,可以从劳动力市场上招聘到足够所需要的人才,所以不重视同高职院校之间的合作,而小企业又由于面对市场的激烈竞争,更容易倾向于将学生作为廉价劳动力来使用,没有长远的人力资源规划,所以造成其很难满足高职院校的需求,而且小企业由于人才需求量小,学生参与积极性不高,导致高职院校不愿意积极与其合作,双方之间很难达成利益的契合。通过调研后也发现,如果一个行业里都是较小的企业,那么双方开展现代学徒制是十分困难的,一名受访教师结合自己的亲身体验专门就这一问题进行了探讨分析。

"我们情况不太一样的地方就是,铸造企业工科背景特别强,而我们国家的转型升级还没有完成,所以铸造企业都是小企业居多,环境普遍脏乱差,一线工人去了以后脸上全是黑的,就两个眼睛和牙齿可能看上去有点白。这种情况下我们把学生派过去,学生很难待得住。(Z9)"

但企业规模同现代学徒制之间的关系绝不是绝对的线性相关。如果是规模比较大的企业,那么代表这些企业的实力较强,在市场上进行人才选拔的范围比较广泛,不一定非要参加现代学徒制,在访谈调研中就发现一些规模较大的企业参与现代学徒制的热情并不高,与学校之间的利益契合度也较低。

"有些大企业实力是可以的,我们也跟他们谈能不能合作,但企业觉得我们为什么要配合你们的学徒制,我这么累,你学生去了,我还要培养你,我还有一个安全隐患,我已经有技能人才储备,我干吗要和学校合作。(Z9)"

表3-16 企业规模对现代学徒制内部驱动机制影响的变异数分析摘要一览表

	变异来源	平方和	自由度	均方	F值	sig	事后比较
内部驱动 (企业)	组间	81.674	2	40.837	3.170	0.44	中型>小型
	组内	2627.978	204	12.882			
	总计	2709.652	206				
内部驱动 (学校)	组间	13.107	2	6.553	.470	.625	
	组内	3637.587	261	13.937			
	总计	3650.693	263				

表 3-17　不同规模企业参与现代学徒制内部驱动机制得分的多重比较(企业视角)

(I)规模	(J)规模	均差(I-J)	标准误	显著性
大型	中型	-.917	.620	.141
	小型	.559	-.629	.376
中型	大型	.917	.620	.141
	小型	1.475*	.592	.014
小型	大型	-.559	.629	.376
	中型	-1.475	.592	.014

表 3-18　不同规模企业参与现代学徒制内部驱动机制得分的多重比较(学校视角)

(I)规模	(J)规模	均差(I-J)	标准误	显著性
大型	中型	-.309	.537	.565
	小型	.259	.579	.655
中型	大型	.309	.537	.565
	小型	.569	.592	.338
小型	大型	-.259	.579	.655
	中型	-.568	.592	.338

4. 高职院校类型对现代学徒制内部驱动机制的影响

为了探究高职院校的不同类型是否对现代学徒制内部驱动机制产生影响,本研究采用T检验法对不同类型高职院校在现代学徒制内部驱动机制的得分进行差异分析,检验结果见表3-19。开展现代学徒制的示范性高职院校同企业之间的利益契合程度要高于非示范性高职院校,从中反映了示范性高职院校由于自身办学实力要高于非示范性高职院校,无论是在参与现代学徒制的生源素质还是在资源的投入上,都可能会高于非示范性高职院校,更能够有效满足企业的利益需求,双方的利益契合度更高。

表 3-19　高职院校类型对现代学徒制内部驱动机制影响的变异数分析摘要一览表

	学校类型	样本数	平均数	标准差	T分数	P值
内部驱动(企业)	示范校	128	20.034	4.238	1.111	.011
	非示范校	147	19.531	3.248		

5. 企业是否建立员工培训体系对现代学徒制内部驱动机制的影响

为了探究是否建立了自身的员工培训体系对现代学徒制内部驱动机制的

影响,本研究采用T检验法对建立了培训体系的企业和没有建立培训体系的企业在现代学徒制内部驱动机制上的得分进行差异分析,检验结果见表3-20。建立了自身员工培训体系的企业同高职院校的利益契合度要高于没有建立员工培训体系的企业。这表明建立了自身的员工培训体系更有助于现代学徒制的运行与实施,因为建立自身的员工培训体系表明企业在技术人才的培养上具有一定的基础和能力,已经有了一支正规的培训队伍作为保障,这无疑对现代学徒制的顺利开展具有十分重要的意义。

表3-20 高职院校类型对现代学徒制内部驱动机制影响的变异数分析摘要一览表

	是否具有培训体系	样本数	平均数	标准差	T分数	P值
内部驱动（学校）	有	183	18.612	3.470	1.096	.008
	没有	25	17.760	4.763		

6. 企业对技术技能人才的需求度对现代学徒制内部驱动机制的影响

为了能够探究企业对技术技能人才的需求度对现代学徒制内部驱动机制的影响,本研究采用单因素方差分析方法对不同需求度企业在现代学徒制内部驱动机制上的得分进行差异分析,检验结果见表3-21。从企业视角来看,企业对技术技能人才的需求度已经显著影响到现代学徒制的内部驱动机制。F检验后采用多重比较(LSD法)对高、一般、不高三种不同需求度的企业在现代学徒制内部驱动机制上的得分进行了比较分析(见表3-22),分析结果表明需求度高的企业在得分上要显著高于需求度为一般和不高的企业。这一分析结果表明,当企业对技术技能人才的需求度较高和急迫时,会同高职院校形成更为紧密的利益契合度,能够更加有助于现代学徒制的运行实施。例如,在访谈调研中就发现一些技术技能人才需求度较高的企业希望通过现代学徒制的形式,提前在学徒中发现优秀的人才进行培养。

"因为参与学徒制的学生进入企业的时间较早,从培养的周期来说,只要学徒的心智健全并愿意投入时间学习,学徒制的同学相当于比他们同一届的学生要早半年成长。这样,其实最终受益的是企业和学生,学徒早成长了,在毕业的时候拿到对应的工资比同等的学生要高,对企业来说想得到的是一个稳定性,在这里面还有优秀、拔尖人员的成长,这对企业就是一个较为有利的方面。(Q1)"

还有一家专门从事航空零部件制造的企业因为在市场上很难找到企业所需要的人才,所以非常积极主动地同学校开展现代学徒制合作。在合作过程中满足了企业的人才需求,双方之间达成了较好的利益契合。

"我们这个行业所涉及的范围非常广泛,而且要求非常高。所以,要发掘这种人才就必须通过专业的培训,作为企业来讲,去劳动力市场招聘是招不到人的。你现在去招聘的话,他们有经过专业的培训吗?他们没法胜任航空制造业这方面的工作。所以,正因为考虑到这个因素,通过专门的渠道,提前在学校里面选拔优秀的学生,再通过专门的培训,使学生逐步能够掌握航空制造方面的知识,能够达到航空技能方面的要求。培养一个掌握航空制造专业技能的人才需要很长时间,一般需要一至两年,甚至更长时间,通过现代学徒制这种模式能够满足企业的需求,这个途径比较合理。(Q2)"

表 3-21　企业技术技能人才需求度对现代学徒制内部驱动机制影响变异数分析摘要一览表

变异来源		平方和	自由度	均方	F 值	sig	事后比较
内部驱动 (企业)	组间	128.177	2	64.088	5.162	.007	高>一般 高>不高
	组内	2532.934	204	12.416			
	总计	2661.111	206				

表 3-22　不同人才需求度企业参与现代学徒制内部驱动机制得分的多重比较

(I)人才需求	(J)人才需求	均差(I-J)	标准误	显著性
不高	一般	-1.157	1.179	.327
	高	-2.539*	1.163	.030
一般	不高	1.157	1.179	.327
	高	-1.382	.508	.007
高	不高	2.539*	1.163	.030
	一般	1.382	.508	.007

7. 企业技术类型对现代学徒制内部驱动机制的影响

为了能够探究企业技术类型对现代学徒制内部驱动机制的影响,本研究采用了单因素方差分析方法对不同技术类型的企业在现代学徒制内部驱动机制上的得分进行了差异分析,检验结果见表 3-23。从企业视角来看,企业技术类型对现代学徒制内部驱动机制并没有产生显著的影响,经过事后比较(见表 3-24),技术密集型企业内部驱动机制得分显著高于"劳动+技术密集型"企业。

表3-23 企业技术类型对现代学徒制内部驱动机制影响的变异数分析摘要一览表

变异来源		平方和	自由度	均方	F值	sig	事后比较
内部驱动（企业）	组间	61.129	4	15.282	1.184	.319	
	组内	2619.640	203	12.905			
	总计	2680.769	207				

表3-24 不同区域企业参与现代学徒制内部驱动机制得分的多重比较（企业视角）

(I)技术类型	(J)技术类型	均差(I-J)	标准误	显著性
技术密集型	劳动密集型	-1.483	1.912	.439
	资本密集型	-1.323	.872	.131
	劳动+资本密集型	.033	.742	.965
	资本+劳动密集型	-.376	.944	.691
资本密集型	劳动密集型	1.483	1.912	.439
	技术密集型	.160	1.886	.932
	劳动+技术密集型	1.516	1.829	.408
	资本+技术密集型	1.107	1.920	.565
技术密集型	劳动密集型	1.323	.872	.131
	资本密集型	-.160	1.886	.932
	劳动+技术密集型	1.356*	.672	.045
	资本+技术密集型	.947	.890	.289
劳动+技术密集型	劳动密集型	-.033	.742	.965
	资本密集型	-1.516	1.829	.408
	技术密集型	-1.356*	.672	.045
	资本+技术密集型	-.409	.763	.592
资本+技术密集型	劳动密集型	.376	.944	.691
	资本密集型	-1.107	1.920	.565
	技术密集型	-.947	.890	.289
	劳动+技术密集型	.409	.763	.592

8. 企业发展阶段对现代学徒制内部驱动机制的影响

为了能够探究企业发展阶段对现代学徒制内部驱动机制的影响，本研究采用了单因素方差分析方法对不同发展阶段的企业在现代学徒制内部驱动机制上的得分进行了差异分析，检验结果见表3-25。从企业视角来看，企业发展阶段对现代学徒制内部驱动机制产生了十分显著的影响。F检验后采用多重比较(LSD法)对初创期、成长期、稳定期、转型期、衰退期五种不同发展阶段的企业在现代学徒制内部驱动机制上的得分进行了比较分析(见表3-26),分析结果表明:成长期企业同高职院校在合作过程中的利益契合程度要高于初创期和衰退期的企业;稳定期企业同高职院校在合作过程中的利益契合度同样高于初创期和衰退期的企业;转型期企业同高职院校的利益契合度又高于衰退期的企业。基于以上结论可以发现,企业同高职院校之间的利益契合程度同企业的发展阶段存在着密切的关系:处于稳定期和成长期的企业一般同高职院校在合作过程中更能实现利益的互补和均衡,更能够满足各方的利益需求;而处于衰退期和初创期的企业则由于自身发展阶段的原因,可能在学徒参与的主动性和自身参与学徒培训的能力上存在着明显的不足而导致合作过程中企业同高职院校可能会产生利益的矛盾与冲突。

表3-25 企业发展阶段对现代学徒制内部驱动机制影响的变异数分析摘要一览表

	变异来源	平方和	自由度	均方	F值	sig	事后比较
内部驱动(企业)	组间	208.306	4	52.077	4.230	.003	成长期>初创期>衰退期;稳定期>初创期>衰退期;转型期>衰退期
	组内	2462.406	200	12.312			
	总计	2670.712	204				

表3-26 不同发展阶段企业参与现代学徒制内部驱动机制得分的多重比较

(I)发展阶段	(J)发展阶段	均差(I-J)	标准误	显著性
初创期	成长期	-1.88*	.890	.036
	稳定期	-2.45*	.893	.007
	衰退期	5.68*	2.61	.030
	转型期	-1.96	1.17	.095
成长期	初创期	1.880*	.890	.036
	稳定期	-.569	.543	.296
	衰退期	7.565	2.510	.003
	转型期	-.082	.932	.930
稳定期	初创期	2.450*	.893	.007
	成长期	.569	.543	.296
	衰退期	8.134*	2.511	.001
	转型期	.487	.935	.603

(续表)

(I)发展阶段	(J)发展阶段	均差(I-J)	标准误	显著性
衰退期	初创期	−5.684*	2.61	.030
	成长期	−7.565*	2.51	.003
	稳定期	−8.134	2.51	.001
	转型期	−7.647*	2.62	.004
转型期	初创期	1.963	1.171	.095
	成长期	.082	.932	.930
	稳定期	−.487	.935	.603
	衰退期	7.647*	2.623	.004

(三) 高职院校现代学徒制外部驱动机制的现状

高职院校现代学徒制的有效运行不仅包括高职院校和企业两个主体,政府的积极有效参与也是保障现代学徒制有效运行的关键,因为现代学徒制运行同整个国家的劳动力市场环境有着紧密的关系,现代学徒制运行情况较好的国家一般都不是完全自由市场经济的国家(如美国、英国),而是政府在现代学徒制的运行中扮演着关键角色的协调性市场经济国家(如德国、瑞士)。这些国家的现代学徒制之所以能够得到有效的实施就是因为政府作为利益平衡机制有效地保障了那些提供了学徒岗位的企业的利益以及积极参与了学徒培训的企业师傅的利益。因此,正是因为政府参与对于现代学徒制所具有的重要意义,本研究采用了问卷调查法和访谈法,试图了解当前政府在推动高职院校现代学徒制的构建上发挥着什么样的角色和作用。

通过高职院校现代学徒制运行机制评价量表,首先对高职院校现代学徒制的外部驱动机制进行整体上的考察分析,调研结果发现无论是基于企业视角还是学校视角,当前高职院校现代学徒制外部驱动机制都处于中等水平(见表3-27)。这表明政府已经开始采取了措施来推动高职院校现代学徒制的有效实施,但无论是企业还是学校都认为政府的推动力还没有达到较为理想的效果,政府的作用发挥得并不是十分充分。通过实地访谈调研也发现,政府在推动高职院校现代学徒制的运行上还没有出台任何实质性的措施,而且主要停留在鼓励号召的层面,在资金投入、税收优惠、参与现代学徒制的企业利益保障等方面都没有采取任何实质性的保障措施。

"国家要出台相关政策,能够出台相应的制度来保障现代学徒制的有效实施,我觉得现代学徒制最难的地方就在学校和企业的合作,我们(学校)这个热情比较高,但是企业的热情目前来说还没有达到我们实施现代学徒制的要求,其中很大一部分原因就是政府没有发挥相应的作用。(Z10)"

而且由于政策支持方面的滞后,已经阻碍了现代学徒制在高职院校的推广与实施,尤其是在顶层设计层面目前还停留于教育部门单方面的号召与推动。

"从上到下都有政策制度的很多不明朗,比如说学徒制,虽然现在国家也有了政策,但是招生与招工一体化的问题很难解决。企业先招了人以后学校再把学生招进来,但是现在好像也没有政策支持学校这么做,没有这个做法。现在都是学校先招学生进来,学徒培训期完了以后愿意去合作企业工作的就去,不愿意去学校也没办法。(Z11)"

"我们邀请到这些企业导师,可能更多通过学校老师和企业之间的良好关系,包括我们校企合作也是一样,就是建立在个人关系的基础上,个人的意愿非常重要,但是这种合作关系没有一个大的政策引导或者制度上的保障。这个政策引导或者制度保障一定要相关政府部门出台一些政策才可以,但是现在实施现代学徒制普遍缺乏这个。(Z12)"

所以在国家没有出台任何实质性的政策支持下,当前高职院校现代学徒制的运行实施还停留在学校单方面的推动实行,除了对人才需求较为急迫的企业,很少会有企业积极主动地参与现代学徒制的构建,而且现代学徒制还涉及最为复杂的师徒关系的构建,在企业没有足够的积极性的前提下,靠学校单方面推动是难以实现的。

表3-27 现代学徒制外部驱动机制的描述性统计分析一览表

	极小值	极大值	均值	标准差	等级指数
外部驱动机制(企业)	3.00	10.00	7.1810	1.59	2.58
外部驱动机制(学校)	3.00	25.00	7.0249	2.27	2.47

在基本从整体上掌握了当前高职院校现代学徒制外部驱动机制的现状基础上,试图进一步探讨不同区域对高职院校现代学徒制开展产生的影响,本研究采用了单因素方差分析方法分析探讨了区域差异对现代学徒制外部驱动机制的影响,即在不同的区域,政府在推动高职院校现代学徒制的力度上是否存

在显著的差别。检验结果见表3-28、表3-29和表3-30。无论是从企业视角还是从学校视角来看,区域差异对于高职院校现代学徒制外部驱动机制都没有产生显著的影响,这表明不论在东部、中部还是西部省份,现代学徒制的开展都还停留在高职院校的自发试点水平,国家在制度建构上还未出台有效的激励措施与制度推动高职院校现代学徒制的运行与实施。

表3-28 区域差异对现代学徒制外部驱动机制影响的变异数分析摘要一览表

	变异来源	平方和	自由度	均方	F值	sig	事后比较
外部驱动(企业)	组间	3.187	2	1.593	.609	.545	
	组内	520.398	199	2.615			
	总计	523.584	201				
外部驱动(学校)	组间	15.033	2	7.517	1.442	.238	
	组内	1417.789	272	5.212			
	总计	1432.822	274				

表3-29 不同区域企业参与现代学徒制外部驱动机制得分的多重比较一览表(企业视角)

(I)区域	(J)区域	均差(I-J)	标准误	显著性
东部	中部	-.224	.379	.555
	西部	.227	.280	.419
中部	东部	.224	.379	.555
	西部	.451	.429	.294
西部	东部	-.227	.280	.419
	中部	-.451	.429	.294

表3-30 不同区域企业参与现代学徒制外部驱动机制得分的多重比较一览表(学校视角)

(I)区域	(J)区域	均差(I-J)	标准误	显著性
东部	中部	-.598	.412	.148
	西部	-.401	.347	.248
中部	东部	.598	.412	.148
	西部	.196	.482	.684
西部	东部	.401	.347	.248
	中部	-.196	.482	.684

(四) 其他利益相关主体参与现代学徒制的利益驱动现状分析

1. 高职院校教师参与现代学徒制的利益驱动现状分析

前文已经分别从高职院校和企业两个组织的视角对双方在合作过程中的利益契合程度进行了分析判断,但组织是由人组成的,不同的人在针对现代学徒制这一事件上的利益诉求可能一致,也可能不一致,甚至可能与组织的目标产生矛盾与冲突。因此,为了能够进一步深入分析高职院校现代学徒制的利益驱动机制,即各方在参与现代学徒制过程中是否能够达成自身的利益诉求,本研究又针对高职院校和企业中的其他参与主体利益诉求的满足及实现情况进行了调研分析。首先对高职院校教师群体参与现代学徒制的利益驱动情况进行了分析,尤其是对那些具体负责现代学徒制在高职院校试点工作的专业负责人的参与动机进行了调查。调查结果发现教师群体对于参与现代学徒制的积极性同高职院校校领导层面的重视程度有着十分紧密的联系。如果校领导层面将现代学徒制作为学校实现改革发展的重大任务来抓,并通过一系列的改革举措来调动教师参与的积极性,那么教师群体尤其是专业负责人往往参与改革的积极性较高;但如若校领导层面不重视该工作的开展,仅仅将其作为应付政府号召的一项临时性工作,则教师群体往往参与的主动性不高,尤其是校企合作本身就比较薄弱的学校,更不会有主动性积极吸引企业来参与。这是因为现代学徒制试点是对过去人才培养模式的一次彻底改革,而改革必定要打破传统的人才培养模式,这必定会触及一些教师的利益。例如,在访谈调研中一名教师就针对当前的学徒制改革说道:

"我一个年级过来有三个班,不会有三个班的学生全部有兴趣都来选现代学徒制,也就意味着我还有剩余很多一部分学生,还是选择原来的专业,还有在学徒制淘汰的学生还会回到原来的体系,那两个课程体系也好,人才培养也好,必须是并列存在的,这无疑会增加工作量。(Z2)"

这种节外生枝的现象普遍出现在当前正在试点现代学徒制的高职院校,对正常的教学秩序产生了很大的影响,这势必会影响教师参与的积极性。还有一名教师在访谈中同样对这一问题进行了探讨分析:

"我们合作的企业会将一些课程融入学校的人才培养方案中,企业一共有三门课,实际上是有航空英语,还有钣金和毛装工艺,这些课程都需要学生学习。这怎么办呢?我们就搞了三个下午让他们学,结果就出现了教学计划如何安排的问题。(Z4)"

由于当前现代学徒制还处于试点时期,只能通过临时编班的形式实现现代学徒制的要求,这无疑会打乱试点专业先前制订的教学计划,而且由于分班授课,无疑会增加教师的工作量。

"机设(机械设计)班这个下午是没有课的,机电(机电一体化)班下午是有课的,要请假,然后又是模具班有课了,要请假,会有各种各样的问题。我们机械类的专业,都有单列实训周。什么意思呢?比如说三周钳工、三周数控车床,就放在教学单列中,就是这三周是停课的,学生就专门到实习基地、公用实训基地或实训室进行专门的训练,由实训老师来带,理论课在这三周就停掉了。结果就出现什么情况呢?机电专业那三周要停课,机设专业那三周要停课,然后数控专业是这三周要停课,教学组织非常非常难。原来的教学计划要执行,单独出来这么多不同专业的学生要上课,你怎么上,那只有晚上了。实话说,我们现在节奏也有点像企业,实际上是很忙很忙的。(Z4)"

基于以上分析可以发现现代学徒制的推动实施是一项系统工程,它不仅需要在专业层面进行深入推动实施,更需要学校层面提供良好的创新空间和改革措施来激励基层教师参与现代学徒制改革的积极性和主动性。否则,现代学徒制的实践探索可能仅停留于浅层次的合作状态。

"最重要的还是政府层面对企业的鼓励,我们学校层面不乐意推行这种改革,而且也很难推动。在缺乏学校层面支持的情况下,我们专业现在推广现代学徒制还有一定的难度,刚才所说的2+3(2个月在企业学习,3个月在学校学习),2个月跟3个月,如果都是先2个月,后3个月,那么在学校里面前期的教学压力会很大,前面两个月老师工作量很大,到了后面3个月老师又没有工作量了。(Z10)"

除了教学计划打乱带来影响外,在改革过程中有些教师可能会由于现代学徒制改革而课时数大量减少,这种减少将直接导致其收入的损失。由于现代学徒制改革还处于试点阶段,并不是所有学生都是学徒班的学生,而学校在毕业要求上又将其与普通班的学生一视同仁,这部分学生要在企业里进行学习,难以与其他普通班级形成同步,这就导致该专业的教师不得不上两堂内容完全一样的课,无形中增加了教师的工作量。另外,现代学徒制改革还会涉及学生安全和心理问题,学生在企业里的学习无形中增加了学校教师进行学生管理的工作量,而且管理难度要比普通班学生大很多。正是这些改革的复杂程度,造成很多正在负责本专业试点现代学徒制的专业负责人都望而却步。

"因为学生在企业的时候,是企业管他为主,企业考勤,企业加班,企业会有些不规范的地方,这些各个企业都有。学生会把在企业受的委屈反馈回来。企业实习属于实习式课程,是要拿学分的。学生会说是学校要求我去实习的,我又不能不实习,我还不能更换实习单位。他把跟企业的一些矛盾反馈到老师这边,也是希望老师帮忙解决一些问题,一般这个方面牵扯的精力是比较多的。(Z4)"

这些造成了很多高职院校教师在参与现代学徒制上的积极性和主动性并不是很高。而且同企业就学生的人才培养进行反复的协调沟通将牵涉巨大的精力,很多负责现代学徒制试点的高职院校专业负责人已经打起了退堂鼓。例如,一名正在推行现代学徒制的专业负责人无奈地说道:

"现在情况就是这样,所以你一定要叫它现代学徒制,我们现在是苦苦的撑着。学校有一个课题下来要我们报,那么我们也只好硬着头去报,实际上我们心中是有数的,现代学徒制真的很难搞。(Z3)"

也有一部分教师尽管主观上想要积极探索现代学徒制的实施,但如果没有校领导层面的推动,也很难真正有效地推动实施。

"学徒制,我们吹的气球很大,但实际上校级层面基本上没怎么出力,基本上都是我们系部在弄,而且我去广东开会发现,其实真的搞得好的,是校领导在全力推动。没有校领导推动,像我们系部是很难做的,我们大一招进来,大二要搞试点,那以前的教学计划就要改,但教务处不给你批,你怎么办,我把学生派出去了,我这个课不上了,我根本就没这个权利。所以这块对学校来讲,必须以学校层面去推动才行,但目前我们还没有做到这个。(Z9)"

现代学徒制的推动实施除了在顶层设计上存在障碍外,在实际的实施运转过程中,还面临着资源投入的匮乏,这也直接制约了高职院校教师推动实施现代学徒制的决心。

"第一个我们刚才说的争取学校的资金支持,没有资金支持我们很难,比如说真正把学生派到企业去,老师去看一下学生,这个路费得出。另外你要让企业的师傅人家愿意带着,真正带好,不给点辛苦费那是不可能的。本来人家挺好的,突然给人家增加了这么大的工作量,要带徒弟,带徒弟啥好处也没有,连经费也没有,这是不现实的,他就随便给你弄弄了。所以这块我们都需要经费,我们这次报了一个预算,把这块其实也都想进去了。(Z9)"

通过以上调研可以发现,高职院校现代学徒制的推动与实施不仅仅是企业与学校之间的合作关系,更需要具体负责现代学徒制运行实施的系部负责人的积极参与。调查结果普遍显示教师在参与现代学徒制时由于受到多层因素的掣肘,其积极性很难得到有效调动。

2. 企业师傅参与现代学徒制的利益驱动现状分析

同高职院校中教师的处境相类似,企业师傅作为现代学徒制构建的重要利益攸关方,同样在现代学徒制的构建中有着举足轻重的作用。现代学徒制和过去校企合作如若有什么本质区别的话,师徒关系的构建无疑就是现代学徒制最为核心的内容。因此,本研究特别对师傅在参与现代学徒制中的利益诉求及其现状进行了调研和分析。

调研结果发现企业师傅参与学徒培养的积极性呈现出较大的差异性,在不同的企业制度环境下以及不同的行业背景下,企业师傅参与的积极性都有很大的不同。通过问卷调查发现,企业师傅参与现代学徒制的积极性整体上处于较低的水平。例如,通过针对当前参与现代学徒制试点的高职院校学生(学徒)的问卷调查,有一半多的学生认为师傅的教学态度一般,甚至有十分之一的学生认为企业师傅的教学态度敷衍了事。而通过进一步的深入访谈后发现,企业师傅的教学态度同企业内部的师傅制度建设有着非常大的关系。有些企业专门针对企业师傅建立了激励制度,学徒的学习成绩同企业师傅的奖金绩效直接挂钩,并且还建立起了专门的师傅队伍,这就保证了师傅队伍的专业化水平,从而也保证了师徒技能传承的实现。例如,在访谈中一名受访者就阐述了企业如何通过建立专门的制度激发企业师傅的教学积极性。

"这个企业师傅的积极性是怎么解决的呢?师傅和徒弟是绑定的,第五学期的时候徒弟的业绩要挂在师傅的门下,就是以徒弟的业绩来考察师傅。所以作为师傅也有奖励,徒弟带得好坏,就是徒弟的业绩跟师傅的奖励挂钩,徒弟的业绩归师傅。然后又存在像你刚才说的特别高深的技术。比如像这个营销专业,我们设计专业在学校就可以教,设计技能完全可以教,但是这种怎么和客户沟通,肯定是要师傅带着他们教的。(Z7)"

但当前建立师傅激励制度的还仅仅是部分参与现代学徒制积极性较高的企业,大部分企业并没有建立这样一种制度。

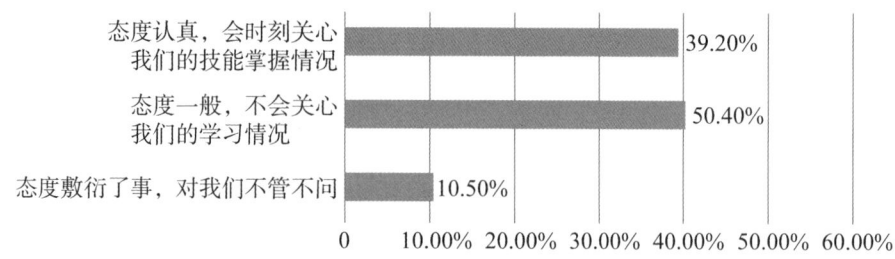

图 3-2　学生视野下企业师傅教学积极性调查示意图

3. 学生(学徒)参与现代学徒制的利益驱动现状分析

学生(学徒)利益诉求的实现同样是保障现代学徒制得以顺利运行实施的关键,通过实地的访谈调查和问卷调查,同样发现学生(学徒)利益的实现程度存在较大的差异,这导致学生(学徒)在参与现代学徒制过程中的积极性也存在不平衡。学生(学徒)参与的积极性同行业类型、学徒待遇、师傅指导都存在着密切的关系。学生(学徒)参与现代学徒制的主要利益诉求就是能够通过参与现代学徒制获得一个较好的生涯发展。例如,在访谈调研中,一名学生(学徒)向我们谈到如下观点。

"我参与现代学徒制是因为不喜欢在学校里学理论的东西,因为我在高中的时候,平常会去参加一些社会实践,会干一些自己感兴趣的事情,学校里学的理论,我感觉出来之后在企业里对接不是这么容易,我就是想在企业里学到一些比较实用的、以后对我发展有帮助的东西。(X5)"

而如若从整体上衡量学生(学徒)利益的满足情况,当前学生(学徒)在参与现代学徒制的利益驱动水平同样呈现出较大的差异性。学生(学徒)参与的积极性同学生(学徒)自身的利益期待有着很大的关系,如果学生(学徒)报名参加现代学徒制班之后发现实习收益较高,并且职业前景较好,可能就会感到比较满意;如果工作环境较差、学徒待遇又较低,可能就会后悔参与,而选择退出学徒班。例如,一名接受访谈的学徒(学生)就是因为学徒报酬的问题,产生了退出的想法。

"我们既是学校的学生还是企业的学徒,但压根就没有工资,而且这个过程还挺长的,学徒时间有半年多,加上培训有一年多。在公司里就是学徒,工作报酬这块可能相对少一点,我们租房子住还有生活费,报酬几乎连房租都不够付。工资不能低得太离谱,毕竟一个大学生,你回去亲戚朋友问起来,根本说不出口。所以经济因素是我退出的很重要的原因。不管在任何一家说得多么高大上的公司,说白了经济报酬这块要了解清楚。(X6)"

通过调研发现,退出现代学徒制班的学生(学徒)不在少数,虽然很多学校规定参加学徒班之后就不能退出,但还是有许多学生(学徒)选择了中途退出,这里面最主要的原因就是工作环境和收入不能满足学生(学徒)自身的利益期待。例如,通过问卷调查发现,学生(学徒)参与现代学徒制最为担心的事情就是自身的就业前景不明以及在企业是否能够真正学习到东西。通过实地访谈发现,许多学生(学徒)在企业里没有学习到能够帮助自己能力提升的知识与技能,学生(学徒)在企业里学习的过程不够规范,也没有十分明确的学习目标,甚至有的企业已经开始要求学徒有必要的经济效益产出,很多学生(学徒)因为难以适应企业的节奏而选择退出。如图3-4所示,有一多半的学生(学徒)认为参与现代学徒制收获没有预期想的那么大,甚至约有十分之一的学生认为完全没达到自己的预期,仅有约五分之一的学生认为完全达到了自己的预期。

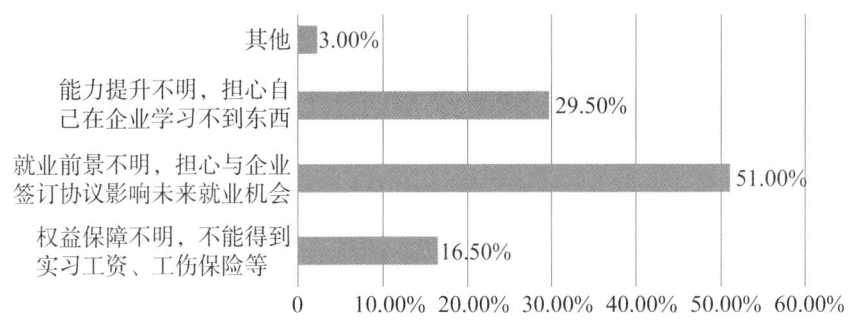

图3-3　学生(学徒)参与现代学徒制的主要担忧事项示意图

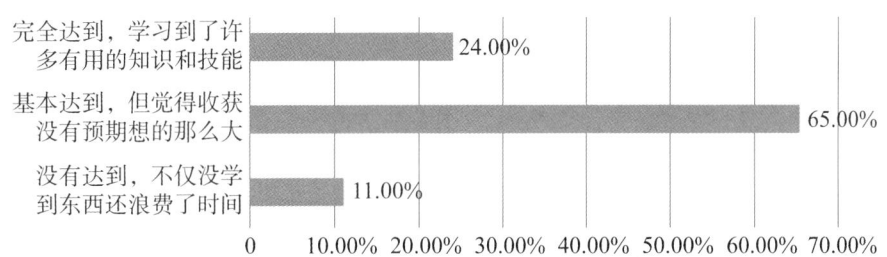

图3-4　学生(学徒)参与现代学徒制利益诉求的实现程度示意图

二、高职院校现代学徒制协调沟通机制的现状

(一) 高职院校现代学徒制协调沟通机制的整体现状

高职院校与企业开展现代学徒制的合作,本质上属于一种跨界的合作。这种跨界必然需要跨越企业与学校之间的组织边界,开展信息、资源、物资、人员等要素的沟通与交流。如若双方存在沟通上的障碍或阻隔,将很有可能导致双方在合作过程中产生间隙与矛盾,甚至有可能产生利益上的冲突而导致合作关系破裂。

在国外现代学徒制的开展中,企业与学校之间的沟通交流主要存在于政府所搭建的各个级别的合作平台上,教育界的利益代表同企业界的利益代表在多个平台上展开利益的博弈互动,从而有效规避了不同企业与不同学校之间进行反复的利益磋商。但由于我国尚未建立企业与学校之间就现代学徒制而搭建的合作平台,而且没有能够整体代表企业利益诉求的行业协会,导致企业与学校之间的合作仍然停留在点对点的层面,不仅造成合作意向达成的困难,而且由于单个企业所提供学徒岗位的限制,在合作过程中任何市场环境的波动都会影响到双方的合作。

基于上述背景,本研究对正在开展现代学徒制试点的高职院校与企业进行了问卷和访谈调查,以了解企业、学校在开展现代学徒制的合作过程中如何进行沟通协商,是否有效顺畅等。

通过"高职院校现代学徒制运行机制评价量表",首先对高职院校现代学徒制协调沟通机制的整体状况进行了分析探讨。结果发现无论是从学校视野还是从企业视野来看,当前高职院校现代学徒制的协调沟通机制整体上处于中等以下水平(见表3-31)。这表明高职院校同企业在现代学徒制的运行实施过程中存在着较大的障碍,已经影响到了现代学徒制的运行与实施。

表3-31 基于企业与学校视野的现代学徒制协调沟通机制现状的描述性统计分析一览表

	极小值	极大值	均值	标准差	等级指数
协调沟通机制(企业)	9.00	45.00	16.7143	3.999	2.3395
协调沟通机制(学校)	5.00	35.00	17.2491	4.056	2.4427

(二) 高职院校现代学徒制沟通平台建设的现状

前文已经从整体上对高职院校现代学徒制的协调沟通机制的现状进行了描述,结果表明高职院校同企业在现代学徒制构建的合作上的协调沟通处于较低的水平。为了能够进一步深入分析当前高职院校与企业现代学徒制的沟通合作是如何具体运转实施的,本研究运用问卷调查法和访谈法对双方之间的沟通协作进行了更深一步的考察分析。首先对双方是否建立了制度化的沟通平台进行了调查分析。所谓沟通平台是指为校企双方针对现代学徒制合作而建立的协商沟通平台,通过这一平台校企双方可以针对现代学徒制的具体运行实施、各方应承担的责任义务、合作运转的方式等内容进行协商与沟通,而且在双方产生利益矛盾与冲突时也可以通过这一平台进行协商与解决。沟通协商平台的搭建对双方之间进行顺畅的协作沟通具有十分重要的作用。通过访谈调研发现,当前高职院校同企业展开的现代学徒制合作还主要停留在浅层次合作状态,仅有部分高职院校同企业建立了实体化的沟通合作平台。

"我们每年要从他们学校招一批学生,我们现在和H学院有一个深度的校企合作平台,成立了一个XZ工业学院,这个学院就是我们沟通合作的交流平台,我们的企业老总和H学院的院长都是理事会成员,重大问题会在理事会层面讨论,一般的实施过程中的问题都是企业的人力资源主管部门和学院二级学院领导进行沟通。(Q2)"

但在目前现代学徒制的开展与实施过程中,随机的、即时应对的沟通交流较多,真正建立了长效、顺畅的沟通机制的还较少。大部分高职院校同企业之间的合作交流仍然是一种随机的沟通,只有当运行中出现问题时,双方才会进行协商与沟通,而且缺乏对整个现代学徒制的长远规划和论证。尤其是在"一对多"的合作过程中,由于高职院校面临着多个合作主体,想要建立稳定的沟通交流平台就更是难上加难。

(三) 高职院校现代学徒制沟通制度建设的现状

除了建立沟通协商的平台外,建立制度化的沟通协商制度对双方的沟通交流合作也具有十分重要的意义。双方如果想要维持长时间的合作,必然需要就双方在合作过程中遇到的问题进行及时的沟通与协商,不能等到问题出现时再进行临时的沟通与解决。通过对企业的问卷调查发现,当前高职院校现代学徒制的沟通协商仍然停留在浅层次状态。如图 3-5 所示,当被问及如何处理现代学徒制运行实施过程中的矛盾与冲突时,无论是高职院校还是企业都认为当前解决的主要途径是通过私人关系进行协商解决,没有建立起制度化的冲突解决机制,选择该选项的人数达到了被调查对象的一半以上。但如果进一步就双方在人才培养方案制定上是否建立了沟通协商机制进行调查分析,如图 3-6 所示,从企业的视角出发,当前仅有 19% 的被调查院校与企业建立起了制度化的沟通协商机制,另外近 80% 的被调查企业与学校都没有建立或者正在试图建立;而从学校的视角来看,当前建立制度化沟通机制的比例尽管达到了 29.7%,但仍然有一多半的企业与学校没有建立制度化的协调沟通机制。

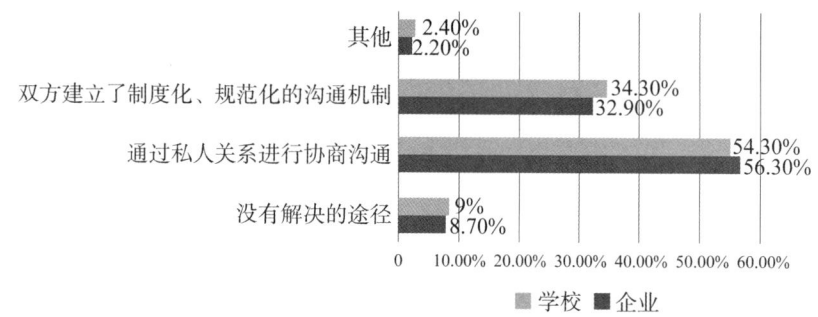

图 3-5 高职院校与企业在合作中冲突的解决路径示意图

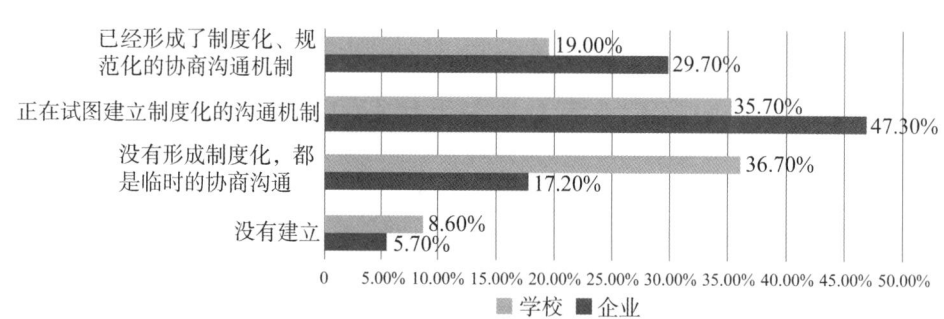

图 3-6 高职院校与企业在人才培养方案开发中的合作示意图

三、高职院校现代学徒制课程开发与实施机制的现状

（一）高职院校现代学徒制课程开发与实施机制的整体现状

高职院校现代学徒制课程开发与实施机制是现代学徒制运行机制的核心,是现代学徒制区别于古代学徒制最为根本的特征,因为古代学徒制无论是

在学习内容还是在学习时间上都没有任何详细的规定,都不是一种结构化的呈现,而现代学徒制之所以为"现代"就是对学生(学徒)的学习内容进行了结构化,明确了学生的学习内容、学习要达到的效果,以及对学习资源等各方面内容都进行了细致明确的规定。课程的实质就是对学生(学徒)学习内容的挑选及组织安排,探讨高职院校现代学徒制课程开发与实施机制就是要探讨当前试点高职院校和企业是如何共同针对学生(学徒)人才培养方案的开发进行协调沟通,各自又在人才培养方案的落实上承担了何种职责,整体的教学运行情况如何,企业师傅和高职院校教师之间是否就人才培养进行了有效的沟通交流与互动。为了能够较好地回答上述问题,特采用问卷调查法和访谈法针对上述问题展开了调查。

根据"高职院校现代学徒制运行机制评价问卷"的调查,无论是从学校视野还是从企业视野出发,当前高职院校现代学徒制课程开发与实施机制整体上处于中等水平(见表3-32),也就是说学校和企业之间针对学生(学徒)人才培养方案的开发及实现程度都处于中等水平。对高职院校现代学徒制课程开发与实施机制进行整体的分析后,又进一步通过差异分析试图了解一些可能的影响因素是否影响了高职院校和企业课程开发与实施机制的水平。

表3-32 基于企业与学校视野的现代学徒制课程开发与实施机制现状的描述性统计分析一览表

	极小值	极大值	均值	标准差	等级指数
课程开发与实施机制(企业)	21.00	60.00	32.2905	7.70114	2.5233
课程开发与实施机制(学校)	16.00	60.00	44.4840	8.91431	2.6987

1. 区域差异对高职院校现代学徒制课程开发与实施机制的影响

为了能够探究区域差异对现代学徒制课程开发与实施机制的影响,本研究采用了单因素方差分析法对不同区域现代学徒制课程开发与实施机制的得分差异进行了分析,检验结果见表3-33、表3-34和表3-35。无论是基于企业视角还是基于学校视角,不同区域之间现代学徒制课程开发与实施机制的得分上并没有呈现出显著的差异,都处于中等水平。

表 3-33　区域差异对现代学徒制课程开发与实施机制影响的变异数分析摘要一览表

	变异来源	平方和	自由度	均方	F 值	sig	事后比较
课程开发与实施机制（企业）	组间	158.114	2	79.057	1.370	.257	—
	组内	11 487.035	199	57.724			
	总计	11 645.149	201				
课程开发与实施机制（学校）	组间	156.489	2	78.245	.987	.374	—
	组内	21 569.016	272	79.298			
	总计	21 725.505	274				

表 3-34　不同区域企业参与现代学徒制课程开发与实施机制得分的多重比较一览表

(I)区域	(J)区域	均差(I-J)	标准误	显著性
东部	中部	-.598	.412	.148
	西部	-.401	.347	.248
中部	东部	.598	.412	.148
	西部	.196	.482	.684
西部	东部	.401	.347	.248
	中部	-.196	.482	.684

表 3-35　不同区域企业参与现代学徒制课程开发与实施机制得分的多重比较一览表

(I)区域	(J)区域	均差(I-J)	标准误	显著性
东部	中部	-1.945	1.607	.227
	西部	.614	1.353	.650
中部	东部	1.945	1.607	.227
	西部	2.559	1.880	.175
西部	东部	-.614	1.353	.650
	中部	-2.559	1.880	.175

2. 参与时间长短对现代学徒制课程开发与实施机制的影响

为了探究参与时间的长短对现代学徒制课程开发与实施机制的影响,本研究采用了单因素方差分析法对不同时间长短的现代学徒制课程开发与实施机制的得分差异进行了检验,检验结果见表 3-36、表 3-37 和表 3-38。无论是从企业视角还是从学校视角来看,参与现代学徒制时间的长短都对现代学徒制课程开发与实施机制产生了显著影响。从企业视角来看,F 检验后采用多重比较(LSD 法)对 0—1 年、1—3 年、3 年以上的不同参与时间段的现代学徒制课程开发与实施机制的得分进行了比较分析,分析结果表明,合作时间为3年以上的,其现代学徒制课程开发与实施机制的得分值最高,显著高于0—1年。而从学校视角来看,情况相类似,合作时间较久的企业与学校在现代学徒制课程开发与实施机制的得分上显著高于合作刚刚展开的(0—1年)。

表3-36 参与时间长短对现代学徒制课程开发与实施机制影响的变异数分析摘要一览表

	变异来源	平方和	自由度	均方	F值	sig	事后比较
课程开发与实施机制（企业）	组间	1714.337	2	857.169	16.433	.000	3年以上＞0—1年；1—3年＞0—1年
	组内	10 588.832	203	52.162			
	总计	12 303.170	205				
课程开发与实施机制（学校）	组间	697.696	2	348.848	4.429	.013	1—3年＞0—1年
	组内	20 792.716	264	78.760			
	总计	21 490.412	266				

表3-37 不同参与时间企业在现代学徒制课程开发与实施机制得分的多重比较一览表

(I)参与时间	(J)参与时间	均差(I-J)	标准误	显著性
0—1年	1—3年	-6.178*	1.146	.000
	3年以上	-5.483*	1.333	.000
1—3年	0—1年	6.178*	1.146	.000
	3年以上	.695	1.324	.600
3年以上	0—1年	5.483*	1.333	.000
	1—3年	-.695	1.324	.600

表3-38 不同参与时间学校在现代学徒制课程开发与实施机制得分的多重比较一览表

(I)参与时间	(J)参与时间	均差(I-J)	标准误	显著性
0—1年	1—3年	-3.746*	1.353	.006
	3年以上	-1.220	1.614	.450
1—3年	0—1年	3.746*	1.353	.006
	3年以上	2.526	1.361	.065
3年以上	0—1年	1.220	1.614	.450
	1—3年	-2.526	1.361	.065

3. 企业规模对现代学徒制课程开发与实施机制的影响

为了探究企业规模对现代学徒制课程开发与实施机制的影响,本研究采用了单因素方差分析法对不同规模企业的现代学徒制课程开发与实施机制的得分差异进行了检验,检验结果见表 3-39、表 3-40 和表 3-41。无论是从企业视角还是从学校视角来看,不同的企业规模并没有对现代学徒制课程开发与实施机制产生影响。

表 3-39 企业规模对现代学徒制课程开发与实施机制影响的变异数分析摘要一览表

	变异来源	平方和	自由度	均方	F 值	sig	事后比较
课程开发与实施机制（企业）	组间	52.232	2	26.116	.445	.642	
	组内	11 980.850	204	58.730			
	总计	12 033.082	206				
课程开发与实施机制（学校）	组间	112.664		56.332	.703	.496	
	组内	20 928.484		80.186			
	总计	21 041.148					

表 3-40 不同规模企业在现代学徒制课程开发与实施机制得分的多重比较一览表

(I)规模	(J)规模	均差(I-J)	标准误	显著性
大型	中型	.765	1.323	.564
	小型	1.264	1.344	.348
中型	大型	-.765	1.323	.564
	小型	.499	1.265	.694
小型	大型	-1.264	1.344	.348
	中型	-.499	1.265	.695

表 3-41 不同规模企业合作的学校在现代学徒制课程开发与实施机制得分的多重比较一览表

(I)规模	(J)规模	均差(I-J)	标准误	显著性
大型	中型	-.794	1.288	.538
	小型	.888	1.390	.524
中型	大型	.794	1.288	.538
	小型	1.681	1.420	.238
小型	大型	-.888	1.390	.524
	中型	-1.681	1.420	.238

4. 企业是否建立员工培训体系对现代学徒制课程开发与实施机制的影响

为了探究企业是否建立员工培训体系对现代学徒制课程开发与实施机制的影响,本研究采用 T 检验法对建立了培训体系的企业和没有建立培训体系的企业在现代学徒制课程开发与实施机制的得分进行了差异分析,检验结果见表3-42。建立了员工培训体系的企业同高职院校在课程开发与实施机制上的得分显著高于没有建立员工培训体系的企业。这表明企业拥有自己的员工培训体系对于现代学徒制的课程开发及教学实施运行来说具有重要的作用,能够提升双方在学徒培养上的合作紧密度,更有助于现代学徒制的落地实施。在访谈调研中也发现,凡是建立了自身培训体系的企业,都会有专门的人力资源开发机构来负责学生(学徒)的培养,他们都会为刚进来的学生(学徒)制定培养方案,从而保障学生(学徒)在企业里能够得到真正的锻炼机会。例如,在笔者所访谈的一个日资企业里,该企业因为自己建立了服务于集团内部的人才开发中心,所以该企业在人才培养上就会根据岗位的不同为每一个进来学习的学生(学徒)制定个性化的人才培养方案,在该企业里学习的学生(学徒)都清楚地知道自己在企业所要完成的学习内容和要达到的学习目标。

"我们进去以后,事业部会给我们的学习做出详细规定,有一年的新人成长计划或学徒成长计划。他们有一个专门针对学徒培训的表格,这是每一个新人都有的。(X3)"

"培养方案有一年半的时间,半年我们是在弄人才的培训,每一天的课程都非常细化,按照计划表实施,这些都是我们自己弄的。第二个半年就是我们在业务现场的学徒实施计划,培训的内容首先是企业的制度和相关理论知识,其次是功能性的、共通性的研修。后面还有四个月,学徒要到自己所在的项目组里面进行一个师傅帮带的过程。(Q1)"

由此可知,建立了自身员工培训体系的企业在课程开发上都已经建立了自身独特的体系,这就保证了学生(学徒)在企业里的学习能够实现制度化和规范化,避免了学生(学徒)在企业里的学习出现形式化的现象。

表3-42 企业是否建立培训体系对现代学徒制课程开发与实施机制影响变异数分析摘要一览表

	是否具有培训体系	样本数	平均数	标准差	T分数	P值
课程开发与实施机制（学校）	有	183	42.6175	7.526 23	1.843	.047
	没有	25	39.6000	8.755 95		

5. 企业对技术技能人才的需求度对现代学徒制课程开发与实施机制的影响

为了能够探究企业对技术技能人才的需求度对现代学徒制课程开发与实施机制的影响,本研究采用了单因素方差分析法对不同需求度的企业在现代学徒制课程开发与实施机制上的得分进行了差异分析,检验结果见表3-43。从企业视角来看,企业对技术技能人才的需求度越高,同职业院校之间在课程开发与实施机制上的得分就越高。F检验后采用多重比较(LSD法)对高、一般、不高三种不同需求度的企业在现代学徒制课程开发与实施机制上的得分进行了比较分析(见表3-44),分析结果表明:需求度高的企业在得分上要显著高于需求度一般的企业。这表明对技术技能型人才需求度高的企业会重视同职业院校的合作关系,会尽量同职业院校在人才培养上进行积极的沟通和协作,也会严格按照双方的约定进行人才培养。例如,在调研中发现有些企业因为人才需求特别大,希望能够较早地介入到学生(学徒)的培养之中。

"我们会较早参与到学生(学徒)培养中去,我们还要去授课,并不是说由H学院的老师来完成全部的课程,因为有很多我们自己的要求在里面,而且H学院在航空这块之前也接触不多。(Q2)"

由此可见,当企业的人才缺口量较大时会直接影响到企业在课程开发参与上的主动性和积极性。

表3-43 企业技术技能人才需求度对现代学徒制课程开发与
实施机制影响变异数分析摘要一览表

	变异来源	平方和	自由度	均方	F值	sig	事后比较
课程开发与实施机制(企业)	组间	614.312	2	307.156	5.421	.005	高>一般
	组内	11 558.645	204	56.660			
	总计	12 172.957	206				

表3-44 不同需求度的企业在现代学徒制课程开发与实施机制得分的多重比较

(I)规模	(J)规模	均差(I-J)	标准误	显著性
不高	一般	-1.407	2.518	.577
	高	-4.667	2.483	.062

(续表)

(I)规模	(J)规模	均差(I-J)	标准误	显著性
一般	不高	1.407	2.518	.577
	高	-3.260*	1.084	.003
高	不高	4.667	2.483	.062
	一般	3.260*	1.084	.003

6. 企业发展阶段对现代学徒制课程开发与实施机制的影响

为了能够探究企业发展阶段对现代学徒制课程开发与实施机制的影响,本研究采用了单因素方差分析法对不同发展阶段的企业在现代学徒制课程开发机制上的得分进行了差异分析,检验结果见表3-45。从企业视角来看,企业发展阶段对现代学徒制课程开发与实施机制产生了显著的影响。F检验后采用多重比较(LSD法)对初创期、成长期、稳定期、转型期、衰退期五种不同发展阶段的企业在现代学徒制课程开发与实施机制上的得分进行了分析(见表3-46),分析结果表明:处于稳定期的企业同高职院校在课程开发与实施机制上的得分更高,初创期企业在这一维度上的得分显著低于稳定期企业。以上分析表明处于稳定期的企业同高职院校的合作关系最为紧密,双方在课程开发及具体的落地实施上要比初创期的企业与学校之间的合作更为紧密。

表3-45 企业发展阶段对现代学徒制课程开发与实施机制影响的变异数分析摘要一览表

	变异来源	平方和	自由度	均方	F值	sig	事后比较
课程开发与实施机制（企业）	组间	597.289	4	149.322	2.599	.037	稳定期>初创期
	组内	11 492.809	200	57.464			
	总计	12 090.098	204				

表3-46 不同发展阶段的企业在现代学徒制课程开发与实施机制得分的多重比较

(I)发展阶段	(J)发展阶段	均差(I-J)	标准误	显著性
初创期	成长期	-2.549	1.924	.187
	稳定期	-4.798*	1.930	.014
	衰退期	4.763	5.635	.399
	转型期	-1.796	2.531	.479

(续表)

（I）发展阶段	（J）发展阶段	均差(I-J)	标准误	显著性
成长期	初创期	2.549	1.924	.187
	稳定期	−2.249	1.173	.057
	衰退期	7.312	5.423	.179
	转型期	.753	2.014	.709
稳定期	初创期	4.798*	1.930	.014
	成长期	2.249	1.173	.057
	衰退期	9.561	5.425	.080
	转型期	3.002	5.667	.139
衰退期	初创期	−4.763	5.635	.399
	成长期	−7.312	5.423	.179
	稳定期	−9.561	5.425	.080
	转型期	−6.559	5.667	.248
转型期	初创期	1.796	2.531	.479
	成长期	−.753	2.014	.709
	稳定期	−3.002	2.020	.139
	衰退期	6.559	5.667	.248

7. 高职院校类型对现代学徒制课程开发与实施机制的影响

为了探究高职院校的不同类型是否对现代学徒制课程开发与实施机制产生影响，本研究采用T检验法对不同类型高职院校在现代学徒制课程开发与实施机制上的得分进行了差异分析，检验结果见表3－47，高职院校的不同类型并没有对现代学徒制课程开发与实施机制产生显著的影响，无论是示范校还是非示范校，双方在现代学徒制课程开发与实施机制上的得分都处于中等水平。

表3－47　高职院校类型对现代学徒制课程开发与实施机制影响的变异数分析摘要一览表

	学校类型	样本数	平均数	标准差	T分数	P值
课程开发与实施机制（企业）	示范校	128	44.7266	8.719 35	.334	.739
	非示范校	147	44.3673	9.059 23		

（二）高职院校现代学徒制课程开发机制的现状

高职院校现代学徒制课程开发机制是指为了保证学生（学徒）培养达到企业的人才需求，高职院校同企业之间就学生（学徒）的学习内容进行的协商与沟通，即双方是否就人才培养的目标、方式和内容进行了有效的沟通与协商，双方共同开发的人才培养方案是否系统、完善，以及是否实现了理论教学与实践教学的有机整合。借助"高职院校现代学徒制运行机制评价量表"的调查，无论是从企业视角还是从学校视角来看，当前高职院校现代学徒制课程开发机制都处于中等水平（见表 3-48），即企业与高职院校在人才培养方案开发上的合作关系并不是十分紧密。

表 3-48 基于企业与学校视野的现代学徒制课程开发机制的描述性统计分析一览表

	极小值	极大值	均值	标准差	等级指数
课程开发机制（企业）	6.00	25.00	18.0190	3.584 87	2.6029
课程开发机制（学校）	5.00	25.00	18.8114	3.802 73	2.7516

在基本明确高职院校现代学徒制课程开发机制的整体现状后，又通过问卷调查进一步深入了解实施的现状。而这一考察主要通过对理论教学与实践教学联系的紧密程度对双方在人才培养方案的合作上的影响进行探究，因为企业与学校在人才培养上各自具有独特的优势，学校的优势在于能够向学生传授一些普遍、客观、结构明确的理论知识，而企业的优势则是可以通过师带徒的方式向学生传授一些默会的、经验化的知识，然而随着技术的不断变革和发展，两种类型的知识日益需要个体进行有效的整合，而这种整合的趋势也需要实现两种课程模式的整合。通过对不同主体的调查却发现（见图 3-7），当前高职院校现代学徒制两种类型课程的整合并不乐观，无论是从企业视角还是从学校视角来看，绝大多数的现代学徒制试点院校两类课程的整合程度都不是很高，仅有少部分的关联性，这也同实地访谈调研结果相吻合。例如，在访谈调研中发现企业与学校在人才培养方案上是没有整合的，两者各自为政。一名受访的学生就谈到了学校课程和企业课程的割裂。

"首先我觉得你们（学校）得把这个公司所做的东西了解清楚，现在公司的 ES 部门在做机车自动编程项目，虽然说是做里面的程序，但是涉及硬件的知识还是非常多的，一些电路图、故障，我觉得这个方面学硬件的学生比较有优势。我们软件学习偏向纯软件开发，对于硬件了解的知识不是很多；而硬件方面的学生有做电路板之类的专业课，他们对电路图什么的也是比较了解的。我们学软件的学生进入开发组之后，最大的困难不是语言上面的，而是汽车变速箱的整个电路图,以及它的整个运行过程,我们理解起来是有点困难的。我觉得现在最大的问题就是这个。(X6)"

从中可以发现学生(学徒)到企业后,发现自己并不具备完成工作所需要的知识与技能,这表明企业与学校双方在人才培养方案的开发上还缺乏沟通与协作。除了主观上校企双方有没有实现课程整合的意愿外,有一些客观原因也造成了企业与学校在实现课程整合上的困境。例如,一名受访教师谈到企业因为对自身技术知识的保密,不愿意和学校共同进行课程开发。

"我们现在比较头痛的事情是,因为涉及保密,企业的东西我们看不到,学校老师想要参与到这里面去,但是这个参与的力度就有点困难。因为是保密的,一般外面人进不去企业,他们内部的人进去都是刷卡的,我们是进不去的。(Z5)"

"对于学生在企业学什么我大致知道一点,我本来想建一个企业课程的体系,我以前汇报的时候就提到了实际上我们目前最大的难题就是课程整合的问题,因为现代学徒制就是要实现企业学习和学校学习的衔接,学校课程的体系和企业课程的体系,这两部分东西加起来就是一个完整的人才培养方案,我们学校的课程当然是自成体系的,难点是企业的东西。因为企业的东西都是一些实训的项目,要把这些实训的项目改造成一个课程,这个难度是挺大的,但现在问题的关键是企业根本就不会让你知道他们有哪些实训项目。(Z5)"

基于上述分析,可以发现当前企业与学校之间课程的整合程度不高,双方仍然停留在各自为政的层面,企业在进行人才培养时完全根据自身岗位任务的需要进行课程的设置,没有实现与学校课程的整体规划协调。而且就算介入,也只是对一些企业的文化、制度和规范要求的介入,双方并没有针对岗位知识技能的要求打造一套体系化的人才培养方案。例如,一名受访教师就谈到学校课程学习和企业学习整合仅仅是一些制度规范的学习或企业文化的宣讲,直接根据企业岗位工作任务的需求进行一体化课程开发的还较为少见。

"我们学校有一套自己的教学方案和教学计划。然而他们是根据企业的需要,在我们这里开设了很多课,企业师傅来给我们上课,比如上SF企业的制度和服务的礼仪,因为你是物流客服,要学习服务礼仪,第三个就是产品实物,介绍他们做电话客服都是什么产品。(Z10)"

基于以上阐述,可以发现企业与学校在人才培养方案的制定与设计上是各自为政的,课程的整合仅仅处于一个较浅的层面,由于企业学习和学校学习的割裂,造成了学生职业能力发展的效率较低。

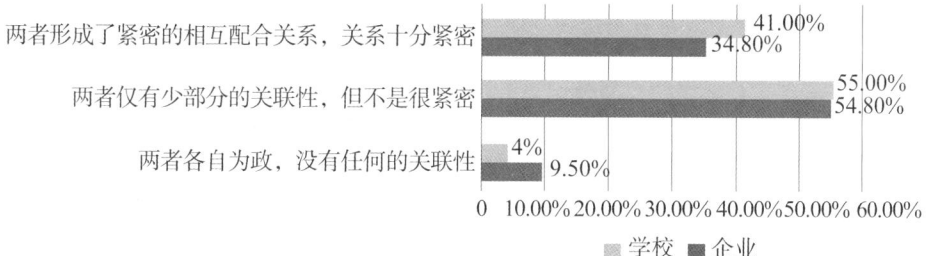

图 3-7　高职院校现代学徒制理论课程与实践课程的整合程度评价示意图

为了从不同的侧面进一步考察高职院校现代学徒制课程开发机制的现状,又针对学生进行了问卷调查,调查结果同样表明企业的实践课程与高职院校的理论课程之间整合度较差,两者目前仍然处于"两张皮"的状态,如图3-8和图3-9所示。绝大部分学生都认为当前的现代学徒制课程体系仅仅实现了部分程度的理论与实践一体化,绝大多数高职院校同企业在课程开发上仅仅实现了部分的整合,很难做到深入融合。有的高职院校已经开始试图对企业学习内容进行结构化和规范化处理,但在没有企业积极配合的情况下,很难顺利实施。例如,在访谈调研中就有教师谈到了单从学校方面努力的困难性。

"我们正在做的一个事情,就是我们现在先根据第二学期和第三学期这10个岗位的教学内容把教材编写出来,这10个岗位首先一定要编写这么一个白皮书,这个岗位要做哪些事情、要学哪些东西,一定要先到企业里面去跟师傅进行对接,师傅对接通过什么,就要通过这个教材来对接。(Z11)"

尽管学校做了一些尝试,试图将企业学习与学校学习进行深入的融合,但是企业参与的积极性并不高。

"很多企业师傅就跟我们讲了,你这个设计出来虽然很好,但我们真的没时间按照你这个来做,每天任务都很多,只能靠学生自己的悟性吧!(Z11)"

由此可见,尽管企业能够积极参与,与高职院校共建现代学徒制,但企业并没有较高的积极性和学校共同进行人才培养方案的开发与设计,而且就算学校单方面试图对学生在企业学习的内容进行结构化的改造,也会因为企业自身的利益考量而难以深入实施。

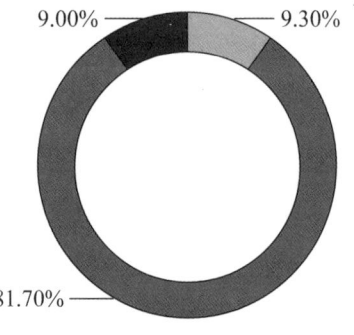

■没有融合，理论与实践脱节　■只有部分的融合　■实现了较好的融合

图3-8　基于学生视角的高职院校现代学徒制理论与实践课程的整合示意图

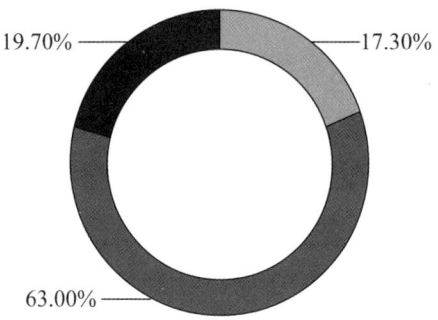

■杂乱无章，不成系统　■只有部分形成了体系　■精心设计，科学系统

图3-9　基于学生视角的高职院校现代学徒制课程体系完善情况示意图

（三）高职院校现代学徒制教学运行机制的现状

高职院校现代学徒制涉及企业与高职院校两个教学地点，但高职院校与合作企业一般相隔较远，如何保证教学秩序的正常运转对保障学徒人才培养质量而言具有非常重要的作用。正是基于教学运行机制构建的重要意义和作用，特采用问卷调查法和访谈法对当前试点高职院校现代学徒制教学运行机制的现状进行了调查。首先通过"高职院校现代学徒制运行机制评价量表"对试点高职院校现代学徒制的教学运行机制进行了调查，结果显示：无论是从学校视野还是从企业视野观察，当前试点高职院校现代学徒制教学运行机制整体上处于中等水平（见表3-49）。

表3-49　基于企业与学校视野的现代学徒制教学运行机制的描述性统计分析一览表

	极小值	极大值	均值	标准差	等级指数
教学运行机制（企业）	2.00	10.00	6.9476	1.677 92	2.4719
教学运行机制（学校）	1.00	10.00	7.2135	1.852 79	2.5943

对企业的教学运行情况(如图 3-10 所示),有几乎一半以上的被调查企业认为当前现代学徒制的实施对正常的生产秩序产生了影响,而且教学与生产过程没有实现规范化的运行。而且进一步调查后发现,有 70% 以上的被调查企业认为当前高职院校现代学徒制运行较为困难,很难达到预期的成效。当前现代学徒制的运行都是分段展开教学,就是一段时间在企业学习,一段时间在学校学习。但同国外学徒制在一周之内进行教学场地的轮换不同,当前我国高职院校现代学徒制的运行都是按月进行的。例如,一名正在运行实施现代学徒制的专业负责人就谈到很难做到国外的工学交替学习。

"我曾经召集十几家企业的人力资源总监围绕现代学徒制开展座谈会。欧洲学徒制模式基本上以周为单位,两天在学校里面上课,三天在企业里面实习,我把这个模式说给企业听,企业马上就说不现实。根据企业的意见我们做了调整,以五个月为一个学期单位,两个月在学校里,三个月在企业里,这个企业基本上认同,认为三个月到企业里面比较好操作。(Z10)"

从中可以看出由于客观条件的限制,整个教学的运行很难做到像德国、瑞士等国那样实现学校理论学习与企业技能学习的紧密结合。绝大部分正在实施的现代学徒制,都是在学校里学完理论知识后,再到企业里进行实践,所以有很多学生反映自己到企业实践的时候,已经把学过的理论知识都忘光了。"我们当时过了一个暑假,再过来以后,虽然没全部忘完,但也差不多了。(X2)"这种理论教学与实践教学的完全分割,很难发挥现代学徒制的教育功能与价值。

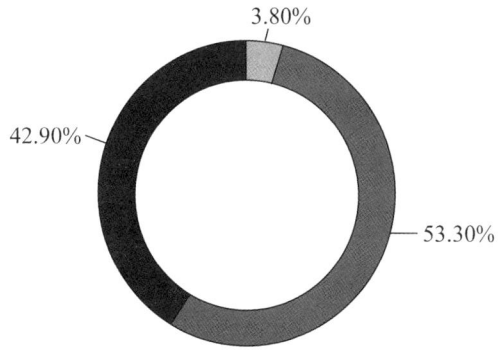

■ 教学秩序十分混乱,影响企业正常生产经营
■ 教学秩序较为混乱,不过在可控范围之内
■ 教学与生产并行不悖,已经实现了规范化运行

图 3-10 基于企业视角的高职院校现代学徒制教学运行机制现状示意图(1)

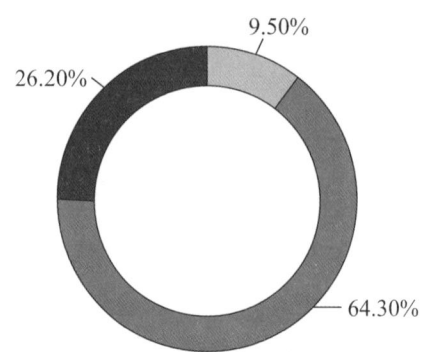

图 3-11 基于企业视角的高职院校现代学徒制教学运行机制示意图(2)

在了解了企业对当前教学运行状况的评价后,也试图从学生(学徒)的视角了解试点高职院校现代学徒制运行机制的基本现状,问卷调查结果显示(如图 3-12 所示),有近一半的学生认为当前现代学徒制教学运行情况一般,没有达到较好的运行状态。在实地访谈调研中就发现,有很多学生到企业以后并没有接受规范化的培训和指导,许多师傅因为工作任务繁忙并没有时间对学生进行指导,如一名学生(学徒)就向笔者谈到了这一问题。

"作为学生,很多都还不懂,基本上都在自学,在公司自己自学的时间比较多一点,去请教的时间比较少一点,因为有时候他们上班没有时间来教你,这时候就得自学了。(笔者:不是有专门的师傅对你们进行指导吗?)是有师傅,但是师傅大都比较忙,这段时间我们就去问其他的人。(X2)"

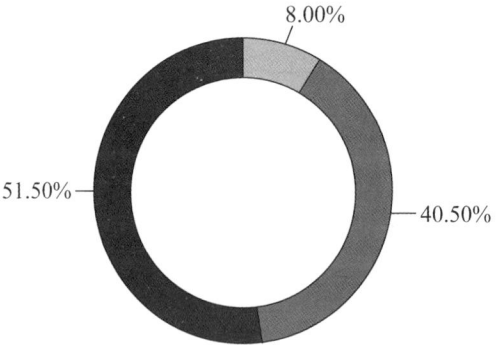

图 3-12 基于学生视角的高职院校现代学徒制运行机制现状示意图

以上调研表明在企业里运行现代学徒制最大的困难就是整个教学运行如何与企业的生产运行并行不悖,如何保障学生(学徒)能够得到师傅的指导。而且,调查中还发现,学生在企业的学习不仅缺乏一定的规范性,而且还会受到企业一些不良工作作风的影响,如一名接受访谈的教师就谈到了这一问题的严重性。

"比如说这个学期我在上资料整理的课,我第一堂课就问学生在工地上是怎么填资料的,学生很直白地告诉我说,资料怎么验收通过就怎么填,很多资料不根据实际情况来,有时没有遵守工程要求,资料填出来是不合格的,那这道工序就要重做或者修改。所以我每次上课之前就要从不同的角度告诉他们施工过程的重要性,既然做这个工作就一定要有责任心,把这个工程质量做好。(Z12)"

由此可见,学生(学徒)在部分企业里的学习不仅缺乏明确的内容和标准,而且在教学运行实施过程中更有可能出现不规范的现象,学生(学徒)在企业里的学习过程往往是企业师傅需要学生做什么就做什么,没有明确的学习内容和学习目标,整个教学的运行处于一种自由散漫的状态。

(四) 高职院校现代学徒制教师合作机制的现状

现代学徒制的实施运行同时涉及学校本位学习和工作本位学习,为了保证学习内容的一致性和连贯性,企业师傅和学校教师之间必然需要针对教学的内容和组织进行必要的沟通、协调,这是保证学生(学徒)所学内容的一致性和连贯性的有效前提。借助"高职院校现代学徒制运行机制评价量表"进行调查,结果显示当前被调查高职院校现代学徒制教师合作机制处于中等水平,这一调查结果表明企业师傅同高职院校教师之间就学生(学徒)培养的沟通交流处于中等水平(见表3-50)。

表3-50 基于企业与学校视野的现代学徒制教师合作机制的描述性统计分析一览表

	极小值	极大值	均值	标准差	等级指数
教师合作机制(企业)	7.00	25.00	17.3524	3.544 61	2.4652
教师合作机制(学校)	6.00	25.00	18.4733	4.302 01	2.6875

对高职院校现代学徒制教师合作机制的深入调查显示,当前无论是高职院校还是企业,都有超过一半的数量在合作过程中没有建立稳定的教学团队

来保障人才培养上的连贯与协调(如图3-13所示)。而且企业师傅和高职院校教师在交流的频次上也处于中等水平,有几乎一半的高职院校教师和企业师傅之间的沟通交流次数较少,还没有形成制度化的沟通交流制度与机制(如图3-14所示)。

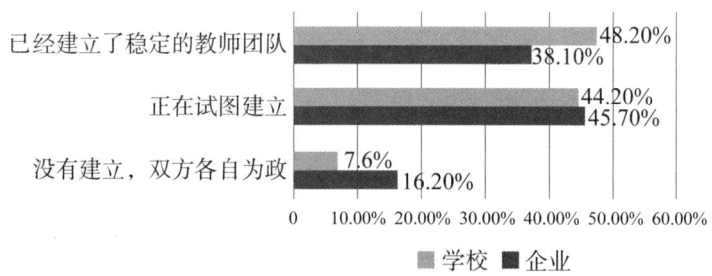

图3-13 基于学校与企业视角的高职院校现代学徒制教师团队建设现状示意图

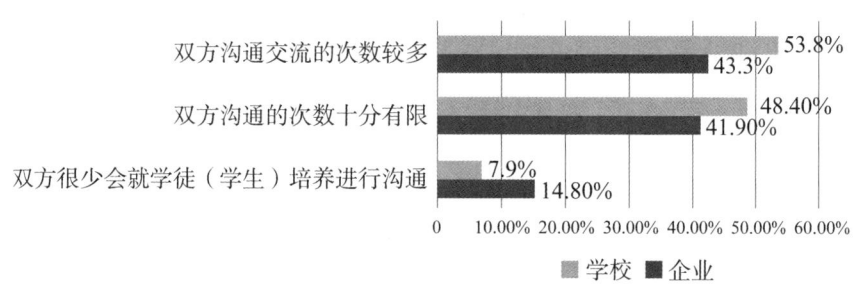

图3-14 基于企业与学校视角的高职院校现代学徒制教师与企业师傅交流频次示意图

四、高职院校现代学徒制质量保障机制的现状

(一)高职院校现代学徒制质量保障机制的整体现状

高职院校现代学徒制的有效运行与实施除了需要高职院校和企业开发出能够契合企业岗位需求和学生可持续发展的课程方案外,还需要建立严格、规范的质量保障体系。高职院校现代学徒制质量保障机制,是指参与现代学徒制的各个相关主体为了保证通过现代学徒制能够培养出企业所需要的人才,高职院校和合作企业相互之间围绕人才培养质量而明确相关的责任主体,制定相应的质量标准,并在采取相应质量保障措施的过程中,各个主体之间的相互协同。为了能够从整体上了解当前试点高职院校同企业之间在质量保障体系建设上的现状,无论是从企业还是从学校的视角来看,根据"高职院校现代学徒制运行机制评价量表"对高职院校现代学徒制质量保障机

制的现状调查,当前高职院校质量保障机制的建设现状整体上处于中等水平(见表3-51)。

表3-51 基于企业与学校视野的现代学徒制质量保障机制的描述性统计分析一览表

	极小值	极大值	均值	标准差	等级指数
质量保障机制(企业)	13.00	40.00	28.4714	5.447 59	2.5570
质量保障机制(学校)	8.00	74.00	29.5374	6.827 95	2.6806

在整体上对高职院校现代学徒制质量保障机制有了较为清晰的认知后,笔者通过问卷调查进一步对高职院校现代学徒制质量保障机制的现状进行了深入分析,当被问及"贵企业同学校在合作培养学徒过程中是否建立严格的质量保障机制?"这一问题时,如图3-15所示,无论是从学校视野还是从企业视野来看,建立了严格的质量保障体系的企业与学校都没有达到半数,有部分企业甚至连基本的质量保障体系都没有;如若从学校视角来看,没有基本质量保障体系的也达到了10%以上。

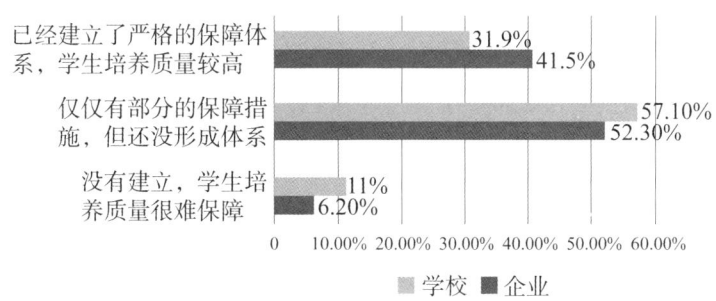

图3-15 高职院校现代学徒制质量保障体系建设现状示意图

前文已经分析了高职院校现代学徒制质量保障机制的整体现状,为了进一步深入分析何种因素影响到了高职院校现代学徒制质量保障机制,进一步通过T检验和方差分析对一些因素的影响效果进行了统计检验,以验证这些因素是否影响高职院校现代学徒制质量保障机制的建设。

1. 区域差异对现代学徒制质量保障机制的影响

为了能够探究区域差异对现代学徒制质量保障机制的影响,本研究采用单因素方差分析法对现代学徒制质量保障机制的区域差异进行了分析,检验结果见表3-52。无论是基于企业视角还是学校视角,区域差异都没有对现代学徒制的质量保障机制产生显著的影响,这一结果表明不同区域之间高职院校在质量保障机制的建设上并没有显著不同。

表 3-52 区域差异对现代学徒制质量保障机制影响的变异数分析摘要一览表

	变异来源	平方和	自由度	均方	F 值	sig	事后比较
质量保障机制（企业）	组间	49.558	2	24.779	.821	.441	
	组内	6004.486	199	30.173			
	总计	6054.045	201				
质量保障机制（学校）	组间	16.231	2	8.116	.172	.842	
	组内	12 817.274	272	47.122			
	总计	12 833.505	274				

表 3-53 不同区域的企业在现代学徒制质量保障机制得分的多重比较一览表

(I)区域	(J)区域	均差(I-J)	标准误	显著性
东部	中部	-.694	1.287	.590
	西部	.996	.952	.296
中部	东部	.694	1.287	.590
	西部	1.690	1.457	.247
西部	东部	-.996	.952	.296
	中部	-1.690	1.457	.247

表 3-54 不同区域的学校在现代学徒制质量保障机制得分的多重比较一览表

(I)区域	(J)区域	均差(I-J)	标准误	显著性
东部	中部	-.527	1.239	.671
	西部	-.502	1.043	.630
中部	东部	.527	1.239	.671
	西部	.024	1.449	.987
西部	东部	.502	1.043	.630
	中部	-.024	1.449	.987

2. 参与时间长短对现代学徒制质量保障机制的影响

为了探究参与时间长短对现代学徒制质量保障机制的影响，本研究采用了单因素方差分析法对现代学徒制质量保障机制的差异进行了分析，检验结果见表 3-55。无论是基于企业视角还是学校视角，参与时间长短都对现代学徒制质量保障机制的得分产生了显著的影响。F 检验后采用多重比较

(LSD法)对0—1年、1—3年、3年以上的不同参与时间段的现代学徒制质量保障机制得分平均值进行了比较分析,分析结果表明:无论是从企业视角还是学校视角来看,合作时间越久现代学徒制质量保障机制这一维度上的得分就越高。

表3-55 参与时间长短对现代学徒制质量保障机制影响的变异数分析摘要一览表

	变异来源	平方和	自由度	均方	F值	sig	事后比较
质量保障机制(企业)	组间	560.335	2	280.167	10.228	.000	3年以上>0—1年;1—3年>0—1年
	组内	5560.597	203	27.392			
	总计	6120.932	205				
质量保障机制(学校)	组间	403.874	2	201.937	4.406	.013	1—2年>0—1年;3年以上>1—2年
	组内	12 100.425	264	45.835			
	总计	12 504.300	266				

表3-56 不同参与时间企业在现代学徒制质量保障机制得分的多重比较一览表

(I)参与时间	(J)参与时间	均差(I-J)	标准误	显著性
0—1年	1—3年	−3.655*	.830	.000
	3年以上	−2.765*	.966	.005
1—3年	0—1年	3.655*	.830	.000
	3年以上	.890	.960	.355
3年以上	0—1年	2.765*	.966	.005
	1—3年	−.890	.960	.355

表3-57 不同参与时间学校在现代学徒制质量保障机制得分的多重比较一览表

(I)参与时间	(J)参与时间	均差(I-J)	标准误	显著性
0—1年	1—3年	−2.669	1.032	.010
	3年以上	−.435	1.231	.724
1—3年	0—1年	2.669*	1.032	.010
	3年以上	2.234*	1.038	.032
3年以上	0—1年	.435	1.231	.724
	1—3年	−2.234*	1.038	.032

3. 企业规模对现代学徒制质量保障机制的影响

为了能够探究企业规模对现代学徒制质量保障机制的影响,本研究采用了单因素方差分析法对各种不同规模的企业在现代学徒制质量保障机制上的得分进行了差异分析,检验结果见表3-58、表3-59和表3-60:企业规模对现代学徒制质量保障机制上的得分并没有产生显著的影响,也就是说不同规模的企业在同高职院校合作过程中,在质量保障机制的建设水平上都处于中等。

表3-58 企业规模对现代学徒制质量保障机制影响的变异数分析摘要一览表

	变异来源	平方和	自由度	均方	F值	sig	事后比较
质量保障机制（企业）	组间	120.336	2	60.168	2.072	.129	
	组内	5922.514	204	29.032			
	总计	6042.850	206				
质量保障机制（学校）	组间	133.761	2	66.881	1.434	.240	
	组内	12 174.057	261	46.644			
	总计	12 307.818	263				

表3-59 不同规模企业在现代学徒制质量保障机制得分的多重比较一览表

(I)规模	(J)规模	均差(I-J)	标准误	显著性
大型	中型	-1.532	.931	.101
	小型	.089	.945	.925
中型	大型	1.532	.931	.101
	小型	1.621	.889	.070
小型	大型	-.089	.945	.925
	中型	-1.621	.889	.070

表3-60 不同合作规模企业的学校在现代学徒制质量保障机制得分的多重比较一览表

(I)规模	(J)规模	均差(I-J)	标准误	显著性
大型	中型	-.813	.982	.409
	小型	1.021	1.060	.336
中型	大型	.813	.982	.409
	小型	1.834	1.083	.092
小型	大型	-1.021	1.060	.336
	中型	-1.834	1.083	.092

4. 高职院校类型对现代学徒制质量保障机制的影响

为了探究高职院校的不同类型是否对现代学徒制质量保障机制产生了影响,本研究采用了T检验法对不同类型的高职院校在现代学徒制内部驱动机制上的得分差异进行了检验,检验结果见表3-61:高职院校类型并未对现代

学徒制质量保障机制的得分产生显著的差异,无论是示范性高职院校,还是非示范性高职院校在质量保障机制建设上得分都相似。

表 3-61　高职院校类型对现代学徒制质量保障机制影响的变异数分析摘要一览表

	学校类型	样本数	平均数	标准差	T 分数	P 值
质量保障机制 （企业）	示范校	128	29.8516	7.15970	.635	.526
	非示范校	147	29.3265	6.55761		

5. 企业是否建立员工培训体系对现代学徒制质量保障机制的影响

为了探究企业是否建立了自身的员工培训体系对现代学徒制质量保障机制的影响,本研究采用了 T 检验法对建立了员工培训体系和没有建立员工培训体系的企业在现代学徒制质量保障机制上的得分进行了差异分析,检验结果见表 3-62：企业是否建立员工培训体系对现代学徒制质量保障机制产生了十分显著的影响,这表明建立了较为完善的员工培训体系将更有助于企业建立完善的质量保障体系,将会有更好的基础和条件开展现代学徒制。

表 3-62　是否建立培训体系对现代学徒制质量保障机制影响的变异数分析摘要一览表

	是否具有培训体系	样本数	平均数	标准差	T 分数	P 值
质量保障机制 （企业）	是	183	28.6831	5.22863	1.763	.039
	否	25	26.6400	6.80000		

6. 企业发展阶段对现代学徒制质量保障机制的影响

为了能够探究企业发展阶段对现代学徒制质量保障机制的影响,本研究采用了单因素方差分析法对不同发展阶段的企业在现代学徒制质量保障机制上的得分进行了差异分析,检验结果见表 3-63。从企业视角来看,企业发展阶段对现代学徒制质量保障机制产生了十分显著的影响。F 检验后采用多重比较（LSD 法）对初创期、成长期、稳定期、转型期、衰退期五种不同发展阶段的企业在现代学徒制质量保障机制上的得分进行了比较分析（见表 3-64）,分析结果表明：成长期和稳定期的企业在质量保障机制的得分上要显著高于初创期的企业。

表3-63 企业发展阶段对现代学徒制质量保障机制影响的变异数分析摘要一览表

	变异来源	平方和	自由度	均方	F值	sig	事后比较
质量保障机制（企业）	组间	189.182	4	47.296	1.624	.029	成长期>初创期；稳定期>初创期
	组内	5823.920	200	29.120			
	总计	6013.102	204				

表3-64 不同发展阶段的企业在现代学徒制课程开发与实施机制得分的多重比较一览表

(I)发展阶段	(J)发展阶段	均差(I-J)	标准误	显著性
初创期	成长期	-1.693	1.369	.218
	稳定期	-2.479	1.374	.073
	衰退期	3.289	4.012	.413
	转型期	-.269	1.802	.881
成长期	初创期	1.693	1.369	.218
	稳定期	-.786	.835	.348
	衰退期	4.982	3.860	.198
	转型期	1.424	1.434	.322
稳定期	初创期	2.479	1.374	.073
	成长期	.786	.835	.348
	衰退期	5.768	3.862	.137
	转型期	2.209	1.438	.126
衰退期	初创期	-3.289	4.012	.413
	成长期	-4.982	3.860	.198
	稳定期	-5.768	3.862	.137
	转型期	-3.559	4.034	.379
转型期	初创期	.269	1.802	.881
	成长期	-1.424	1.434	.322
	稳定期	-2.209	1.438	.126
	衰退期	3.559	4.034	.379

（二）高职院校现代学徒制标准制定机制的现状

高职院校现代学徒制质量保障机制建设的首要基础就是要制定标准，标准是质量保障的前提和基础，只有建立了可靠的质量标准，方能依照标准对学徒培养的质量进行监测，是保障学徒培养质量的重要前提。借助"高职院校现代学徒制运行机制评价量表"，对当前高职院校现代学徒制标准制定机制整体现状的考察显示，无论是基于企业视角还是学生视角，当前高职院校现代学徒制标准制定机制都处于中等水平(见表3-65)。进一步对当前高职院校现代学徒制标准制定机制的现状的深入考察,如图3-16所示。基于企业视角,当前现代学徒制标准建设的现状不是十分乐观,仅有一半的企业建立了针对学徒培训的专业教学标准和课程标准,有近乎一半的企业没有建立,而且在企业师傅标准和质量监控标准的制定上更低,很多企业都没有制定相应的标准来维护学徒培训的质量。

表3-65 基于企业与学校视野的现代学徒制标准制定机制的描述性统计分析一览表

	极小值	极大值	均值	标准差	等级指数
标准制定机制(企业)	2.00	10.00	7.2095	1.620 42	2.6048
标准制定机制(学校)	2.00	10.00	7.6462	3.023 66	2.8231

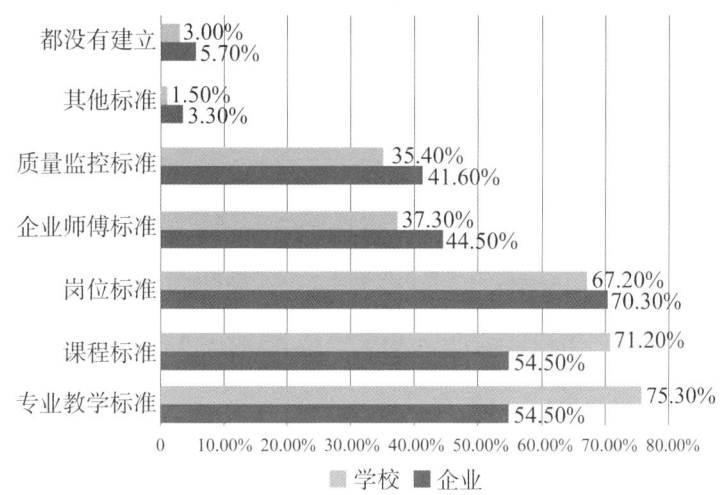

图3-16 基于企业与学校视角的高职院校现代学徒制标准制定现状示意图

(三)高职院校现代学徒制考核评价机制的现状

建立考核评价制度是保障现代学徒制教育质量的底线,西方国家一般通过行业协会设立的职业资格考试来保障学徒培养的质量,然而当前在我国由于行业协会功能发挥的不完善,学徒培养的质量仍然需要人才培养的主体来保障。借助"高职院校现代学徒制运行机制评价量表",对当前高职院校现代学徒制考核评价机制整体现状的考察显示,无论是基于企业视角还是学生视角,当前高职院校现代学徒制考核评价机制都处于中等水平(见表3-66)。

通过对当前学徒考评机制现状的进一步深入调查,如图3-17所示,已经有超过70%的企业建立了考核评价制度来保障学生(学徒)的培养质量,这表明绝大部分企业已经建立了维护学徒培养质量的底线。例如一名制造业企业的人力资源培训的部门负责人就谈到,针对学徒培养的质量,企业出台了非常严格的质量标准。

"学徒要自己做的,一步一步根据老师的要求做出来,精度、强度、光洁度,包括折弯的平整度都是有考核的。如果3个月以后他能完整地做出一个首饰盒,然后这个首饰盒经过鉴定是合格的,我们有一系列的指标要求,说明他合格了,他可以被输送到各个车间去。但到了车间以后还会有考核,比如说我去机加车间,那机加车间对车床也是需要进行培训的。(Q2)"

然而通过对学生(学徒)的调查却发现,如图3-18所示,有一半学生(学徒)认为毕业并不需要通过十分严格的考核,顺利地出师并不是特别难,而且还有近10%的学生(学徒)认为学得好学得坏是一样的,没有人负责。例如,有的学校负责人就谈到他们当前的质量保障体系并没有建立起来,对学生的考核也不健全。

"目前DY班具体的考评机制没有说很完全,但是目前我们还是在校学习阶段,我们就是按照学习的课程来考核,那么出去完成之后,中间我们会定期加强一个沟通和交流,等到实习结束之后,不管是一个月还是一个学期的实习回来,我们经过一个答辩,就是通过你跟老师反馈你在这段实习期间做的那些工作内容,学到了什么东西,你有什么收获体会,来判断你这个实习期间是不是达到了我们的一些目的,那么给他一个成绩和分数。(Z12)"

从中可以看到学校和企业之间尚未建立起完善的学徒考核评价体系,对学徒的评价更多地采用较为主观的评定方法,尤其针对学习结果缺乏明确的标准和要求。

表3-66 基于企业与学校视野的现代学徒制考核评价机制的描述性统计分析

	极小值	极大值	均值	标准差	等级指数
考核评价机制(企业)	3.00	15.00	10.4429	2.275 11	2.4810
考核评价机制(学校)	3.00	15.00	11.1691	2.695 80	2.5909

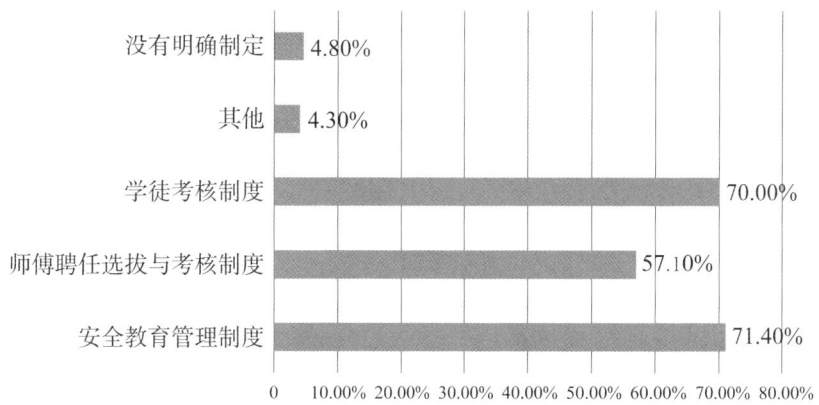

图 3-17 基于企业视角的高职院校现代学徒制质量保障制度建设现状示意图

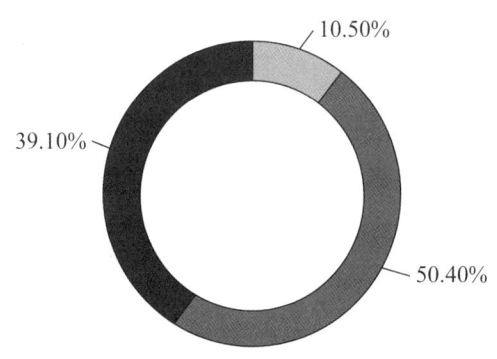

■ 非常宽松，学得好学得坏没人管
■ 较为宽松，会有一些考核但不是很严格
■ 非常严格，想要顺利出师需要经过严格的考试

图 3-18 基于学生视角的高职院校现代学徒制考核评价机制建设现状示意图

（四）高职院校现代学徒制过程监督机制的现状

高职院校现代学徒制质量保障机制的建立还需要以严格的过程监督机制为保障，对整个学徒的教学过程的质量进行实时的质量监控是现代学徒制质量保障体系的重要内容。借助"高职院校现代学徒制运行机制评价量表"，对当前高职院校现代学徒制过程监督机制整体现状的考察显示，无论是基于企业视角还是学生视角，当前高职院校现代学徒制过程监督机制都处于中等水平（见表 3-67）。通过对当前高职院校现代学徒制过程监督机制建设现状的调查，如图 3-19 所示，很多企业并没有同高职院校建立起对学徒（学生）的日常管理与考核机制。

表 3-67　基于企业与学校视野的现代学徒制过程监督机制的描述性统计分析

	极小值	极大值	均值	标准差	等级指数
过程监督机制(企业)	3.00	15.00	10.7619	2.545 37	2.5873
过程监督机制(学校)	3.00	15.00	11.1691	2.695 80	2.7230

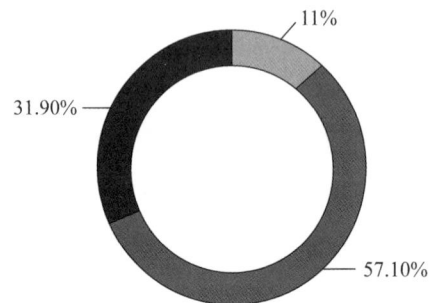

■ 没有，企业很少参与　■ 有一些参与，但没有形成常规　■ 校企共同合作建立教学监控制度

图 3-19　高职院校现代学徒制教学监控机制建设现状示意图

小　结

为把握当前我国国情下试点高职院校现代学徒制运行机制构建的现实状况，本章采用问卷调查和访谈两种方法，从利益驱动机制、协调沟通机制、课程开发与实施机制、质量保障机制四个维度对高职院校现代学徒制的运行机制现状进行了深入的调研。调研结果发现：

从现代学徒制利益驱动机制维度来看，无论是高职院校还是企业，他们对当前高职院校现代学徒制利益驱动机制的评价都处于中等水平，也就是说参与现代学徒制的不同利益主体间的利益契合度处于中等水平。从内部驱动上看，得分同样处于中等水平，区域差异、参与时间长短、企业规模、企业是否建立员工培训体系、企业对技术技能人才的需求度、企业发展阶段这六个因素对现代学徒制利益驱动机制产生了显著的影响。从外部驱动上看，得分同样处于中等水平，这表明政府在推动现代学徒制发展上的政策支持力度并不大。从学生(学徒)、教师和企业师傅三个主体的角度对现代学徒制利益驱动机制的现状调查发现，无论是学生(学徒)、企业师傅还是教师，在利益诉求的满足上都不高,参与的积极性受到了多种因素的制约和影响。

从现代学徒制协调沟通机制维度来看,无论是从学校视角还是企业视角来看,当前高职院校现代学徒制协调沟通机制的得分整体上处于中等以下水平,表明高职院校与企业在合作过程中有着较大的沟通障碍。从沟通平台的搭建上看,仅仅有部分高职院校同企业建立了沟通合作的平台,定期就学徒培养进行沟通与交流。从沟通制度的建立上看,当前企业与学校就学徒制的合作主要是通过私人关系这一途径进行协商沟通,在制度化的沟通交流制度建设上还较为滞后。

从现代学徒制课程开发与实施机制维度看,高职院校和企业之间针对学生(学徒)人才培养方案的开发及实施程度都处于中等水平,参与时间长短、企业是否建立员工培训体系、企业对技术技能人才的需求度、企业发展阶段这四个因素对现代学徒制课程开发与实施机制产生了显著的影响。从课程开发上看,高职院校和企业在人才培养方案的开发合作上并不十分紧密,处于中等水平,企业课程与学校课程的整合程度不高,绝大部分处于"各自为政"的状态。从教学运行上看,当前试点高职院校现代学徒制教学运行机制整体上处于中等水平,绝大部分被调查者认为现代学徒制的教学运行实施较为困难,会打乱学校原有的课程计划,而且还难以组织实施,只能采取较大的间隔周期实现理论教学与实践教学的整合。从教师合作上看,同样处于中等水平程度,绝大部分院校并没有建立联合的教学团队,限于多种客观原因,企业师傅与学校教师之间的合作存在较大的障碍。

从现代学徒制质量保障机制维度来看,当前高职院校质量保障机制的整体建设情况同样处于中等水平,绝大部分企业与学校仅仅采取了部分质量保障的措施,还尚未形成体系化,而且参与学徒制时间长短、企业是否建立员工培训体系、企业发展阶段这三个因素对高职院校现代学徒制质量保障机制产生了显著影响。从标准制定上看,当前关于现代学徒制质量标准的建立情况并不乐观,有近乎一半的企业没有建立专业教学标准和课程标准,在企业师傅标准和质量监控标准的制定上则更低。从考核评价上看,已经有超过70%的企业建立了考核评价制度来保障学徒(学生)培养质量,但在具体的考核评价上过于关注结果导向的评价,把学生的成绩分数作为评价的唯一标准。从过程监督上看,60%以上的企业都没有建立针对学生(学徒)的日常管理制度。

第四章

高职院校现代学徒制运行机制的制度困境

高职院校现代学徒制运行机制的构建不能完全照搬他国的模式,这是由于现代学徒制是在一定的社会环境之下运行的,必然受到所在外部社会环境的制约,这也是为何各个国家的现代学徒制在具体的运行上呈现出较大差异性的原因,这种差异性集中表现在学校与企业在现代学徒制运行实施中的角色和作用不同。从各国现代学徒制运行机制内容与形式上表现出的较大差异可以确认,制度不仅仅是理性选择的结果,而且是各个利益主体之间基于所在社会制度环境相互博弈互动的结果,这种博弈互动的过程将会直接影响制度变迁的轨迹。因此,高职院校现代学徒制运行机制的构建绝不仅仅是高职院校、企业、学生等利益主体之间进行协商沟通的过程,因为任何利益主体的行动都不是绝对理性的,都受到了所在社会环境对其理性抉择的影响,这种影响有时是显性的有时又是无形潜在的。因此,想要实现现代学徒制在我国的"落地生根",就不能忽视对外在社会制度环境的考察分析。通过前文的实证调查发现,外在的制度环境将会直接影响相关利益主体参与现代学徒制的动机和具体的行动抉择。为了能够深入了解当前我国的社会制度环境如何影响各利益主体参与现代学徒制的动机,本研究选择以经济社会学派的"社会建构"理论为分析视角,深入剖析高职院校现代学徒制运行机制的本质内涵,并分析探讨外在制度环境对现代学徒制运行机制构建的影响与制约。

第一节　社会建构:分析现代学徒制运行机制的理论视角

本研究试图采用新经济社会学的"社会建构"理论作为分析视角,从而深入剖析各利益主体在参与现代学徒制运行机制的构建过程中如何受到整个社会体制环境的制约和影响。而在对"社会建构"理论进行阐明之前,有必要对新经济社会学的起源与主要思想进行必要的阐述。一般认为,19世纪中叶是经济社会学的萌芽期。20世纪50年代,帕森斯、斯梅尔瑟等在古典经济社会学研究的基础上,建立了结构主义经济社会学。格兰诺维特于 1985 年在《美国社会学杂志》上发表学术论文《经济行动与社会结构:嵌入问题》。[①] 同年,美国社会学会(ASA)正式提出"新经济社会学"的概念,自此"新经济社会学"作为一个新的学科领域开始得到主流社会学界的承认,进入了一个以"嵌入"和"经济的社会建构"为主要特征的阶段。新经济社会学作为一个独特的学科概念,在很多方面都与以往的"旧"经济社会学有本质的不同,特别是在研究主题的选择、研究的思路和方法等方面。这些不同主要体现在新经济社会学的理论取向上。朱国宏等认为"新""旧"经济社会学研究的侧重点各不相同,在"旧"经济社会学研究阶段,研究者重点关注的是微观层面,中观层面和宏观层面被视为行动的外部条件或者是行动的副产品;但是在"新"经济社会学研究阶段,研究者重点关注的则是中观层面,尤其关注中观层面在联结宏观和微观两个层面时的作用。[②]

新经济社会学与传统的经济社会学最大的区别在于旧经济社会学讨论的主要内容是人际关系、人与机器之间的关系、社会分层以及团体之间的互动等,它主要试图揭示如何通过制度建构最大化地挖掘劳动者的工作潜能,实现生产效率的提升,因而其非常关心在什么样的情况下利益诉求各不相同的劳动者才会形成紧密的关系,企业怎样改善整个工作环境才能最大限度地满足劳动者的心理期待,工作团体的团结怎样才能实现。而新经济社会学的研究兴趣已经出现了转移,新经济社会学更为关注的是经济个体是如何嵌入社会结构当中的,同时这些社会结构又是如何被社会性建构起来的。从中可以较为明显地看出新经济社会学试图将经济学研究的微观层面、中观层面和宏观层面打通,不再局限于分层对经济社会现象进行研究,而是在分析个体微观层面的行动抉择如何受到宏观结构层面的影响和制约,也试图分析宏观结构是如何通过不同微观主体之间的互动博弈而形成的。

在新经济社会学的产生和兴起过程中,来自经济学、社会学或其他相关学科的学者逐渐厘清新经济社会学所需要解决的主要问题,并在解决这类相似问题的过程中逐渐在研究的内容和主题上达成共识,并由此产生了"嵌入"

---

① Granovetter Mark.Economic Action and Social Structure:The Problem of Embeddedness[J].American Journal of Sociology,1985,91(3):481-510.
② 朱国宏,桂勇.经济社会学导论[M].上海:复旦大学出版社,2005:28.

(embeddedness)和"经济的社会建构"(the social construction of the economy)这两个新经济社会学的核心概念。无论经济社会学者研究此学科领域的哪个问题,对经济社会现象的解释最终都会归结到这两个概念上,因此也可以说这两个概念是经济社会学这一学科大厦的奠基石。能够明确这两个核心概念,就基本能够把握经济社会学这一学科的主要思想观点,而本研究的目的就是能够借助这一理论工具分析现代学徒制运行机制的本质,并分析外部体制环境对现代学徒制运行机制所产生的影响。为了能够深入理解经济社会学的核心思想,有必要对"嵌入"和"经济的社会建构"这两个核心概念的内涵进行阐述。

"嵌入"这一概念最早是波兰尼在《大转折》(The Great Transformation)一书中提出的,但这个概念只是在书中出现过两次,作者并未对其内涵进行详细的阐明,也并未引起世人的注意。直到1957年,波兰尼最终才在《贸易与市场》(Trade and Market)一书中对其进行了理论上的阐明。真正将"嵌入"这一概念发扬光大的,当属格兰诺维特。一方面,格兰诺维特延续了波兰尼的观点,明确指明了社会因素在很大程度上塑造着前资本主义经济,但另一方面,他也进一步强调,在现代市场经济运行过程中,各种社会因素对经济行为不仅产生了明显的作用,甚至这种作用是非常重要和具有决定作用的。①

"不过,也有一些反对者指出,社会网络理论过于狭窄,它不能解释学者们观察到的现象,因为它不能说明行动者如何建构世界。"②为了能够回应以上批评,格兰诺维特又进一步提出了"经济的社会建构"理论,把社会建构理论和社会网络理论联系在一起。格兰诺维特提出,社会中的横向合作和信任关系以及纵向的权力和遵从关系,均要受到关系本身及特定历史背景的条件限制。③ 因此,基于以上阐述,无论是"嵌入"概念还是"经济的社会建构"概念都试图分析个体经济行为背后抉择过程的社会性因素的制约,以及不同经济行动主体如何在一定的社会结构之下延续、革新甚至颠覆传统的社会结构。

---

① Granovetter Mark.Economic Action and Social Structure:The Problem of Embeddedness[J].American Journal of Sociology,1985,91(3):481-510.
② Fligstein N,Mara-Drita I.How to Make a Market:Reflections on the Attempt to Create a Single Market in the European Union[J].American Journal of Sociology,1996,102(1):1-33.
③ 朱国宏,桂勇.经济社会学导论[M].上海:复旦大学出版社,2005:28.

通过对经济社会学这一学科发展历史的梳理分析及其核心概念的阐述，已经可以基本明确经济社会学的主要观点，而经济社会学中的社会建构理论是本研究分析现代学徒制运行机制制度困境的理论观察视角，因此，有必要进一步对这一理论的内涵进行详细的阐述。格兰诺维特提出"经济是嵌入于社会网络之中的并且网络在很大程度上决定着经济的运行"[①]，斯威德伯格随后又进一步推动了该理论的发展，并逐步形成三个主要观点：一是经济行动属于社会行动的一种特定类型；二是经济行动具有社会性；三是经济制度属于一种社会性的构建。[②] 新经济社会学认为，经济行动是社会行动中的一种，一切经济行动都是嵌入到社会行动中的，经济主体并非隔离外部世界影响的纯粹理性抉择者，一切经济行动都是嵌入到社会关系中的，受到整个社会的价值、规范、文化等因素的渗透和影响，从而真实地影响和制约相关经济行动主体的决策和行动。

第二节　社会建构视域下现代学徒制运行机制的本质内涵

高职院校现代学徒制运行机制的本质内涵在前文已经进行了初步的探讨，即高职院校现代学徒制运行机制是指高职院校与企业两个合作主体在联合培养技术技能人才的过程中，参与到这一过程中的各个相关主体基于自身的利益诉求而在寻求相互合作过程中所发生的相互作用关系。可能参与到现代学徒制运行机制构建的主体除了高职院校、行业企业外，还包括政府、行业协会、教师、企业师傅和学生等不同的利益主体，这些利益主体之间在寻求合作过程中相互作用所形成的结构和功能正是本文所研究的重点。在前文研究的基础上，基于对我国现代学徒制运行机制的现状调查，可以发现在不同的制度环境下，现代学徒制运行机制呈现出较大的差异性，无论是在利益诉求的契合度还是在合作的形式上都各不相同，其差异背后的根本原因正是社会环境

---

① Granovetter Mark.Economic Action and Social Structure:The Problem of Embeddedness[J].American Journal of Sociology,1985,91(3):481-510.
② 塔尔科特·帕森斯,尼尔·斯梅尔瑟.经济与社会:对经济与社会的理论统一的研究[M].刘进,等译.北京:华夏出版社,1989.

的差异。经济社会运行环境的差异将会直接影响到各利益行动主体的利益抉择和行动,也直接决定了现代学徒制是否能够顺利运行,达成人才培养的最终目标。社会建构理论最早起源于哲学的认知论,是一种不同于传统的经验认知论和理性主义认知理论的新哲学思潮。其认为人类不是静态地认识和发现这个世界,而是经由认知、发现过程,不断地构造新的世界,而且在这个过程中个体和外部世界相互作用、相互影响。

经济社会学的"社会建构"理论恰恰提供了深入分析现代学徒制运行机制背后社会经济环境的理论视角,因为这一理论试图将微观层面的个体行动抉择和中观、宏观的经济社会环境整合起来通盘考虑,认为人的利益行动不是绝对理性的,而是受到外部制度环境的影响和制约,这些制约和影响有时是直接的,有时是无形之中发生的。高职院校现代学徒制运行机制的构建在本质上属于不同性质社会团体组织的合作,其在做出任何利益行动抉择的过程中,同样会受到外部经济社会体制环境的制约和影响,而借助经济社会学的"社会建构"理论正是为了能够深入剖析外部体制环境是否影响了现代学徒制运行机制的构建,并阐明这种影响的机理和作用方式。以经济社会学的"社会建构"理论为观察视域,在考察整个社会经济环境如何影响现代学徒制运行机制构建之前,有必要借助"社会建构"理论深化对高职院校现代学徒制运行机制的认知。

其一,高职院校现代学徒制运行机制嵌入于整个社会经济环境之中。任何一个国家的现代学徒制模式及其运行机制都不是企业和学校随意选择的,而是与整个宏观经济社会治理机制相匹配的,用经济社会学"社会建构"理论的观点来看,就是被社会建构的。从宏观层面而言,行为主体及其所在的网络嵌入于由其构成的社会结构之中,并受到来自该结构的价值因素等的影响。基于格兰诺维特对嵌入理论的分析,高职院校现代学徒制运行机制同样是在整个社会经济环境的体制下运行的,参与现代学徒制的任何主体的行动抉择都受到不同主体之间互动所形成的关系网络的影响,即个体的行动选择会受到其他主体行动策略的影响,而且更为重要的是现代学徒制的运行是在整个社会网络环境之下构建的,与现代学徒制运行机制的成效相关最为紧密的就是国家经济社会治理模式。这是一个非常宏大的社会背景,因为经济社会治理模式的差异将会直接影响到参与现代学徒制的各利益主体的利益考量与行动决策。

其二,参与高职院校现代学徒制运行机制构建的各利益主体的诉求是被社会建构的。高职院校现代学徒制运行机制的形成是社会性的。一方面,参与现代学徒制运行机制构建的主体是多元的,既有学徒、师傅、教师等主体,同时也包括了社会组织。另一方面,影响建构的因素也不仅仅是理性作用的结果,个体或组织的理性抉择也是社会性的。这是因为在真实的现实世界之中,各个行动者的理性行为是嵌入到整个社会经济环境之中的,社会关系和社会网络会直接影响到个体的理性抉择。社会经济学家迪马济奥就认为:"理性经济行为的社会建构体现在两个层面:一是社会规范经济,这个时候意识形态、政策体系以及社会规范是外于经济行为的,对经济行为理性选择的形式和范围起到限制作用;二是社会架构经济,即社会行动者带着各自不同的理性内容参与到经济行为之中。在制度变迁理论之中,这种社会建构的二重性可等同于制度的二重性。"①可见,各个行动主体在现代学徒制运行机制的构建场域之中的理性抉择都被打上了"社会"烙印。

其三,高职院校现代学徒制运行机制的内容与表现形式受制于各利益主体之间的博弈互动。高职院校现代学徒制运行机制的内容与表现形式不是某个单一利益诉求主体构想设计的结果,而是在现代学徒制运行机制场域中,各个参与其中的利益主体基于本身的利益诉求,在沟通、协商、博弈与互动的过程中共同建构的。而且,这种建构过程实质上是一种双方或多方互动博弈的过程,它既包括社会成员之间的互动、成员与结构(制度或组织)之间的互动,也包括结构(制度或组织)之间的互动。从另一个角度来谈这一问题,高职院校现代学徒制运行机制的内容与表现形式绝不是某一个单一主体(如政府)进行设计规划的结果,而是不同参与主体之间互动博弈的结果。

第三节　社会建构视域下现代学徒制运行机制的制度困境

现代学徒制的最终形成是制度建构的不同参与主体基于自身的利益诉求在特定活动场域内相互博弈的结果。探寻高职院校现代学徒制建构的制度障

---

① 王星.技能形成的社会建构——中国工厂师徒制变迁历程的社会学分析[M].北京:社会科学文献出版社,2014.

碍,需要分析在我国当前的经济社会治理环境下,不同参与主体之间在实施过程中会产生哪些潜在的利益冲突,而其外在的制度环境又是如何影响这种利益冲突的产生以及发展。

一、企业与学徒间的可信承诺达成缺乏制度保障

一般而言,企业维持和提升内部职业技能的途径有两条:一是以德国和日本为代表的内部培训渠道(企业自身承担培训技术工人所需要的费用);二是以英国和美国为代表的直接从外部招聘(企业通过外部"挖人"省去培训成本)等。不同国家之所以会形成不同类型的技能培训模式,主要取决于对以下两个问题的不同解答:一是关于可信承诺问题,即企业和技术受训工人之间达成长期稳定和委托合作关系;二是集体行动困境问题,即如何解决"搭便车"和"外部挖人"所引发的合作秩序紊乱问题。① 可见,以上两个问题的本质都是企业投资学徒培训的成本—收益问题,即在特定的社会经济治理模式下,企业在学徒培训方面的投资能否获得相应的回报。由于德国和日本通过专门的行业组织来干预市场并限制企业之间在劳动力市场上的恶性竞争,从而为企业内学徒培训制度的产生奠定了社会基础,这也是为何以德国、瑞士为代表的协调性市场经济国家的现代学徒制更容易运行实施,而以英、美为代表的自由市场经济国家的现代学徒制实施困难重重的原因,外在的制度环境直接影响到参与者对现代学徒制的积极性与主动性。在应然状态下,本着"谁投资,谁受益"的原则,投入了大量人、财、物的企业理应成为学徒培训的主要受益者,但在现实中,由于现代学徒制具有一定程度的消费竞争属性,"挖人外部性"或称之为"搭便车"现象击碎了现代学徒制发展的理想模式,这种现象主要是指那些没有承担或支付相应的成本就可以享受和消费公共产品的企业和个人。欧阳忠明等认为:对于具有很强的正外部性的人才资源开发(如基础教育),需要采用义务的、普及的、由财政支持的公共教育投资为主的投资方式;而对于具有较为直接的内在效应的专业技术教育,作为受益者的个人或企业应为投资

---

① 王星.技能形成的社会建构——中国工厂师徒制变迁历程的社会学分析[M].北京:社会科学文献出版社,2014.

主体。① 由于当前我国对企业之间的"挖人现象"缺乏一定的外部制度约束与规范,许多企业都不投入或投入较少的成本用于劳动力培训或投资,通过其他途径或手段获得所需要的人才一直是许多企业根深蒂固的思想。而这种思想造成的不良后果就是打破了参与现代学徒制培训企业的收益预期,一方面没有企业愿意花费大量的人财物资源去培训人才,另一方面那些投入了大量资源的企业由于较高的投入成本难以得到有效收回,而极大地降低了其进一步参与现代学徒制的意愿。

改革开放以来,我国的经济体制基本实现了从计划经济向市场经济的转型,而劳动力市场也从以政府行政力量支配为主的市场转变为了以市场调节支配为主的自由劳动力市场,劳动者在工作上具有更大的自主支配权,基本形成了"先培训、后就业"和"先招生、后招工"的基本格局。也就是说,企业基本剥离了其非生产功能,从外部招聘技术技能人才已成为企业的主要渠道。加之我国的行业协会也没有对行业内劳动者的自由流动进行有效的规范和控制,因此,企业因为面临所培训的学徒被"挖走"的风险,导致其没有参与现代学徒制的积极性。比如,企业考虑到东部地区职业院校学生的跳槽意识较强,合作培养学生的留用率不高,因此许多东部企业就选择与西部职业院校进行合作。② 因此,企业作为以盈利为主要目的的组织,尽管意识到对技术技能人才的需求,但考虑到投入的风险,企业一般不愿参与现代学徒制,承担培养学徒的责任。对当前参与现代学徒制的企业而言,获得人力资源的战略储备是其参与现代学徒制最为重要的动力因素,例如,很多接受访谈的企业与学校教师都认为获得未来的人力资源储备是其参与现代学徒制的重要原因。

"正因为考虑到企业所需要的人才培养周期长这一因素,所以通过专门(现代学徒制)的渠道,提前在学校里面就给学生以早期的课程植入,再通过专业的、专门的培训,使学生(学徒)逐步能够学习更多航空方面的知识,能够达到航空对技能的要求。培养一个航空技能人才需要很长时间,大概需要一到两年,甚至更长的时间,通过现代学徒制这个途径是比较合理的。(Q2)"

---

① 欧阳忠明,韩晶晶.成本—收益视角下企业参与现代学徒制研究[J].现代教育管理,2016(06):85-93.
② 冉云芳.东部企业缘何跑到西部职校寻合作[J].西北职教,2015(3):2.

通过如上访谈调研可以得知,参与现代学徒制培训,学徒不仅能够获得职业技能的提升,企业也可以获得发展所需要的人才,可以说现代学徒制是一种有效满足企业人才资源需求的重要途径。但是,企业为了能够培养出胜任企业需求的人才往往需要花费大量的有形和无形成本,尤其是随着技术技能水平的逐渐提升,专深技能的养成必然需要企业投入大量的人力、物力方能实现技能的传承。通过访谈调研也发现,许多企业在参与学徒培养的过程中需要投入大量的人、财、物以实现人才培养的目标。

"学徒培养已经一年了,培养这批人我们真的是花了很多的精力,如果他们流失出去我们肯定是亏损的。但是这些人的竞争力一定比他同届的同学强很多,所以我这块压力很大,从成本核算来说,业务部门至少三个月是零产出。(Q1)"

"你看现在我作为中间人(人力资源部门),我对业务部门有一个很强烈的要求,是有硬杠杠的,他学得不好,或者有一些惰性的地方,你也必须包容他,必须派人去指导他,一遍一遍地指导他。所以说投入很大,如果他在一年或半年内离职,我们是呈现亏损的,我们现在财务数据都有分析的。(Q1)"

"公司培养航空人才需要较长的培养周期,各方面的技能人才的培养需要投入大量的人力和资源,上期我们培养40个学生花了100多万元,尤其前期投入比较大,包括材料等各方面的投入是比较大的。(Q2)"

"跟企业本身的盈利主导型还是有很大关系的。我在人员培养这一块,说到最早这个问题,投入这么多,一两年又收不回成本,因为这个技能熟练的周期比较长,是要一两年才能够创造价值出来的。(Z2)"

"企业的培训期非常长,如果说6个月培训完之后,这个人走掉了,对企业来讲损失很大,因为它又要花6个月去培训,如果学生留企率不高,对企业来讲将是一个很大的资源损失,因为所有的耗材,所有的师资,包括投入很多的精力都要'打水漂'。它的企业培训跟其他企业不一样,其他企业普通的实习生过去,一开始会让他们做一些基础的工作,比如帮着师傅打打下手,肯定还是会用到。XZ打下手这样的工作比较少,学生来了以后,不管是XZ班的,还是后面普通班的,都要一样的培训。就是在什么产出都没有的时候就培训你,就给你上理论课,然后在现场做实操,实际上这批学生没有产出任何价值。(Z4)"

作为以营利为目的的企业,投入这么多资源参与学徒培训必然希望学徒能够留在企业工作,给企业带来收益,至少能够弥补企业培训学徒的资源投入。但通过访谈调查发现,很多企业付出大量的人、财、物培养学徒后,并没有得到预期的回报和收益。导致收益率较低的一个重要原因正是学徒的流失率较高,很多学徒参与相关的培训之后并没有选择留在该企业继续服务,这无疑会导致企业前期的培训投入没有收益。

"最后留了5个,当年进去的学徒是28个,就是28留5,这么一个比例,20%还不到,但是从实习生到各个企业的留企率来讲这不算低的。现在学生的选择非常广泛,有各种各样的想法,包括就业区域的要求、职业和岗位的要求,还有家里各种各样的要求、升学的要求。(Z4)"

"第一届不多,就留了一个学生,但是这一届已经有6个想去了。现在SF企业也不差,有的在这里做了一年多,有的甚至两年了,现在完全可以顶岗了,一点都不陌生就可以直接进入工作状态。企业也需要这样的,只要学生愿意去,企业都欢迎,现在的关键是学生不愿意,今年还好有6个学生去。(Z5)"

当前我国的劳动力市场属于绝对自由化、市场化的劳动力市场,劳动力的流动是绝对自由而且没有任何制度约束的,这就使得企业花费大量的时间、精力参与到学徒培训中来可能面临着较大的风险。在当前的制度环境下,学徒流失的概率非常高,而且许多没有参与到学徒培训的企业可能会通过提高薪资和福利待遇等方式将这些学徒挖走。在中国当前的制度环境下,无论是硬性的制度规章还是软性的文化习俗都对这种"跳槽"行为没有任何的外部约束力,在这种制度环境下无疑又加剧了学徒流失的风险。

"我们很少有什么强制性的措施,总觉得这是一个双向选择的过程。培训时候签的协议,其实没有对学生有很多强制的要求,这样有利的都给了学生,自主权也交给了学生,对企业来说是有很高风险的,后面我们也会考虑这块怎么来平衡的问题。(Q1)"

"日本有一种文化,虽然它现在终身雇佣制也少了,但是文化中比较注重个人信誉问题。如果说一个应届毕业生找了第一家单位不待满三年就走,这个人是很难找到下家的,因为这是个人信誉有问题。但频繁跳槽在中国是很常见的,可能加个五百、一千的工资他就走了,他不关注成长性。(Q1)"

"即便协议有法律效力,XZ企业也不会和小孩过不去,因为中国法律没有这个规定,企业跟一个小孩过不去、和家长过不去,弄到后来也弄不出个什么名堂,弄完以后你企业声誉还变差了。(Z3)"

"我另外给你讲一个案例,是我们应用电子的学生,他觉得工资太少,也想走。他找了一个新的企业,他觉得补贴或者以后的工资会比现在 DZ 的高。DZ 情况比较特殊,他们有日方的业务部门,比如说人家已经报上去了,人家日方知道有你这个学生也在参与他们这个项目,如果你一旦走掉,他们觉得人数少了就不对了。因此 DZ 就要求他能够坚持到 11 月或是 12 月底,坚持到那个时候他就可以走。但那个学生因为那边企业的签约,一定要走,我们当时就跟他讲了,不是说走就马上可以走,人家还要完成工作的交接,等等,这是企业方合理的意见。现在的大环境,我们认为国家要有政策,例如培训完以后在一年或半年时间里是不能流动的,这样就好了,现在没有这些政策真是太麻烦了。(Z5)"

学徒制试点的初衷是为了帮助企业尽早发现优质的人才并提前介入培养,但在培训完成后往往会出现学徒流失的现象,在这样一个过程中企业并无动力甚至也没有相应的法律和政策依据去维护自身的权益。尽管学徒、企业与学校之间就学徒培训签订了相应的学徒培训协议(从法律角度看,学徒还不是正式员工),甚至有的协议内容规定了学徒有责任和义务在毕业后留在培训企业工作,但在当前的制度环境下,学徒跳槽并不会承担太大的风险和成本,而且企业往往也对学徒的跳槽无可奈何,有些人才需求量较高的企业甚至愿意开出优厚的条件来吸引学徒留在企业工作,但效果也不尽如人意。

"我们针对 XZ 学院的学生有一些激励措施,如果这个班的学生到我们这边工作,工作满一年以后,他的学费我们全额退给他。在这边如果工作满 3 年的话,买房可以无息贷款 30 万,10 年还清。(Q2)"

尽管企业开出了优厚的条件来吸引学徒留在企业工作,但在当前过于自由化的劳动力市场环境下,在没有任何外在制度规范对学徒行为进行约束的前提下,学徒基于自身的理性经济决策,选择出价更高的企业显然是一种更为"理性"的抉择。面对这样一种制度环境,许多有参与现代学徒制意向的企业将会基于成本—收益的考量而望而却步,尤其是对一些本身对人才的吸引力就不是很强的企业而言,更没有意愿去参与学徒培训,当前的制度环境无疑影响到了企业的理性经济抉择。因此,"过度自由的劳动力市场是现代学徒制的关键性制度障碍"[1],基于经济社会学派"社会建构"的理论视角,完全自由化

---

[1] 徐国庆.我国职业教育现代学徒制构建中的关键问题[J].华东师范大学学报(教育科学版),2017,35(01):30-38+117.

的劳动力市场环境下,企业与学徒之间的互动模式是一种相对而言不平等的互动,对企业而言,由于参与学徒培养需要花费大量的人、财、物资源,其必然希望投入的能够得到有效补偿,但当前完全自由化的劳动力市场完全打破了企业的收益预期,导致企业参与学徒培训的积极性进一步降低。而对学徒而言,在完成学徒培训实现自身技术技能水平提升之后,选择"跳槽"从而获得更好的经济待遇无疑是一种较为"理性"的抉择,这种交易双方成本—收益的不均衡性无疑会对企业参与现代学徒制的积极性起到极大的抑制作用,最终造成企业内部技术技能人才培养难以实现。

二、学徒权益保障制度的缺失极易导致学徒制异化

学徒的利益诉求是高职院校现代学徒制建构的逻辑起点。然而,截至目前我国对现代学徒制中学生的权责还没有明确的界定,也并未对其学习的质量进行有效的监督,从而极易造成现行的现代学徒制度成为企业获得廉价劳动力的有效"工具"。如图4-1所示,通过对参与现代学徒制的学校教师的调查分析,有超过25%的教师认为企业参与现代学徒制的重要动机就是为了能够获得低成本的劳动力,而且也有18.6%的被调查企业认为自己参与现代学徒制主要是为了能够获得低成本的劳动力。这表明尽管国家大力号召实施现代学徒制的初衷是为了能够更好地实现技能的有效传承,从而通过技术技能积累实现经济发展和社会稳定,然而,现代学徒制在落地实施的过程中,由于我国企业自身的技术水平参差不齐,很多企业本身对技术技能要求并不高,而且就算是一些高新技术企业,通过模块化生产也已经使得其对工人技术能力的依赖日益降低,这些企业通过对学徒进行较短时间的培训就可以实现学徒"顶岗"从而获得一定的产出收益,尤其是对一些劳动密集型企业而言,由于平常劳动力缺口较大,经常需要临时性地招收大量的工人应付生产高峰,而选择同学校展开校企合作招收临时的"学生工"就成为其理性选择。例如,在访谈调研中,一名教师直言不讳地指出之所以企业愿意同学校合作是因为学生(学徒)在培训期间就能够给企业带来可观的收入,而且由于是服务行业,学生(学徒)经过简单的培训后就可以上岗,几乎不会消耗很多成本。

"企业快速发展以后需要大量这方面的人才,这方面的人才外面也可以招,外面招的也有流动性强的问题,流动性强导致企业培训的成本也高。企业也面

临一个很现实的问题,我们学生相对来说成本低,因为学生不需要买很多保险,五险一金这些都没有,只要有实习工资就行,学徒干了多少活给多少钱。(Z10)"

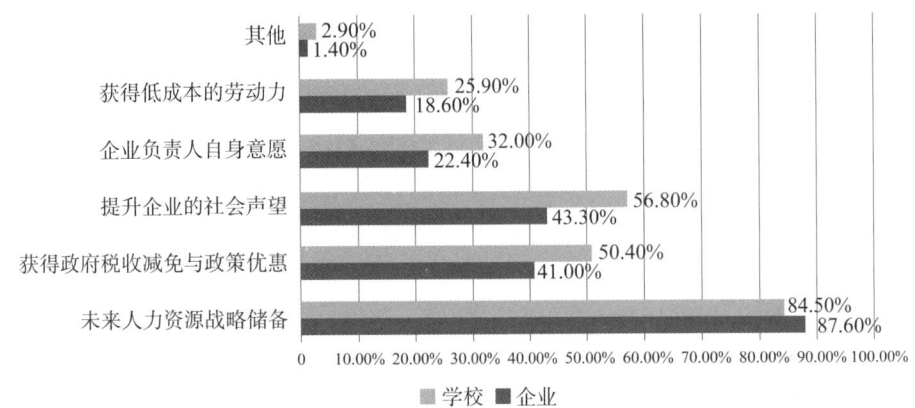

图4-1 基于学校和企业视角的企业参与现代学徒制利益驱动示意图

应该说,学徒制自从产生以来,其经济属性一直高于教育属性。比如早期学徒制是维系和扩张家庭作坊生产的主要方式;而行业协会学徒制主要是行业协会控制生产的主要手段;更为明显的是在国家干预学徒制和工厂学徒制中,广泛存在压榨廉价劳动力的现象,学徒期不断加长、学徒常需从事与技艺学习无关的杂事等时常发生。① 笔者在访谈调查过程中也发现,参与现代学徒制的学生(学徒)权益十分容易受到企业的忽视,而且学生(学徒)自身作为相对弱势的一方很难同企业进行利益的博弈,只有通过学校这一渠道才可能间接得以实现。当前许多参与到现代学徒制的学生(学徒)普遍反映自身的利益诉求很难得到企业的回应,而且自身只能被动接受企业所安排的学习内容。

"我先讲下生活方面,我们刚从学校过来,来这边上班还要花很多钱用作租房和生活费,因为公司这边一开始是没有安排住宿的,我们来这边是要自己找住的和吃的地方,刚开始工资相对偏低一点,所以我们经济上有点困难。(X6)"

面对学生(学徒)的利益诉求,企业并无应对的积极性和主动性,而且由于企业在培训学徒过程中需要花费大量的人、财、物资源,对于某些制造类企业而言,这是一笔不小的开支。在这种情况下企业往往认为参与现代学徒制培训是一件"赔本"的事情,自然没有积极性和主动性去回应学生(学徒)的利益诉求。而且,由于权威性的教育教学标准和质量考核标准的缺失,企业在培养

---

① 关晶,石伟平.现代学徒制之"现代性"辨析[J].教育研究,2014,35(10):97-102.

学徒过程中会呈现出较大的随意性,与此同时,在预期其投入与产出有可能失衡的情况下,企业在学徒培训阶段,可能会专注于培养企业本身所需要的特殊技能,而忽略行业通用技能的培养,更有甚者往往会抱着功利的心态尽可能让学徒在学习过程中仅仅固定于某个单一岗位,从而尽早产生效益好弥补培训成本。

因此,在相应的学生(学徒)权益保障制度以及培训培养标准缺失的情况下,学生(学徒)在参与现代学徒制过程中无论是经济权益还是学习的权益都难以得到有效保障,极易沦落为企业的廉价劳动力。可以说,推行现代学徒制的国家基本都通过颁布明确的法律、法规来保障学徒的学习权益,并对学徒在企业培训的实践环节进行严格的监督,这是确保学生(学徒)权益的必要前提。因此,当现代学徒制遭遇学生权益保障制度的缺乏,从而异化为一种廉价用工制度时,就必然会导致学生、家长的抵制而难以运行。而且,在访谈调研中也发现很多中途退出学徒制的学生除了部分是由于职业素养或纪律问题被企业主动"淘汰"外,绝大部分都是由于自身的合法权益难以得到保障、未来的就业前景不明朗所造成的。而且,有的学者通过调查也发现,当前学生参与现代学徒制积极性较低的原因主要有以下三点:"其一,学生(学徒)自身的权益保障是不明的,在现有的制度环境下,并没有企业学徒或准员工身份,在企业培训期间也不会得到工伤保险、学徒工资等应有的保障;其二,学习过程缺乏规范,在当前的现代学徒制试点过程中,学校和企业在人才培养过程中的定位不够清晰,培训内容安排不够周密,企业学习与学校学习存在着较大的脱节现象,尤其对于学生(学徒)而言,在企业学习过程中较为随意;其三,未来就业前景不明朗,由于企业目前参与现代学徒制的积极性不高,学校在进行企业选择时缺乏相应的甄别机制,现有合作企业良莠不齐,这也造成很多学生不愿意参与现代学徒制。"[①]因此,现代学徒制运行机制的构建必须尊重作为参与主体之一的学生的自身合法权益的保障,从经济利益、学习权益等多个方面为学徒创造良好的学习环境,通过让学生(学徒)获得清晰的就业前景来提升学生(学徒)参与现代学徒制的主动性和积极性,而决不能让现代学徒制异化成企业获得廉价劳动力的"工具"。

---

① 张启富.高职院校试行现代学徒制:困境与实践策略[J].教育发展研究,2015,35(03):45-51.

三、行业教育功能的缺位造成校企交易成本高涨

在德国,学徒制的合同要经过行业协会注册才能生效,行业协会需要对企业培训师和培训场所的资质进行审查,与此同时它们还要委任专门的培训顾问对培训的过程进行监督。① 行业协会作为德国职业教育第三级的管理机构,联邦政府主要授权其对职业教育进行全程监督。② 在英国,现代学徒制的重要组织和管理机构主要包括学习与技能委员会、行业技能开发署、行业技能委员会等,这些机构对于学徒制培训什么、如何培训、谁来培训等具有较大决策权。因此,从西方国家现代学徒制的构建经验来看,一方面行业协会在保障现代学徒制顺利运行方面至关重要;另一方面行业协会降低了企业与学校之间合作的交易成本。③ 例如,通过访谈调研发现,在现代学徒制试点运行过程中,由于现代学徒制是一种复杂的人才培养模式,尤其是其需要稳固的师徒关系为基础,而为了达成交易目标,必然需要学校和企业之间围绕人才培养的各个环节进行紧密的协作与沟通,但在实践过程中学校与企业两者由于组织属性的差异,在沟通合作过程中存在着天然的屏障,从而造成现代学徒制的顺畅运行存在较大的困难——因为需要企业和学校在合作过程中就师傅资质、课程统筹、资源共享、质量监控等现代学徒制顺利运行的一系列关键问题进行反复的沟通与协调,而在这样一个过程中无疑会花费大量的时间和精力成本。

"很多人是多一事不如少一事。要花很多精力,我们有一个辅导员专门去兼班主任,因为你住个三天、五天,住个十天半个月,有学生说我不住了,你又没办法约束他。老师说不能退(不能退出现代学徒制),这个又没有法律依据。退掉他又要去招人,他一天到晚就是忙这个事情去了,你又没有给他报酬,又没有给他什么东西。我当然要有一个专门负责学徒制的班主任,否则这个事情谁来管,所以你刚才讲老师的事情,我们都是要协调组织的,我们现在很多事,都懒得协调这个事情,如果真的让我下次做,我真的不想做了。(Z9)"

---

① 关晶.西方学徒制研究[D].上海:华东师范大学,2010.
② 邓志军,李艳兰.论德国行业协会参与职业教育的途径和特点[J].中国职业技术教育,2010(19):60-64.
③ 交易成本指达成一笔交易所要花费的成本,也指买卖过程中所花费的全部时间和货币成本。包括传播信息、广告、与市场有关的运输以及谈判、协商、签约、合约执行的监督等活动所花费的成本。这个概念最先由新制度经济学在传统生产成本之外引入经济分析中。

"人力资源部相对比较反感,三个月他管理起来难度太大了,他要把你的床位留下来,学生的管理时时刻刻要关注,人力资源部门反感,师傅还好。后来把他调整过来,就相当于前后六个月加起来了,后来企业没什么,还是相对比较认同的。(Z11)"

"目前找不到更好的方法,企业的东西我们拿不出来。本来按照现代学徒制的要求,企业的学习要和学校的学习统一起来考量,但因为企业有保密的要求,很难做到双方教学内容的协调统一,学校很难知道学生(学徒)在企业学习的内容是什么。(Z5)"

基于以上访谈调研结果,可以发现现代学徒制的实施绝不是传统的实习实训,需要学校和企业之间就人才培养进行非常紧密的合作,而要达成这一目标必然需要双方就人才培养标准、师傅遴选标准、质量监督标准等一系列关键要素进行紧密的协调沟通,但由于企业是一个以营利为目的的组织机构,成本—收益是影响其决策的根本原则,许多企业都将人才培养作为其副业。因此,在现代学徒制的实施过程中,就不难发现,当学校期望企业能够按照教育规律来进行人才培养时,两者由于价值认识的冲突造成了协调沟通上的障碍。例如,通过前面的访谈调研可以发现,企业仍然没有将其视为人才培养的主体,在角色定位上仍然将自身定位于帮助学校进行人才培养的辅助角色,所以不会从人才培养的角度来思考问题,而往往基于自身的利益需求和管理便利来考虑如何进行学徒培养。因此,在反反复复的协调沟通过程中或者像Z9老师一样,对现代学徒制的运行实施心生畏惧,发出了"不想再做"的感慨,或者像Z5和Z11老师一样,主动妥协,放弃教育原则,维持一种低水平的合作状态。因此,现代学徒制的运行实施绝不仅仅是学校和企业两个主体之间的事情,为了能够实现现代学徒制的高效运行,必须有类似于行业协会这种具有公共权力或准公共权力的组织机构来负责对学徒在企业内的培养进行规范,保证现代学徒制教育性能够在企业培训过程中得到体现,使人才培养标准的制定以及培养质量的监督成为保证现代学徒制得以顺利运行实施的核心要素,这从根本上避免了学校与企业之间在人才培养过程中所产生的矛盾与冲突。

通过对当前高职院校现代学徒制试点院校的调查发现,目前行业协会在现代学徒制试点过程中普遍处于缺位的状态,仅有部分行业协会在现代学徒制运行实施中发挥了一定的作用功效,但其所发挥的作用还较为有限,尤其是行业本身的育人功效仍然没能得以充分发挥。

"实际上我们跟很多企业有合作,我们做得比较好的一点,还比较能拿得出来的是我们和铸造协会(浙江省的铸造协会)合作得特别好。为什么我们要跟铸造协会走得特别近呢?因为我们浙江省铸造企业的特点就是中小企业特别多,私人企业也特别多,大型企业很少,我们如果跟小型企业联系确实不太方便,浙江省铸造协会的能力非常强,它跟其他的焊接协会不太一样,里面有几个人是专职工作人员,这样他们也做了很多事情,他们把整个浙江省铸造行业的中小企业打包做得非常好,每年会给我们提供3万块钱做这个事情,3万块钱以奖学金的形式发给学徒制试点班的学生。(Z9)"

通过以上案例可以得知,当前行业协会对现代学徒制的支持仅限于资金上的帮扶,同西方国家行业协会在现代学徒制实施过程中发挥的作用还存在较大的差距,而且也仅有少部分的行业协会能够肩负起行业人才培养的职责,目前绝大多数行业协会还没有意识介入企业内部的学徒培养,也缺乏对相应的学徒培养标准的制定与质量保障的权力。在这样一种制度环境下,企业与学校之间的合作势必要进行反复的沟通与协调,如若企业自身在人才需求上较为紧缺可能还会较为配合学校提出的一些要求,但是如果企业自身人才需求能够从劳动力市场上得到满足,则必然不会花费太多的精力同学校围绕人才培养进行沟通与协作,尤其是稳固的师徒关系建构需要企业自身进行制度设计来保障师傅教学的积极性、主动性;而如果单纯依靠学校来考核师傅的资质标准,激发师傅的教学积极性是根本无法做到的。所以学校与企业作为两种目标存在根本差异的组织,要想充分发挥现代学徒制的功效,必然需要有一定权威的中介机构来对学校与企业间的义务和责任进行确认和指导,以防止因为责权的不对等而造成双方交易难以达成的困境。

反观我国目前行业协会发展的现状,还不能真正代表行业在职业教育中发挥应有的作用,主要表现为:尚未形成规模,经费普遍不足;一定程度上存在政企不分、依附性强、自主性弱和职能定位不准等现象;代表性差,行业分类粗泛,与企业联系不够紧密等。 具体而言,当前行业协会并没有充分参与到职

---

① 耿洁.职业教育校企合作体制机制研究[D].天津:天津大学,2011.

业教育的改革发展中,绝大部分行业协会都没有参与的意识,即使参与其中的行业协会,其角色功能的发挥也较为单一,而且职业学校在这一过程较为主动,尚未形成行业协会与职业教育良性互动的局面,行业协会在参与职业院校人才培养、职业资格标准制定等方面发挥的作用不大。

四、师傅资格标准的欠缺阻碍企业师傅的身份认同

企业师傅参与学徒培养,一般仅仅将其视为企业赋予的临时任务,或者仅仅是为了获得一定的经济收益,而没有从内心去认同"企业师傅"这一角色。众所周知的是,担任企业师傅的技术人员一般在企业内部都是业务骨干,其自身承担的工作任务也很繁重,很难有时间和精力去思考如何更好地承担企业师傅这一角色。由于目前企业内部主要实行绩效工资制度,"教会徒弟、饿死师傅"的现象还普遍存在,因此企业师傅可能并不会将自己的技术诀窍全盘传授给学徒。企业师傅是现代学徒制运行机制当中的重要一环,现代学徒制与传统的校企合作最为根本的不同就是现代学徒制运行需要以建立稳固的"师徒关系"为基础,这是现代学徒制之所以称为现代学徒制最为根本的原因。徐国庆认为,基于稳固的师徒关系来进行技术实践能力的学习是现代学徒制最根本的要素。[①] 但当前我国现代学徒制的构建恰恰在一定程度上忽视了师傅队伍的建设,没有认识到企业师傅的积极参与是保证现代学徒制顺畅运行的决定性因素之一。通过对当前我国企业师傅队伍建设的现状分析,影响企业师傅身份认同的关键制度因素主要包括以下几个方面。

其一,企业师傅资格标准的缺失。如果审视西方国家现代学徒制的经验,不难发现其主要做法就是通过对企业师傅做出相应的制度安排,从而在保证企业师傅授课质量的同时也提升其指导学徒的积极性。德国2005年《职业教育法》第28条第1款规定,只有具备相应人品和专业资质者,才能招收和教育受教育者。[②] 然而,当前我国现代学徒制还处于试点运行阶段,尚未建立完善的企业师傅资格认证制度,因此,在现代学徒制试点运行过程中,师傅选聘都

---

① 徐国庆.我国职业教育现代学徒制构建中的关键问题[J].华东师范大学学报(教育科学版),2017,35(01):30-38+117.
② 董显辉.德国企业培训师资质标准及其对我国学徒制师傅队伍建设的启示[J].职教论坛,2016(27):85-88.

较为随意,缺乏一定的制度规范和标准约束。因此,临时从企业内部员工中挑选出的师傅往往会因为缺乏心理转换的过程,而对这一新的身份认同度不高,尤其是因为胜任企业师傅需要一定的素质能力要求,"懂技术"并不一定可以"教技术",在没有对其进行相应的教育教学知识传授的基础上,就让其承担企业师傅这一角色,很可能会因为其教育教学效果较差而产生一定程度的挫败感,从而导致其对"企业师傅"这一身份的认同度降低,直接降低其培养学徒的积极性和主动性。

其二,企业内部劳动力市场的高竞争关系引起企业师傅的"替代忧虑"。在德国和日本这些协调性市场经济国家普遍坚持"抑制过度竞争"和"摒弃企业劳动管理中的逐利动机"两个基本原则,从而有效保证了工人在自由市场中的相对"安全"。唯有在这种制度环境下,企业师傅才会主动积极传授自己的"技术绝活"。然而,反观我国经济社会治理的现实,我国劳动力市场是一种完全竞争性的市场环境,企业与企业之间不仅存在着高度的竞争关系,企业内部的工人之间同样也存在着一定程度的竞争关系。这种过于自由化的劳动力市场存在着以下两个重要特征:一是工人开始被推向劳动力市场,在具有高度流动性的同时丧失了工作安全感;二是企业内部的劳动力市场开始逐步形成,员工之间存在着竞争关系。① 例如,在访谈调研中发现,企业负责人也十分认同内部劳动力市场的竞争关系,如一位接受访谈调查的教师谈道:

"这个 WSF(企业负责人)讲'铁打的营盘流水的兵',他收徒仪式上讲的,他一讲这句话我说完蛋,讲这句话师傅最不愿意听。什么叫铁打的营盘流水的兵。就是学徒起来了,把师傅拍在沙滩上了。(Z2)"

由此可见,当前企业内部劳动力市场存在着高度的竞争关系,企业工人之间,甚至企业师傅与学徒之间同样也存在竞争关系。

其三,激励机制缺失阻碍企业师傅技能传承的积极性。经过前文的阐述分析,在自由竞争的劳动力市场中,企业师傅一般依靠自身掌握的关键技能和企业进行"讨价还价",完全可以凭借其掌握的关键技能而选择条件更加优越的企业。也就是说,在当前的制度环境下,决定了企业师傅对自身技能进行垄断是实现自身利益最大化、维护自身工作安全感的重要途径。而且,除了当前

---

① 王星.师徒关系合同化与劳动政治 东北某国有制造企业的个案研究[J].社会,2009,29(04):26-58+224-225.

的市场制度环境不利于企业师傅共享技能之外,由于现代学徒制试点推行过程中企业师傅的带徒过程一般是企业进行单方面的安排,企业师傅自身在学徒选择上并没有相应的主动权。吕玉曼等研究认为,企业师傅指导学徒学习技能所耗费的精力将会影响自身的工作进展,在以工作成果为导向的薪酬体系下,师带徒无疑会增加其生产成本并降低自身生产效率;由于主体之间在拥有技术资源方面具有不平等性,只有师傅将其多年积累的经验和技能传授给徒弟,而徒弟却不能给师傅相应的回报,在这种情况下企业师傅基于自身利益的考量,往往不会积极主动地投入到师带徒活动中。① 通过访谈调研也发现,参与学徒培训对企业师傅而言是一项需要较多时间精力投入的劳动,而这份劳动付出在大部分企业都还没有建立起补偿机制。

"另外你像老师要授课,你要让企业的师傅愿意带徒弟,真正带好,你不给点辛苦费那是不可能的。本来人家挺好的,也没事干,突然给人家增加了这么大的工作量,要带徒弟,带徒弟啥好处也没有,连经费也没有,这是不现实的,所以现在很多企业师傅就随便给你弄弄了。(Z6)"

而且现代学徒制与传统学徒制还存在一个根本性的差别,那就是情感纽带关系的缺失。学徒制除了是一种技能传承关系外,更是一种人与人之间的交往关系,情感因素在技能传承中起到了十分重要的催化作用。随着工业革命的发展,技术革命的兴起逐渐打破了传统的学徒制,过去师徒之间一直存在的情感依附关系也逐渐被打破。外部劳动力市场的自由化逐渐打破了传统师徒间的亲密关系,师徒关系逐渐演变成一种交易关系,师傅的权威地位也开始逐渐消解,师傅与徒弟在企业内部逐渐形成公平竞争的关系,师徒之间的情感互动因素也逐渐减少。

五、职业资格标准的缺失易造成学徒培养质量的失控

现代学徒制区别于传统学徒制最主要的特征就是其不仅具有经济属性,还具有教育属性;不仅要关注学生当前的岗位适用能力,还要关注今后学生的综合素养提升。西方国家现代学徒制构建的实践也表明,我们实施的现代学徒制不能仅仅被视为是企业的私有物,更是国家人力资源开发的重要组成部

---

① 吕玉曼,徐国庆.现代学徒制中影响师傅带徒积极性的制约因素探析[J].职教论坛,2017(04):35-38.

分。例如,德国行业协会颁布职业培训条例,用来规范企业培训;州政府颁布框架教学计划用来规范学校培养。又如,英国颁布的学徒制框架和澳大利亚颁布的培训包,在全国范围内统一学徒培养标准,并详细规定了学徒培养所应达到的知识和技能水平。这些规定有效保障了企业培训的最低质量,防范了企业在学徒培养过程中的投机行为。因此,我国有必要将其纳入到国家正规的学制之中,还应制定全国统一的职业资格标准和课程框架体系,从过程和结果两个方面规范现代学徒制人才培养,保障人才培养的质量。

然而,当前我国高职院校的现代学徒制人才培养还缺乏有效的外部监管,同时也缺乏具有权威性的职业资格标准来保障学徒能够在完成现代学徒制学习计划后实现自身技术能力的提升,也没有权威部门对学徒的学习结果进行质量认证。通过对当前我国试点高职院校现代学徒制实施情况的调研,可以发现高职院校和企业在人才培养方案的开发合作上也并不十分紧密,处于中等水平,而且企业课程与学校课程的整合程度也不高,处于"各自为政"的状态。在这种状况下,学徒培养质量提升很难找到具体的"抓手",因为缺乏衡量培养质量优劣的标准,当然也就无法根据标准实现质量的稳步提升。例如,有学者就明确提出了建立科学、系统的专业教学标准以及相应的学徒培养结果认证体系是保障现代学徒制顺利实施的核心要素,这是因为:(1)学徒培养质量无法考量,容易将学徒沦落为廉价劳动力;(2)师傅对学徒培养的积极性难以有效激发,培养周期不确定,可能会出现短时期内就满师的现象,这必将影响到师傅自身的地位和利益,从而影响到企业师傅参与学徒培养的积极性;(3)学徒自身的积极性难以得到激发,由于培养标准的缺失,学徒在参与培训的过程中可能自身难以建立起明确的目标。①

小　结

根据经济社会学派的"社会建构"理论,高职院校现代学徒制运行机制的构建在本质上属于不同性质社会团体组织的合作,其在做出任何利益行动抉

---

① 徐国庆.我国职业教育现代学徒制构建中的关键问题[J].华东师范大学学报(教育科学版),2017,35(01):30-38+117.

择的过程中,同样会受到外部经济社会体制环境的制约和影响。而借助经济社会学的"社会建构"理论正是为了能够深入剖析外部体制环境是否影响到了现代学徒制运行机制的构建,并阐明这种影响的机理和作用方式。根据这一理论,高职院校现代学徒制运行机制可以通过如下三个方面加深对其本质内涵的认知:其一,高职院校现代学徒制运行机制嵌入于整个社会经济环境之中;其二,参与高职院校现代学徒制运行机制构建的各利益主体的诉求是被社会建构的;其三,高职院校现代学徒制运行机制的内容与表现形式受制于各利益主体之间的博弈互动。

本章基于对"社会建构"理论的阐述分析,指出在当前制度环境下,高职院校现代学徒制运行机制的构建面临着如下现实困境:一是企业与学徒间的可信承诺达成缺乏制度基础;二是学徒权益保障制度的缺失极易导致学徒制异化;三是行业协会教育功能的缺位造成校企交易成本高涨;四是师傅资格标准的欠缺阻碍企业师傅的身份认同;五是职业资格标准的缺失易造成学徒培养质量的失控。

第五章

高职院校现代学徒制运行机制的国际比较

在对现代学徒制的理论结构、现状调查及制度困境进行研究的基础上，本章将选取德国、英国、瑞士三个西方发达国家，对现代学徒制的运行机制进行国际比较研究。从利益驱动机制、协调沟通机制、课程开发与实施机制和质量保障机制四个维度，分别论述这三个国家现代学徒制的运行机制，并对其进行比较研究，期望从中得到借鉴与启发。

第一节　德国现代学徒制的运行机制

德国现代学徒制是世界上开始较早而且比较典型的一种模式，受到世界各国的高度关注和普遍借鉴。本节从利益驱动机制、协调沟通机制、课程开发与实施机制和质量保障机制对其进行研究论述。

一、利益驱动机制：双元驱动，企业主体

德国基于"双元制"的现代学徒制利益的驱动是指企业和职业学校在国家法制约束和企业利益驱动下的一种运行机制。根据德国的相关法律规定，不管是否为参与现代学徒制的培训企业，都必须先给联邦政府交纳中央基金，这些基金由联邦政府统一划拨分配。[①] 因为按照相关法律规定，只有参与现代学徒制的培训企业和跨企业培训中心才能得到中央基金的支持经费。行业不同的培训企业、规模大小不同的企业和经济发展水平不同区域的企业，所得到经费支持的差别比较大。一般来讲，企业可得到约占净培训费的 50%～80%；符合经济社会发展趋势的培训企业获得比例更大，最多可获得 100% 的经费支持。德国企业之所以参与现代学徒制培训的积极性高涨，主要原因是对自身利益的考量，主要表现在三个方面：一是企业通过参与现代学徒制培训，联邦

---

① 叶鉴铭.校企共赢　我们在路上——校企共同体实践研究[M].北京:光明日报出版社,2012:62.

政府会给予税务减免和优惠;二是通过参与现代学徒制培训,企业员工的能力与素质得到提高,为企业创造更多的价值;三是为企业节省了培训成本。因此,企业参与现代学徒制培训实现了多赢。

德国企业积极参加现代学徒制培训,除了经济利益驱动因素之外,还有对劳动力资本利益的驱动因素。从19世纪德国工业的迅速崛起,到20世纪末期德国成为世界上最发达的工业强国之一,随着德国工业化发展进程的加快,需要数量更多、素质更高的劳动力资源作为补充。现代工业通过生产与科学技术的紧密结合,促进产业的转型升级,在这一转型升级的过程中,对劳动力技术技能的要求也越来越高,因此,基于企业对技术技能型人才的需求与渴望,德国企业积极参与学徒制培训,期望技术技能型人才的培养能够紧跟产业结构调整的发展趋势,促进企业快速转型与持续发展。

德国企业积极参与学徒培训是由德国特殊的经济结构所决定的。德国的产业结构比较特殊,尖端制造业发达,机械、精密制造、电子仪器等是其支柱产业,而手工业是传统产业。由于德国经济结构与产业结构的特点,决定了其生产过程的精细化分工,专业化要求程度高,这也就对技术工人的技术与能力要求越来越高,使得基于"双元制"的职业教育学徒制培训成为德国企业提高人力资源素质、降低人力资源成本的最佳选择途径。德国企业家也认为,人力资本是保护国家未来市场安全的重要资源。

"投资职业教育就是投资未来"已经成为德国企业界从事现代学徒制的共同愿望。德国企业家还认为,不承担职业培训的企业是完全没有前途的企业,承担学徒制培训能够提高企业的产品质量、保障企业的市场竞争力和企业的既得利益。德国企业愿意承担现代学徒制培训的合理费用,他们既对相关培训提供财政预算,还积极建立职业教育学徒制培训机构,组织专职人员开展现代学徒制培训。德国人普遍认为,坚持现代学徒制培训是企业集聚人力资源的优先选择,这种意识觉醒得越早,企业付出的各种代价就会越小。

德国《联邦职业教育法》对学徒制培训的经费投入机制有明确规定,除了企业内的学徒制培训经费由企业承担,跨企业培训中心的经费由联邦政府、联邦职业教育研究所、联邦劳动局和行业协会共同承担外,职业学校的培训经费由州政府承担。德国现代学徒制中"双元"的另外"一元"是职业学校,职业学校只要按照相关的法律规定,完成学校应该完成的学徒培训任务即可,在经费投入上不需要承担任何风险,因为职业学校的培训经费全部由各州政府以及地方教育主管部门共同承担。职业学校的经费主要包括教师工资和硬件建设经费,其中教师工资及养老经费等由州政府承担,校舍、设备等硬件费用由地方教育主管部门承担。[①]

二、协调沟通机制:多元参与,利益均衡

基于双元制的德国现代学徒制坚持"协调沟通"以及"利益协调"的原则,德国现代学徒制的利益相关者主要包括:联邦政府的教育与研究部、主管经济的各部委以及联邦职业教育研究所;联邦州政府的教育与文化事务部、经济行政部门和州政府教育与文化事务部长联席会;行业和地区的各个行业协会;培训企业和职业学校(它们才是现代学徒制的直接参与者和实施者)。在德国双元制职业教育的推进与实施过程中,建立了十分完善的协调沟通平台与机制。

第一,立法职责权限的沟通机制。德国现代学徒制之所以成为世界典范,其主要原因是建立了立法职责明确的协调沟通机制。政府通过立法明确现代学徒制的法律地位和参与主体的责任、权利、义务。一是德国《联邦职业教育法》,不仅明确规定了培训企业在现代学徒制推进中的职责与义务,而且在德国联邦和州层面也分别有相应的法律法规检查与监督职业学校学徒制的开展和实施情况。二是德国通过立法为现代学徒制的发展提供经费支持。德国开展学徒制的经费主要由国家与企业(包括跨企业培训中心)来承担,学徒制培训经费受到国家法律的严格保护。培训费、资料费和学徒工资基本由企业承担,小企业(雇员不超过20人)还能够获得国家经费补贴;国家及州政府共同承担职业学校的学徒制经费。

第二,政府管理职责的沟通机制。一是德国对职业教育现代学徒制实行宏观管理和自治管理有机结合的沟通机制。一方面,德国联邦职业教育研究所(BIBB)是国家统筹管理现代学徒制的最高机构,对现代学徒制实行宏观管理,通过制定政策与指导协调来解决学徒制实施过程中的普遍性问题,从而保证国家学徒培养规格的相对统一。另一方面,州政府是现代学徒制的具体实施机构和监督机构,对现代学徒制实行自治管理,充分发挥州政府的协调沟通

---

① 关晶.西方现代学徒制研究[D].上海:华东师范大学,2010.

与监督作用。州政府不仅负责监督职业学校教学、企业培训以及财政拨款的使用效率,而且还负责协调行业协会、企业、学校之间的关系。二是德国构建了以行业协会为主的联邦—州—地区三级学徒制管理机构及沟通机制。联邦一级进行宏观管理,主要职责是制定颁布法律法规及国家统一的职业培训标准;州政府一级负责管理与监督学徒业务培训;地区一级由各类行业协会负责管理学徒培训工作。行业协会是地区一级现代学徒制开展自治管理最为重要的组织机构,它在德国具有"公法人"的特殊地位,行业协会不仅能够履行法律授权,而且在履行职责时有如同政府一样的权威,在沟通管理过程中行业协会具有至关重要的话语权。[1]

第三,利益均衡的沟通机制。德国现代学徒制建立在利益均衡的合作机制之上,德国利用新社团主义来规范现代学徒制的运行,新社团主义既被政府赋予了管理集体利益的权利,又同时兼顾了工会、雇主、学校的利益诉求,这个组织在政府与市场之间架起了利益均衡、利益博弈与利益协商的桥梁。[2] 在德国现代学徒制中,虽然政府、工会、行业协会与学校承担的职责不尽相同,但是它们可以通过沟通协商的平台与制度,最终使它们对学徒制的意见趋向一致。在这些具有不同职能的组织机构中,除联邦政府、州政府和学校之外,行业协会主要代表雇主的利益,而工会主要代表学徒的利益。

在德国现代学徒制的诸多组织与管理机构中,以及制度规范管理的进程中,体现了多方利益均衡的合作、协商、沟通机制。比如:联邦职业教育研究所组建的领导委员会,其成员由雇主代表、工会代表、联邦政府代表以及州政府代表等按照一定的比例构成,对现代学徒制的运行发挥重要的指导和协调作用;各行业协会组成的职业培训委员会(包括雇主代表、雇员代表与职业学校教师代表等)为州政府的现代学徒制相关事宜提供咨询建议;考试委员会的成员由相同数量的雇主和工会代表,以及至少一名职业学校的教师代表等组成,负责现代学徒制的考试、考核与评价。学徒津贴与学徒工资由雇主和工会集体协商来确定。德国职业培训条例是规范现代学徒制的重要制度,它在制定与实施中也充分体现了沟通协商机制。总而言之,德国现代学徒制的发展与

---

[1] 李梦玲.中西现代学徒制比较研究——基于政府职责视角[J].职业技术教育,2015,36(07):29-34.
[2] 关晶.西方现代学徒制研究[D].上海:华东师范大学,2010.

完善都无不渗透着各利益相关者进行博弈与沟通,进而达成一致的过程。

第四,培训税征收的沟通机制。政府与企业就征收培训税展开博弈、沟通与协商。2004年5月,德国政府通过了《保证培训岗位供应法案》,该法案准备对两种企业征收培训税:一是对10人以上雇员的企业征收培训税,二是对学徒占所有雇员比例少于7%的企业征收培训税。该法案的颁布引起了企业界的公开反对,鉴于德国绝大部分的中小型企业都不可能单独承担学徒制培训工作,企业界认为这只会导致企业培训的岗位越来越少。为了阻止联邦政府推行这种培训税政策,政府与企业双方沟通协商,最后达成妥协意见,一方面,政府同意不实施该法案,另一方面,企业同意联邦政府推行新的"国家技能与培训一揽子计划",承诺未来三年每年增加30 000个学徒岗位。①

三、课程开发与实施机制:职业导向,企业参与

《联邦职业教育法》和《联邦职业教育促进法》是德国职业教育学徒制课程开发与实施的基本法规,联邦各州、地区的法规制度作为课程开发与实施机制的重要补充,德国各州文教部长联席会议、行业协会与企业、雇主共同承担现代学徒制的课程设计、开发与实施。

德国"双元制"以职业分析为导向,以职业活动为核心开发学徒制课程。这种以职业活动为核心的课程开发模式,对学徒的职业知识、职业技能与职业能力的培养有重要促进作用。以职业活动为核心的课程设计与开发理念始终贯穿在德国企业参与职业教育课程开发的全过程之中,主要表现为:以职业活动为中心选择课程内容,构建课程体系与结构。从横向来看,主要包括文化课、专业课及实训课,这三类课程一方面突出技能培养,另一方面又有利于学生分析与解决问题能力的提高。② 从纵向来看,把所学课程分为基础课程、专业课程和专长课程三个层次,而且围绕着职业活动,从泛到精、由浅入深,呈阶梯螺旋式上升。德国企业参与学徒制的课程开发,更加注重职业活动、职业经验以及职业技能的训练。

---

① Tremblav, niane-Gabrielle & Iréne Lebot. The German dual apprenticeship system analysis of its evolution and present challenges[R]. Montréal: télé-université, Université du Québec, 2003:13.
② 叶鉴铭.校企共赢 我们在路上——校企共同体实践研究[M].北京:光明日报出版社,2012:67.

四、质量保障机制：法律为先，行会参与

德国现代学徒制中，无论是利益驱动机制、协调沟通机制，还是课程开发与实施机制，最终都需要靠质量来保障，因此德国从法律制定、行业协会参与、经费支持和考试标准等方面建立全面的质量保障机制，来保证现代学徒制的规范运行与正常开展。

第一，构建完备的职业教育法律法规体系，为现代学徒制提供法律保障。德国继 1969 年颁布了《职业教育法》后，又相继颁布了《职业教育促进法》《手工业条例》《青年劳动保护法》和《企业基本法》等相关法律法规，规定企业有责任承担学徒培训义务，并对学徒培训的期限、工作时间、试用期、学徒报酬等做出明确规定。1981 年对《职业教育法》进行了修订，并颁布了《职业教育促进法》。2004 年又修订合并《职业教育法》（1969 年）和《职业教育促进法》（1981 年），2005 年新修订的《职业教育法》开始实施，2007 年德国对这部法律又进行了部分修订。新的职业教育法对德国职业教育及其职业教育学徒制予以法制化、规范化和现代化，更加符合德国职业教育的发展趋势，并呈现出企业与职业学校的紧密结合、教育部门与经济部门的紧密结合、教育研究与管理研究的紧密结合三大特点①，为德国职业教育现代学徒制提供了强有力的法律保障。

第二，构建完善的行业协会制度体系，为现代学徒制提供制度支撑。虽然德国现代学徒制以企业为主体，行业协会实行自治管理，但是行业协会也发挥着不可替代的作用，德国职业教育培训主要通过行业协会强化实施"学徒制"的监督管理来完成。行业协会在学徒制的管理中承担的职能包括：学徒培训企业的资格认定和监督、学徒的考核、规章制度的制订、学徒制的监督和咨询等。德国行业协会一般对学徒制人才培养的过程和结果的质量监督也较为严格。例如，所有学徒的合同均需要在行业协会注册，行业协会同时会委派专门的培训顾问对培训的开展进行监督。学徒只有通过行业协会组织的中期考试、毕业考试以及资格认证考试，才能最终完成学徒制培训。②

---

① 姜大源.当代世界职业教育发展趋势研究[M].北京:电子工业出版社,2013:12.
② 关晶.英国和德国现代学徒制的比较研究——基于制度互补性的视角[J].华东师范大学学报（教育科学版）,2017,35(01):39-46+118.

第三,构建经费保障制度,为现代学徒制提供资金保障。德国现代学徒制的经费主要由国家和企业共同承担,并受法律保护。基于"双元制"的德国现代学徒制以企业为主体,企业在学徒制中提供师傅工资、学徒的工资以及设备、原材料等的经费支持,同时还为学徒提供设备、培训场所等。

第四,构建质量评价体系,为学徒培训提供质量保障。为保障现代学徒制的质量,德国建立了客观公正的考核体系与评价机制。行业协会承担学徒制的考试工作任务,并由行业协会负责组织成立专门的考试委员会,委员会的成员由雇主联合会代表、工会代表及职业学校教师代表三方组成,其主要职责是组织命制考卷、监考及评分,从而能更加客观地评价学徒的培训质量。因为这种第三方考核评价机制的客观性、规范性、透明性和公正性,所以德国现代学徒制的结业证书不仅联邦德国承认,而且在欧共体的一些国家也认可。①

第二节　英国现代学徒制的运行机制

英国现代学徒制属于盎格鲁撒克逊系统,其典型特征是"供给引导型",英国现代学徒制结合国内的实际情况,经过多年的改革与实践,也成为世界上成效比较明显的学徒制模式。本节同样从四个维度对英国现代学徒制的运行机制进行探究。

一、利益驱动机制:政府放权,雇主主导

根据利益相关者理论,各利益主体的利益与组织目标的实现过程紧密相关。从利益和博弈的视角来看,利益相关者最终实现利益的总和是固定的或有限的,当其中一个主体的利益达到最大化时可能会导致其他利益主体受损,这正是不同利益主体之间存在矛盾或冲突的根源所在。② 因此,运用各利益主体之间的契约来规范彼此间的行为,妥善解决这些主体之间的利益均衡问题和需求多元问题,是构建利益主体之间利益驱动、利益均衡的关键内容。

---

① 叶鉴铭.校企共赢　我们在路上——校企共同体实践研究[M].北京:光明日报出版社,2012:68-69.
② 陈靖.英国现代学徒制研究——基于利益相关者视角[D].杭州师范大学,2016.

在英国现代学徒制运行过程中,政府、培训机构、行业企业与学徒之间存在着彼此联系、彼此影响、彼此依存的利益关系。在英国现代学徒制实施初期,政府并没有建立利益相关者之间的协调沟通与合作交流的平台和框架,政府也没有与各利益主体签订相关契约,因此对于作为投资与培训主体的企业的权责也缺少明确而严格的约束机制,对于学徒培训成本的分担及其相应职责也没有做出明确的规定。① 英国政府在制定学徒制培训政策与制度时,也很少征求企业、学徒及培训机构等利益相关者的意见和建议,而企业与企业之间、企业与培训机构之间甚至企业内部也基本处于孤立或对立的状态,各利益相关者之间缺乏相应的利益驱动和利益激励机制。

1993 年,英国现代学徒制改革初期,英国政府为了解决技能人才短缺的问题,政府主导推行现代学徒制项目。从政府的视角来看,希望通过构建学徒制的政策制定机制、培训拨款机制、课程建设机制和监督评价机制等,全方位对学徒制培训进行干预,而培训机构、行业、企业以及学徒等利益相关者则完全处于被动接受的状态;从培训机构视角来看,他们对学徒制培训的决策、实施、监督和评价等基本没有话语权和参与权,只是被动接受政府的学徒制培训计划和任务;从雇主的视角来看,由于雇主在学徒培训改革中的缺位,他们对学徒制的培训内容、培训质量和技能水平持怀疑态度或有抵触情绪,使得他们也只是被动地接受学徒培训;从学徒的视角来看,他们作为培训的接受者,或者说是学徒制培训的最大受益者,他们希望通过学徒制培训提高技能水平,获得职业资格证书,期望提高就业机会与就业能力。以英国政府为主体推动学徒制改革的时期,英国政府没有建立学徒制的利益驱动与合作机制,一方面挫伤了利益主体参与学徒制改革的主动性和积极性,另一方面导致各利益相关者处于孤立或不合作的状态。因此,英国政府运用法律、行政和经济等手段,平衡各利益主体间的关系,构建公平合理的利益驱动机制已势在必行。

英国政府为了解决学徒制推行过程中的利益不均衡问题,开始推动学徒制的改革,建立一系列利益驱动机制。从政府角度来看,英国政府由原来的过度干预转变为政府放权,1995 年,英国政府不仅将现代学徒制扩展到 54 个行业,而且将现代学徒制的范围由原来的传统行业逐步扩展到新兴行业,为英国

---

① 陈靖.英国现代学徒制研究——基于利益相关者视角[D].杭州师范大学,2016.

现代学徒制注入了新的动力与活力,有效解决了英国技能人才短缺、技能水平低下以及高失业率等社会问题。2009 年,英国颁布实施了《学徒制、技能、儿童和学习法案》,并对现代学徒制的职责、职能、组织架构、实施举措及利益驱动等进行严格的规范,推动现代学徒制进入到一个全新的法制时代,对现代学徒制关注的焦点也由原来注重数量与规模发展转变为重视学徒质量的提高和内涵发展。另外,由于缺乏国家层面的机构来统一领导与协调英国现代学徒制的管理工作,2009 年,英国政府成立了国家学徒制服务署,专门负责协调推动学徒制计划的实施情况。由此,英国政府职能也由原来的过度干预转变为服务为主。《学徒制、技能、儿童和学习法案》的实施与国家学徒制服务署的成立,不仅促进了政府职能的转变,而且还提升了现代学徒制的质量与成效,政府改革学徒制的目的与利益基本达到。

从培训机构角度来看,从政府获得的经费支持是培训机构的主要利益,英国现代学徒制的经费主要由培训经费和学徒工资两部分组成。其中,培训经费实行成本分担机制。学习与技术委员会提供培训经费,其他的费用由培训机构或雇主承担。从学徒角度来看,雇主支付学徒的工资,学徒工资不能低于每周 95 英镑。学习与技术委员会支付培训经费,支付的标准根据学徒的年龄结构有所变化,16 岁至 18 岁学徒的全部培训经费由学习与技术委员会支付,18 岁至 24 岁学徒 50% 的培训经费由他们支付,其余 50% 经费由雇主支付。英国现代学徒制中,学徒除了能够获得学徒工资之外,还可以获得更多收益。例如:学徒可以与有经验的师傅一起学习技术技能;学徒可以获取知识和技能,取得资格证书;学徒在遇到困难时会得到雇主和培训机构的帮助;学徒还可以得到专业的咨询热线服务、免费的学徒顾问服务、相关测试工具服务等多渠道的便捷服务。

从雇主的角度看,一是现代学徒制为雇主带来最大化效益。例如,降低劳动力成本,提高企业生产效率。再如,学徒制传递企业所需要的技能,提供企业将来所需要的技术工人和专业技能。二是提升雇主的社会影响力。大家更愿意选择并支持这些雇主,使雇主从学徒制中获得收益。

二、协调沟通机制:三方合作,各司其职

英国现代学徒制肇始于 1964 年颁布的《产业培训法》,它标志着英国政府

重新开始并直接干预学徒培训。该法规对学徒制的组织架构、协调沟通事宜等都有明确的规定与要求,以此来保证产业界与教育界之间的跨界协调沟通。一是各行业组建产业培训委员会,委员会均具有法人资质,并由劳资双方代表和教育专家代表按规定的比例组成。委员会的主要职责有:制定相关的培训政策与制度,制定培训标准和大纲,设计学徒的考试,实施培训课程,征收税费等。二是确定学徒培训企业的征税与拨款机制,所有一定规模以上的企业都要缴税,参与学徒培训的企业可以得到政府的经费支持。三是职业学校要为学徒设置"日释"(每周固定 1—2 天带薪脱产到职业教育机构去学习)和"期释"(集中数周带薪脱产到职业教育机构去学习)的学徒制课程,而企业要履行相关的法律义务,例如送学徒到职业学校接受这种教育。①

2009 年,英国《学徒制、技能、儿童和学习法案》的颁布实施,标志着英国现代学徒制逐渐走向成熟。英国现代学徒制沟通运行机制比较通畅,学徒要参加学徒培训,首先要向学习与技能委员会(LSC)或中介机构申请学徒岗位,并且进行登记。然后,学习与技能委员会或中介机构要负责帮助学徒找到雇主和培训机构,最后促成他们完成合作协议的签订。一方面,根据学徒制的相关规定,协调沟通的渠道比较畅通,学徒很容易找到培训机构;另一方面,因受拨款机制等制度约束,培训机构也很愿意为学徒寻找工作岗位。学徒与培训机构互惠互利,积极性都很高。

英国现代学徒制协调沟通机制的运行分为签署协议前、签署协议后和培训结束后三步进行。签订协议前,首先雇主和学徒双方沟通交流,相互了解对方。雇主要了解学徒的学历、能力和人品等,学徒也要了解雇主的资质、工作环境、工作程序等。其次,雇主、培训机构和学徒之间要进行沟通,共同来确定培训起点、培训内容、培训方式、福利待遇等内容。② 最后三方签订合作协议,开始履行各自的职责和权利。

签订协议后,学徒就具有学生(对培训机构来说)和学徒(对雇主来说)双重身份,签订协议的双方都不能随意终止。学徒既要参加培训机构的学习,也要参加企业的学习,在培训机构主要学习理论知识和文化知识,在企业主要进行实践技能的训练。在培训期间,培训机构、雇主和学徒会经常协商沟通,共

---

① 关晶.西方现代学徒制研究[D].上海:华东师范大学,2010.
② 吴艳红.英澳现代学徒制比较研究[D].南昌:东华理工大学,2013.

同解决培训过程中出现的问题,保证培训的完整性和有效性,确保培训质量和成效。

培训结束后,培训机构和雇主要为学徒提供考核场地,并安排学徒接受第三方考核:如考核通过,学徒即可获得资格证书,培训机构和雇主即可获得政府的经费补助;如考核未通过,学徒还可继续接受培训,直至考核通过。①

三、课程开发与实施机制:三方协作,三要素主导

英国现代学徒制课程开发机制的主要依据是国家学徒制构架体系,并通过不同的学徒制项目来实施。在英国,学徒制项目的具体内容不相同,从而决定了学徒制项目框架也不相同,因此英国有多少个学徒制项目就会有多少个学徒制框架。学徒制项目由行业技术委员会与企业合作,并根据国家职业资格标准共同开发,用来规范学徒培训的行为。虽然每个学徒制项目的框架各不相同,但是所有框架的基本内容都由能力本位要素、知识本位要素和关键技能本位要素三部分构成,因此英国现代学徒制的课程开发与实施机制主要围绕这三个要素来开展。

第一,能力本位要素是指学徒必备的基本岗位能力,它是现代学徒制培训的核心。能力本位要素的课程内容主要由行业委员会与雇主共同开发,而资格与课程署及行业技能委员会负责绩效评估。②

第二,知识本位要素是指学徒必备的基本理论知识,学徒需要参加技术证书课程的学习与培训,并获得技术证书。资格与课程署及学习与技能委员会负责技术证书课程开发,而资格与课程署及行业技能委员会负责考核与评价。③

第三,关键技能本位要素又称"可迁移能力",主要包括信息技术能力、数字运用能力、交流能力、学习能力与解决问题能力等。其中,信息技术能力、数字运用能力与交流能力在国家职业资格证书课程中属于必考课程,并且只能通过专门的脱产学习才能获得。④

四、质量保障机制:五大机制,全力助推

为推动现代学徒制的发展,提高学徒的培训质量,英国政府主要从机构保

---

①②③④ 吴艳红.英澳现代学徒制比较研究[D].南昌:东华理工大学,2013.

障、法律保障、标准制定、经费保障和项目激励五个方面来推进质量保障机制建设。

第一,机构保障机制。为推进英国现代学徒制组织架构、协调沟通和经费资助等保障机制建设,2009年英国政府专门建立了国家学徒制服务中心。政府在该中心建立了服务网站,这个网站是政府为促进现代学徒制培训项目顺利实施的"一站式"服务平台。无论是有用工需求的雇主,还是想成为学徒的个人,均可以通过这个网站平台获得自己必要的信息服务与帮助。雇主可以在这个网站平台上发布学徒制培训岗位的招聘信息,学徒可以在网站上查询适合自己的学徒信息,并注册申请适合自己的学徒岗位。英国现代学徒制组织保障机制主要通过国家学徒制服务中心的服务网站来完成。

第二,法律保障机制。英国比较重视学徒制的法律法规体系建设,具有比较完备的法律法规。《工匠法》是英国最早的学徒制法规,它规范了全国的学徒培训,规定师傅制是正规的学徒制。[①] 2003年,英国政府颁布《国家现代学徒计划》。2008年,英国颁布《学徒制条例草案》。2009年,英国政府颁布《学徒制、技能、儿童和学习法案》,这是英国现代学徒制历史上第一部专门法律,标志着英国政府开始从法律层面对现代学徒制的框架制定、资格审查以及雇佣双方的权责关系等内容进行规范管理,这就为英国现代学徒制提供了严格的法律保障。

第三,标准制定机制。为防止企业在提供学徒制岗位的数量与标准上过多考虑企业利益,尤其是在考虑企业短期利益较多等因素的情况下,英国政府制定标准形成了长效机制。英国政府牵头,由商务、创新与技能部(BIS)以及教育部、国家学徒制培训服务中心、技能资助局(Skills Funding Agency)等五个政府部门或机构联合,共同制定的《英格兰学徒培训的规格标准》是英国学徒制培训的最基本标准,而且它具有法律约束力。其主要内容包括:一是学徒获得资格证书应满足的学分、能力及技术等条件要求;二是学徒对雇员权责的知情度;三是学徒的学习与思维能力;四是功能性与关键性技能。该标准还规定,"中级"学徒制项目中的学徒至少要获得37个学分、国家二级资格证书、英语一级或二级证书;"高级"学徒制培训项目中的学徒,其资格与能力要求则是

---

① 吴艳红.英澳现代学徒制比较研究[D].南昌:东华理工大学,2013.

必须获得国家三级资格证书、英语二级证书等,其他方面与中级培训项目基本相同。

第四,经费保障机制。英国现代学徒制的经费属于公益性政府资助范畴,按照英国政府公益性经费资助办法来执行。经费的主要来源渠道:由政府划拨给继续教育学院或培训机构,政府对较大企业可直接划拨学徒制专项经费。政府对三个年龄阶段的学徒分别给予不同的经费资助:政府全额承担16—18岁青年学徒经费;政府承担19—24岁成年学徒经费的一半;超过25岁的成年学徒经费,政府资助份额的多少则由项目所属行业的具体情况来定。

第五,项目激励机制。为实现英国技能强国的战略目标,2009年英国颁布了英国国家技能战略,同时,在工程与信息技术两个领域实施《高等层次学徒制培训基金项目(Higher Apprenticeship Fund)》。该项目要求,"高等"学徒必须获得国家四级资格证书。2010年4月实施了第一轮项目,雇主与培训提供者共获得1900万英镑资助,支持了1900个相当于大学本科层次的学徒制培训项目,共有250位雇主得到资助。2011年7月又实施了第二轮基金项目,英国政府又拨款2500万英镑专门用于支持高等层次学徒制培训项目,该项目主要涉及会计、航天航空、健康、路基工程、可再生能源技术、太空技术等13个领域。英国高等层次现代学徒制培训基金项目,为学徒和雇主带来了实实在在的利益。从雇主看,该项目已成为以雇主需求为引领的技术与技能人才开发的主要路径,成为英国解决失业问题的重要手段;从学徒看,该基金项目为91%的青年学徒带来了利益,如学徒能力提升、工资待遇提升、激发学习兴趣与愿望等;从企业来看,该基金项目使企业获益匪浅,如节省招募成本、技能需求得到满足、为企业带来新理念、实现更高的工作效率和更高的工作质量等。

第三节 瑞士现代学徒制的运行机制

瑞士是国际创新竞争力最强的国家之一,瑞士连续三年在全球创新指数排名中位列第一,失业率比欧盟国家低三分之二,这与瑞士联邦国家重视职业教育培训关系密切。瑞士职业教育现代学徒制在借鉴德国"双元制"模式的基

础上,发展成为具有本国特色的"三元制"模式。本节亦从四个方面对其进行探究。

一、利益驱动机制:成本分担,利益共享

现代学徒制要能有效地运行,关键是要维护各方合法、合理的利益诉求,保证参与现代学徒制的利益相关者主体的预期收益。从利益相关的主体看,瑞士现代学徒制的利益主体是政府、行业、企业与学徒,他们参与现代学徒制的利益诉求各不相同。政府是为了有充分的技术技能人才供给保障,提高就业质量,并实现经济社会的发展和稳定;行业协会旨在维护内部技术技能有稳定的传承,并逐步提升本行业的社会影响力;企业是为了自身发展储备人力资源,得到技术技能型人才,提高企业人力资本的竞争力;学徒则是为了通过学习技术技能,获得一技之长,获得学徒工资补助,提高就业能力,有良好的职业发展前景。瑞士现代学徒制之所以能够成功运行,正是因为在保障各方利益诉求的基础上,通过构建法律法规制度体系及其利益驱动机制,保护参与者的合法权益。

学徒制培训通常需要多个培训场所、不同类型的教师和不断更新的实训设备,因此学徒制职业教育是一种办学成本较高的教育类型。因此,对于学徒制职业教育来说,设计公平合理、各方均能接受的成本分担机制至关重要。瑞士政府依据学徒制经费运行的不同用途将其分为三类:公共经费、行业经费和职业教育基金。公共经费由联邦政府和州政府共同承担,联邦政府承担的比例为四分之一左右,主要用于学徒制的职业教育活动、职业学校运行、专业课程的建设、职业资格认证等。[①] 行业经费由行业组织承担,主要用于实训设备购置、企业师傅的酬金、耗材费用等。瑞士政府为鼓励企业参与学徒制培训而专门设立了职业教育基金,用于维护学徒培训企业的合法权益。

二、协调沟通机制:民主协商、公正透明

构建多元参与的协调沟通机制是化解现代学徒制多元利益主体之间的潜在冲突,深化合作的关键举措。由于参与现代学徒制的不同主体的利益诉求不同,且参与主体的范围正在日益扩大(职业学校、企业、行业协会、政府、企业

---

① 田英玲.瑞士现代学徒制"三方协作"研究[D].沈阳:沈阳师范大学,2014.

师傅、教师、学徒等),因此基于主客观的原因任何主体之间都有可能因利益的冲突而导致现代学徒制运行的受阻。Fritz Sager 认为,对于出台的任何学徒制政策,所有的利益相关者的意见都必须被全面考虑,才能保证政策在贯彻执行时有较高的可接受度。① 研究发现,瑞士从国家到地方均建立了不同层面的协调沟通平台,该平台以实现参与各方利益最大化为目标,确保所做的决策是在充分保障不同参与主体利益诉求的基础上做出的。

一方面,多方参与的法律制定程序是实现各方权责平衡的基本前提。在瑞士的联邦和州两个层面的法律制定过程中,相应级别的行业协会、企业、社会合作伙伴和其他职业教育机构等专业性组织均会积极参与到法律的制定过程中,以保障法律的专业性和利益的均衡。另一方面,多元参与、公正透明的协调沟通机制是现代学徒制顺利运行的基本保障。瑞士议会专门建立了联邦职业教育与专业培训会议制度,其主要的使命是为相关政策的制定收集各方意见与建议,具体由联邦教育、研究与革新署负责组建会议秘书处并维持会议的运行。从瑞士的操作来看,多元参与主要表现为会议成员身份的多元化,其会议成员的总数一般不超过 15 名,分别来自联邦政府、州政府和有关专业组织、学术领域等。

三、课程开发与实施机制:三方协作,稳定高效

瑞士现代学徒制的教学运行体系是在政府、行业协会和职业学校共同参与下逐步走向系统化、规范化道路的。瑞士现代学徒制课程的内容分为职业学校课程、培训企业课程和行业课程三部分。职业学校课程主要负责普通文化知识和专业理论知识的传授,同时还需要提供联邦职业文凭 FVB 的预备课程给学生选择。培训企业课程旨在让学徒掌握岗位胜任能力,主要是让学生在企业教师的指导下完成经过教学化处理的工作任务。行业课程主要是弥补职业学校课程和企业实践课程的不足,主要传授给学生本行业内所有企业都通用的知识技能,从而帮助学生提高未来的就业竞争力。为了保障"三元制"学徒培训能够高效顺畅地运行,瑞士政府还出台了一系列法律法规以明确学徒培训参与者的权利与职责,同时保障教学计划与安排的顺利实施。

---

① Fritz Sager.Securing the long-term bases of the dual system:a realistic evaluation of apprenticeship marketing in Switzerland[J].Journal of Vocational Education and Training,2008(3):327-341.

值得一提的是,行业协会作为专业组织在课程开发与实施过程中承担着非常重要的角色。其主要职责包括:设置国家质量资格标准和实践课程培训内容,并按照市场要求更新课程的内容,保证课程开发紧跟市场的变化需求;制定职业资格任职标准;创设和提供学徒的岗位;开发新的职业教育培训课程。可见,因为行业协会等专业组织的参与并且其具有很强的话语权与很大的决策空间,从而充分发挥了行业协会紧密联系市场的天然优势,同时有效缩短了培养的新生代劳动力与社会实际需求之间的差距。

四、质量保障机制:标准清晰,责任明确

瑞士政府组建了由联邦政府、州政府和行业组织代表共同组成的质量保障主体,三方分工合作,确保学徒培养的质量。除此之外,瑞士政府还联合行业、企业专门制定了一系列学徒培养的质量标准。

一是建立了学徒培训的企业资质标准。瑞士建立了现代学徒制企业资质标准,通过政府资质论证的企业方可招收学徒。企业的培训资质主要包括:企业拟培训的内容是否符合相关培训条款的要求;企业的培训人员是否具有相应的专业能力和资质;企业所提供的培训环境是否达到了相应的标准和要求。二是建立了学徒培训的师资标准。瑞士将培训的师资分为职业学校教师、培训中心教师和企业培训教师。联邦政府对每一类型的教师都制定了具体而详尽的任职资格要求。三是建立了相应的职业资格证书制度。瑞士政府针对所有学徒项目均设立了不同的资格证书。职业资格证书由行业组织负责制定相应的职业资格标准,然后由联邦政府负责颁布并认证资格证书,最后由州政府负责组织相关的考试并向通过者颁发相应的资格证书。总而言之,瑞士政府通过学徒培训标准的构建,从培训内容、师资和结果等多个方面对学徒培训的质量进行了全程监控。

第四节 德国、英国、瑞士三国现代学徒制运行机制比较与借鉴

在分析德国、英国和瑞士的现代学徒制运行机制的基础上,本节将对它们

的现代学徒制运行机制进行比较分析,从中得出这三个国家在利益驱动、协调沟通、课程开发与实施、质量保障等机制方面存在的差异与典型特征。以期对后面的案例研究以及对策研究提供帮助与支撑。

一、德国、英国、瑞士三国现代学徒制运行机制的比较分析

(一)利益驱动机制比较分析

从表现形态来看,传统学徒制在各国的表现形态高度一致,差异不大,而现代学徒制在各个国家存在着较大差异,并且各个国家的现代学徒制出现了多元发展的新趋势。西方现代学徒制可以分为两大类型:北欧系统和盎格鲁撒克逊系统。北欧系统以德国为代表,包括奥地利、丹麦和瑞士等;盎格鲁撒克逊系统以英国为代表,包括澳大利亚、加拿大、英格兰和爱尔兰等。这两种类型的区别主要表现为运行机制不同。北欧系统现代学徒制基于"需求引导型"的产业共识运行机制。其运行机制的特点是:这些国家有重视职业教育与培训的优良传统;国家普遍采用"双元制"学徒运行模式;相关的法律法规能够支撑学徒制的运行;雇主、企业、学校以及学徒等参与学徒制的热情较高,而且分工明确;学徒制被整合运用于中学教育之中。盎格鲁撒克逊系统是基于"供给引导型"的准市场运行机制。其运行机制的特点是:这些国家比较重视普通教育,职业教育学徒制的地位不高;政府通过较为直接的经济激励措施鼓励雇主提供学徒岗位;社会对学徒制认可度比较负面;企业对学徒培训表现为"自主自愿"的方式,企业投入学徒制培训的意愿不高;雇主参与学徒制培训的责任意识不强。

从利益驱动形式来看,德国与瑞士属于"内部驱动型",也可称之为"需求引导型",其特点有:高企业合作与低学校整合型、职业教育在教育体系中地位较高、学徒制立法完善、企业参与职业教育程度高、学徒制与全日制教育结构相分离、学徒职业发展路线清晰等①。英国属于外部驱动型,也可称之为"供给引导型",其特点有:低企业合作与高学校整合型、职业教育在教育体系中地位较低、学徒制立法较弱、企业投入职业教育的意愿较低、学徒制与全日制教育

---

① Steedman Hilary. Apprenticeship in Europe: Fading or Flourishing? [R]. London: Centre for Economic Performance, 2005(12).

结构密切相连、学徒职业发展关注较低等。

从利益驱动的方式方法来看,德国通过立法约束企业参与现代学徒制,通过经济利益(如经费支持、税收优惠、经费补贴等)杠杆撬动企业参与现代学徒制的积极性,通过提高人力资本的效能满足企业对人力资本的需求,坚守"投资教育就是投资未来"的理念,储备企业必要的高质量人才,提高企业的产品质量与市场竞争力。瑞士在德国"双元制"的基础上,结合国情实施以学校、企业、行业协会为主体的"三元制",政府通过法律、法规等多方面的制度建设,并通过多种途径激励各方参与现代学徒制的积极性,充分保障各方参与主体的利益诉求与合法权利,在经费投入上,瑞士联邦政府按照不同的用途,把学徒制经费划分为公共经费、行业经费和职业教育基金三种类型,确保经费使用的公开公平、合法有效。英国政府为了解决学徒制推行过程中的利益不均衡问题,建立了一系列的利益驱动机制。英国政府由原来的过度干预转变为政府放权,成立了国家学徒制服务署,为学徒制的利益诉求者提供优质服务;经费激励方面,英国实施培训经费由学习与技术委员会、培训机构或雇主等多方承担经费的成本分担机制,同时采取促进雇主参与学徒制的激励措施等。

从利益驱动的成效来看,虽然德国、英国、瑞士三国对现代学徒制的激励驱动有所区别,但是三个国家实施的成效都比较明显。德国实施现代学徒制的成效最为明显。根据德国巴伐利亚州教育与文化、科学与艺术部统计的数据,从政府投入看,进入21世纪联邦政府每年对职业教育投入增加到59亿欧元,其中,联邦政府投入增加到27亿欧元,联邦各州投入增加到32亿欧元①。从企业看,全国参与职业教育学徒制培训的企业约有21.3%,每年培训学徒超过50万名,平均每位雇主每年为每一名学徒投入15 000欧元,其中46%作为培训津贴。②从学徒看,在全国330个注册培训企业中有140万名学徒,有5.6%的企业员工来自职业教育培训体系,有55.7%的学龄人口进入职业教育培训机构学习,95%的学徒者实现了有效就业。③

英国把现代学徒制作为造就技能型人才的国家发展重要战略,特别是从1993年以来,英国政府不断调整现代学徒制的政策,开展多轮现代学徒制改

---

①②③ 李玉静.国际视野下我国学徒制的未来发展——德、英、澳、新学徒制发展的特点及对我国学徒制发展建议[J].职业技术教育,2015(21):34.

革,逐渐增强现代学徒制的社会影响力和吸引力,参加现代学徒制的人数逐年增长。同时,由于国家在资金和政策方面的利益驱动,对培训过程和培训评价的严格监控,建立了完善的雇主主导组织结构等这些重大举措,保障了现代学徒制质量的提高。英国商业、创新与技能部(BIS)对雇主参与现代学徒制后成效的满意度调查显示,现代学徒制能够为雇主带来巨大效益,如工作效率提升(72%雇主的观点)、员工士气提升(69%)和企业产品质量提高(67%)①。相关数据显示,对同一岗位而言,学徒的生产率比非学徒高出7.5%,学徒执行任务的准确率比非学徒高出25%。②作为雇员的学徒来讲,职业技能与素质得到了提升,产品质量得到了提高,学徒的待遇得到了提高,就业问题得到了改善,等等。更重要的是,现代学徒制培训项目为91%的青年学徒带来了积极的职业生涯利益,激发了他们继续学习的愿望,有三分之二的学徒希望继续学习深造,为将来发展创造更大的空间③。

瑞士现代学徒制在继承德国"双元制"的基础上,不断对现代学徒制进行改革,并逐渐发展成为"三元制"学徒模式。在多维度利益驱动下,瑞士现代学徒制的成效也十分显著。以瑞士最发达的钟表行业的现代学徒制为例,瑞士拥有将近600家钟表企业,拥有超过5.8万名企业员工,其中,超过65%的员工受过学徒制培训,职业教育学徒制已是成效最明显的技术技能型人才培训模式,学徒制不仅能帮助人们找到工作,更重要的是能找到有尊严、有地位的工作。瑞士大学的学术教育与职业教育相比,职业教育的就业形势远远好于大学的学术教育,因为社会不可能给那么多的大学毕业生提供更多的、人人满意的就业机会。③ 再以瑞士邮政行业学徒培训为例,瑞士邮政行业有60 000多名员工,其中2000多名都是学徒。瑞士邮政行业2015年提供了811个学徒职位,比2014年增加了60个。④ 瑞士邮政行业学徒岗位与学徒人数的增加,以及学徒质量的提高,既达到了培养人才的目的,又满足了企业对技术技能人才的需求,同时又提高了学徒的就业率,缓解了瑞士政府的就业压力,瑞士现代学徒制的利益驱动机制成为瑞士多年维持较高就业率的推动剂。

---

① 资料来源:BIS.Evaluation of Apprenticeships:Employers.May 2012:88.
②③ 姜大源,等.当代世界职业教育发展趋势研究[M].北京:电子工业出版社,2013:280.
③ 刘栋.学徒制教育传承瑞士钟表业精髓[N].人民日报,2014-09-11(022).
④ 徐艺宣.瑞士现代学徒制研究[D].大连:辽宁师范大学,2015.

表 5-1　德国、英国、瑞士现代学徒制利益驱动机制比较一览表

国别	驱动形态	经费支持机制	特点
德国	外部驱动型（需求引导型）	* 政府承担培训学校成本 * 政府资助跨企业培训中心 * 企业承担内部培训成本 * 企业支付学徒工资	* 需求引导型 * 利益均衡机制 * 企业参与程度高 * 企业与学校分工明确 * 学徒职业发展路线清晰
英国	内部驱动型（政府推动型）	* 政府承担培训成本 * 部分行业执行征税—拨款机制 * 学习与技术委员会分担部分培训费 * 企业通过培训机构获得政府经费 * 企业支付学徒工资	* 政府推动型 * 成本分担机制 * 准市场机制 * 经费划拨的公益性 * 企业投入意愿较低 * 学徒职业发展关注较低
瑞士	外部驱动型（需求引导型）	* 经费包干机制 * 联邦和州政府承担公共经费 * 行业承担部分经费 * 职业教育基金承担部分经费 * 企业支付学徒工资	* 需求引导型 * 企业参与程度高 * 企业与学校分工明确 * 学徒职业发展路线清晰

（二）协调沟通机制比较分析

联邦德国现代学徒制协调沟通机制是在联邦政府、州政府、行业协会、培训企业以及职业学校之间展开的。政府通过建立立法职责权限的沟通机制，明确现代学徒制运行过程中的责任、权利和义务，解决学徒制的经费问题；政府通过建立管理职责的沟通机制，明确德国"联邦职业教育机构"（BIBB）对现代学徒制实施过程中出现的共性问题进行宏观指导，德国州政府对现代学徒制的培训业务、财政拨款、职业学校等具体问题进行自治管理与监督，同时德国教育管理机构实行联邦、州、地区三级管理，分别解决职业培训标准制定、学徒业务培训等问题，行业协会在德国地区级现代学徒制管理中发挥着重要作用；德国现代学徒制利益均衡的沟通机制，主要是通过"新社团主义"这个组织来实现规范管理，从而来解决雇主、工会、学校、学徒以及行业协会的利益均衡问题。

英国现代学徒制协调沟通机制主要通过《产业培训法》和《学徒制、技能、儿童和学习法案》这两部法律来实现。前一部法律规定了培训政策制定、确定征税—拨款机制、设置"日释"和"期释"职业教育课程等，主要任务由各行业建立的产业培训委员会来完成。后一部法律规定了学徒申请、登记、签订合作

协议的程序与流程,主要任务由培训机构和雇主共同完成。合作协议签订前,雇主与学徒相互沟通,相互了解;协议签订后,学徒与雇主按照协议履行职责;结束培训后,学徒接受相关部门组织的考核。①

瑞士现代学徒制的协调沟通机制主要是通过法律规范来实现,从法律层面看,瑞士联邦与州政府两个层面在制定法律时,行业协会、企业、社会合作伙伴以及其他职业教育机构等这些同一级别的专业组织都会积极参与法律制定的各个程序,以此来保证法律制定过程的专业性和结果的科学性,又保证了在实施过程中协调沟通的公正、公平与顺畅。从政策制定的层面看,瑞士联邦教育、研究与革新署负责现代学徒制相关政策的制定与各方意见、建议的收集,同时维护现代学徒制多元参与主体的利益,保障现代学徒制的顺利实施与高效运行。

表 5-2 德国、英国、瑞士三国现代学徒制协调沟通机制比较一览表

国别	沟通平台	沟通制度	特点
德国	* 联邦职业教育机构 * 联邦职业教育研究所 * 跨企业培训中心 * 行业协会	* 州教育与文化事务部长联席会议 * 联邦、州、地区三级沟通制	* 制度形态的双元制 * 企业主体(本位) * 职业性为首 * 企业高度参与(人数占1/4)
英国	* 行业产业培训委员会 * 学习与技能委员会 * 国家学徒制服务中心 * "一站式"网络平台 * 高等层次学徒制基金项目	* 英格兰学徒制培训规格标准 * 国家职业资格证制度(NVQ)	* 项目形态的现代学徒制 * 企业主体 * 职业资格国家统一 * 企业参与度相对较低(人数占1/10)
瑞士	* 多方参与的法律法规沟通平台 * 联邦职业教育与专业培训会议 * 联邦政府经济部职教司 * 联邦职业教育与培训研究所 * 瑞士州教育局长联席会议 * 26个州职业教育办公室	* 瑞士各州教育局长联席会议制 * 国家、区域、地方三级沟通制 * 国家资格框架	* 以企业和劳动力市场需求为导向 * 联邦、州和行业协会之间良好的合作关系 * 企业与学校相互协调

---

① 吴学仕,伦凤兰.英国现代学徒制发展因素分析及其启示[J].职教论坛,2015(12):94.

(三) 课程开发与实施机制比较分析

德国现代学徒制课程开发与实施机制主要是以职业活动为核心来开发课程,课程方案由联邦德国各州文教部长联席会议统一颁布,主要包括培养目标、课程标准、课程内容、课程结构以及实施路径和实施办法等。德国企业充分参与现代学徒制的课程开发与设计全过程,充分体现了德国现代学徒制课程设计开发以职业活动、职业导向以及工作过程为核心的课程开发理念。横向维度重点突出文化课、专业课及实训课三类课程,纵向维度分为基础培训、专业培训和专长培训三个层次,三个层次又都呈阶梯式递进。20 世纪 90 年代以来,德国现代学徒制的课程开发与实施机制,逐步脱离了学科体系的樊篱,成为职业教育课程改革一个革命性的尝试。

英国现代学徒制的课程开发与实施机制主要由行业技术委员会与企业共同参与,并根据国家职业资格标准共同开发来实现。学徒制项目框架均包含能力本位、知识本位和关键技能三个要素。能力本位要素的课程由行业委员会、行业以及雇主共同开发;知识本位要素课程,也称之为技术证书课程,主要由学习技能委员会、课程与资格署共同开发;关键技能要素课程,由英国相关机构制定划分,其中三种重要的技能要素被强制性地应用在国家职业资格证书课程中,并且只有通过脱产学习才能获得。

尤其要阐述的是,在英国每一个学徒制项目都有一个学徒制框架,虽然各行业的各个学徒制项目的框架各不相同,但所有框架都包括了三大要素,即能力本位要素、知识本位要素和关键技能要素(可迁移技能要素)。由于英国现代学徒制分为"学徒制""高级学徒制"和"高等学徒制"三个级别,每个级别同时又对应着英国不同级别的职业资格证书,因此,每个级别的学徒制的三个要素所对应的课程开发内容又不尽相同,所以,英国现代学徒制项目的课程开发机制是一个复杂的系统工程(见表 5-3)。

表 5-3 英国现代学徒制三层次项目框架结构一览表

三个学徒制层次	三个学习本位要素	不同要求的资格证书
第一层次:学徒制	能力本位要素	需要获得 2 级国家职业资格证书
	知识本位要素	需要获得 2 级技能资格证书
	关键技能本位要素	需要获得 1 级证书

(续表)

三个学徒制层次	三个学习本位要素	不同要求的资格证书
第二层次:高级学徒制	能力本位要素	需要获得3级国家职业资格证书
	知识本位要素	需要获得2级技能资格证书
	关键技能本位要素	需要获得2级证书
第三层次:高等学徒制	能力本位要素	需要获得3、4级国家职业资格证书
	知识本位要素	需要获得国家高等教育文凭
	关键技能本位要素	需要获得2级证书

瑞士现代学徒制的课程开发与实施机制主要通过职业学校、企业和行业协会"三元制"合作沟通共同来实现。瑞士现代学徒制培训的课程主要有职业学校课程、培训企业课程和行业课程。学校课程是理论基础,主要由学校负责教学,主要传授普通文化知识和专业理论知识;培训企业课程主要是针对理论的实际应用课程,主要由企业来开展实践课程教学,学生在企业师傅的指导下完成专业技能与操作技能知识学习,学徒也可以参加生产性实践;行业培训课程主要是为了提高学徒的独立工作能力和解决实际问题的能力,尤其重要的是行业协会这一专业组织在课程开发与实施过程中承担着非常重要的角色,因为行业培训课程不仅负责职业学校课程和企业实践课程的有机对接,而且还要根据市场变化开发新课程,保证课程开发适应市场新变化。三大课程开发与实施主体相互合作,无缝对接,最终提高了课程开发与市场需求的匹配度。

表5-4 德国、英国、瑞士三国现代学徒制课程开发与实施机制比较一览表

国别	课程开发机制	课程实施机制	特点
德国	* 州文教部长联席会议颁布课程方案 * 马格德堡大学、慕尼黑大学细化课程方案 * 开发依据:《职业培训条例》《框架教学计划》 * 企业参与全过程	* 横向课程:文化课、专业课及实训课 * 纵向课程:基础培训、专业培训和专长培训 * 以工作过程为导向构建可选模块与必选模块课程体系	* 学徒培训标准国家统一 * 以职业活动为核心 * 以工作本位为导向 * 纵向课程阶梯式递进

(续表)

国别	课程开发机制	课程实施机制	特点
英国	* 学习与技能委员会、行业技术委员会及其企业共同开发 * 开发依据:《国家职业资格标准》《学徒制框架》	* 开发三大要素:能力本位要素、知识本位要素和关键技能要素 * 相对应的开发机构:行业委员会、行业以及雇主共同协商开发;学习技能委员会和课程与资格署共同开发;相关机构开发	* 学徒培训标准国家统一 * 与学徒制框架紧密联系 * 阶梯分级式
瑞士	* 联邦、州政府、各行业机构共同开发 * 联邦政府经济部职教司、联邦职业教育与培训研究所制定考试规则与核心课程 * 行业协会制定职业资格、开发新职业教育培训课程	* 三大课程模块:职业学校课程、培训企业课程和行业课程 * 三大模块对应的开发机构:职业学校、培训企业和行业协会 * 州政府层面组织课程与教学实施	* 资格框架国家统一 * 行业协会发挥主导作用 * 行动导向 * 三级开发模式

(四) 质量保障机制比较分析

德国现代学徒制的质量保障机制主要通过构建法律制度、完善行业协会制度、构建资金保障制度和构建评价体系来实现。德国尤其重视职业教育的立法,从联邦政府到地方建立了一系列的法律保障体系。法律、法规制度对现代学徒制的培养目标、办学条件、经费来源、专业设置、教师资格、考试考核和运行管理等方面都有明确规定。同时,又建立了涵盖立法监督、司法监督、行政监督和社会监督在内的职业教育(现代学徒制)监督体系,为现代学徒制的高效运行提供了法律制度保障。完善的行业协会管理体制与运行机制是学徒制的管理保障,德国职业教育委员会主管职业教育(由行业部门的雇主、雇员和职业学校教师代表组成),决定职业教育的重要问题,行业协会主要负责职业教育委员会决策后的管理运行工作,并担负企业职业教育的运行职能。严密有序的运行机制,切实可行的管理制度,为德国职业教育现代学徒制的高效运行奠定了坚实的基础。职业教育的经费投入是提高职业教育质量的重要保障,德国现代学徒制的经费来源主要由政府和企业承担,此外还有直接资助、集资资助和混合经费资助等多元经费投入机制,政府和企业主导以及多元的投融资体制机制为德国现代学徒制提供了充足的经费保障。第三方行业协会负责学徒制的考试与评价,评价过程严格规范,评价标准统一规范,评价结果公平公正,结业证书欧盟的一些国家也承认,严格的评价体制机制保障了学徒的质量。

英国现代学徒制的质量保障机制主要通过构建机构保障、法律保障、规格标准、经费保障和项目激励五个维度来实现。建立现代学徒制专门机构"国家学徒制服务中心",全方位推动现代学徒制计划的落实与实施,并在该中心建立"一站式"服务平台,为学徒制提供全方位支持与服务。从工匠法、国家学徒计划到学徒草案、学徒法案等一系列学徒制法规制度的颁布与完善,对学徒制框架、学徒制标准、学徒制证书、学徒制协议等方面都进行了详细的规定,对推动学徒制起到重要作用。

《英格兰学徒培训的规格标准》是英国政府对学徒制培训提出的最基本框架,具有法定约束力,该标准对学徒制的资格证书、学徒所需学时数、在岗和离岗培训时间都有硬性规定,为保障学徒培训的质量奠定了基础。现代学徒制的经费保障机制,通常是由政府划拨给承担现代学徒制培训的继续教育学院或培训机构,并按照英国政府公益性经费资助办法执行。现代学徒制培训的机构,包括院校、机构以及实施培训的企业,都能够不同程度地享受到政府提供的学徒制专项经费的支持。为实现技能强国战略目标,英国实施高等层次学徒培训基金项目激励机制,给予高等层次的学徒制专项经费支持,为学徒、雇主以及企业均带来了不菲的经济利益,激发了他们参与现代学徒制的积极性。

瑞士现代学徒制的质量保障机制是通过构建联邦政府、州政府和各行业组织三方合作机制来完成的。其中,联邦政府的经济部职教司(OFFT)(隶属于瑞士联邦经济部)和瑞士联邦职业教育与培训研究所(IFFP)主要负责确保职业教育质量和未来发展及经费投入等保障;州政府层面的瑞士州教育局长联席会议(CDIP)、26个州的职业教育办公室、大学职业教育部门和职业学校主要负责职业教育方案的实施与检查监督,提供学徒制信息与学徒岗位;行业协会包括合作伙伴、各类企业,主要负责保障学徒的培训、提供学徒的培训场所和开发学徒培训课程等。具体来讲就是,建立学徒培训企业资质标准,遴选和确定符合学徒培训资质要求的企业;建立教师资格标准,按照培训地点将其分为职业学校教师、培训中心教师和企业培训教师三种;最后,实现职业资格证书与现代学徒制的对接,有效保障学徒培训的质量。

表 5-5 德国、英国、瑞士三国现代学徒制质量保障机制比较一览表

国别	标准制定机制	考核评价机制	过程监督机制
德国	*联邦政府制定法律法规和制度保障体系 *联邦教育与研究部、联邦职业教育研究所、联邦州文教部长联席会、行业协会、培训企业及职业学校协商制定标准	*行业协会负责考试考核 *工作导向考核	*行业协会承担培训企业的资格认定和监督 *过程监控与质量监控并重
英国	*政府颁布《学徒制草案议案》《学徒制、技能、儿童和学习法案》两部法律，规定学徒资格、学徒制证书、学徒制标准、学徒制框架等 *商业、创新与技能部以及教育部、国家学徒制培训中心、技能资助局制定《英格兰学徒制培训规格标准》 *政府与雇主联合制定学徒标准 *雇主主导制定学徒制框架	*多部门联合考核 *分类分层次考核 *能力本位考核	*教育标准、儿童服务和技能办公室，资格与考试办公室，高等教育质量保障机构等负责质量监督 *注重结果控制
瑞士	*联邦政府制定宏观层面现代学徒制的质量保障框架 *行业协会制定学徒培训企业资质标准和职教教师资标准 *职业资格证书与现代学徒制对接机制	*州政府层面负责教学及考试考核	*州政府层面的瑞士州教育局长联席会议（CDIP）、州的职业教育办公室、大学职业教育部门和职业学校负责检查监督 *过程监控与质量监控并重

二、德国、英国、瑞士三国现代学徒制运行机制的经验借鉴

运行机制是对不同主体之间相互联系、相互作用的方式方法和运行过程中的一种制度安排。通过对德国、英国和瑞士三国现代学徒制运行机制的比较研究，可以看出，三个国家现代学徒制的人才培养模式和运行机制，均堪称世界典范。纵观以"双元制"为基础、以企业为本位的德国现代学徒制运行机制，以三个级别的现代学徒制框架为基础、以三个能力本位要素为核心的英国现代学徒制，以及以"三元制"为基础属于联邦政府主管的瑞士现代学徒制，尽管德国、瑞士现代学徒制的特点是注重过程管理与质量监控，英国现代学徒制注重结果控制，但是，总体上来讲，这三个国家都构建了比较完善的现代学徒制运行机制，其经验值得借鉴与学习。

（一）高度重视各方利益相关者，构建高效的利益驱动机制

利益驱动机制是现代学徒制职业教育的动力驱动机制，德国、英国和瑞士

现代学徒制的形成发展都与利益驱动有着直接的联系,利益是产生合作动力的根本源泉。① 利益驱动机制也是对现代学徒制职业教育中各利益相关主体进行利益分配、利益调整和利益激励的方式方法,这种机制的形成与发展是一个各方利益主体协商博弈、动态调整的过程。因此,只有现代学徒制各利益相关者的利益诉求达到满意程度或较高的满意程度时,才能实现互利共赢,才能构建起高效运行的利益驱动机制。纵观德国、英国和瑞士这三个国家的现代学徒制的利益驱动机制构建,虽然路径形式、方式方法、措施办法、关注的重点以及取得的成效等不尽相同,但是高效完善的利益驱动机制,满足参与现代学徒制各方的利益诉求,其形成的这些宝贵经验值得总结与思考。例如,政府通过经费支持、税收优惠、经费补贴等经济利益的驱动,来保障参与现代学徒制的行业协会、培训机构、企业、雇主以及培训学校等各方的利益;政府通过法律法规制度等直接来约束参与现代学徒培训的企业雇主的行为,以此间接地来保障学徒的经济利益、合法权益等;政府(包括各级政府)或第三方培训机构通过对学徒制培训项目的监督检查,依法保护现代学徒制各利益主体的利益。

(二) 高度重视沟通平台建设,构建多方合作的协调沟通机制

所谓协调沟通机制是指参与现代学徒制的多元利益相关者通过平台搭建、制度构建以实现共同治理、协同管理的一种高效运行的管理机制。协调沟通机制是现代学徒制制度形态的关键与核心,是保障现代学徒制高效运行的桥梁与纽带。协调沟通平台是否搭建,协调沟通制度是否完善,协调沟通机制是否顺畅,甚至协调沟通机制是否出现"堰塞湖"等,这些都直接关系到现代学徒制的质量与成效。

德国、英国、瑞士三国现代学徒制的协调沟通机制高效运行堪称典范。德国在联邦政府、州政府以及各地区等层面都建立了层级分明、职责清晰的管理体系与沟通平台,例如联邦政府建立了联邦职业教育机构、联邦教育与研究部、新社团主义,州政府建立了州教育与文化事务部长联席会议,各地区建立了行业协会等。英国建立国家学徒制服务中心、搭建学徒制网络服务平台、建立高层次学徒制培训基金项目等。瑞士除了联邦政府建立了联邦经济教育与研究部(WBF)和联邦职业教育研究所(EHB)两个管理机构,在州层面建立了

---

① 张建国.论学徒制职业教育的制度蕴含[J].职业技术教育,2015(7):25.

26个州政府职业教育和培训办公室之外,最为重要的沟通管理平台是行业协会。在瑞士"三元制"现代学徒制运行机制中,行业协会是现代学徒制运行过程中的主导者和主要决策者,在协调沟通各方利益主体中发挥着至关重要的作用。德国、英国和瑞士三国现代学徒制管理平台的构建及其协调沟通机制的建设都受到国家法律法规和地方政策制度的保护与约束。

(三) 高度重视课程开发与建设,构建多元课程开发与实施机制

现代学徒制课程开发与实施机制是指根据学徒的职业岗位、职业能力要求,制定课程开发的目标、课程开发的内容、课程开发的结构、课程开发的标准以及课程评价的标准等,并通过政府部门的教育机构、行业协会、职业学校、企业等多方协调沟通与合作实现现代学徒制职业教育课程体系的开发与建设。课程开发与实施机制是推进现代学徒制的关键与核心环节,也是保障现代学徒制质量的重要前提条件。虽然德国、英国和瑞士现代学徒制的课程开发与实施机制的路径有所不同,但是殊途同归,最后达到的目标与成效完全一致。例如,德国从1996年开始进行职业教育学徒制课程改革,德国沿用多年的以分科课程为基础的综合课程方案被以学习领域为主的课程方案所代替,学习领域课程是指以职业活动为核心、以工作过程系统化为原则的课程结构,这种课程开发与教学目标不仅重视职业能力培养,而且尤其注重关键能力的培养。基于职业活动、工作过程的学习领域课程开发与实施机制的实践探索和理论创新,成为德国基于"双元制"的现代学徒制职业教育课程开发的一种新范式。

英国现代学徒制课程开发与实施机制是在学徒制整体框架下实施的,课程开发与实施紧紧围绕能力本位要素、知识本位要素和关键技能本位要素来开展,英国课程开发与教学目标同样重视关键能力的开发与培养,并将关键能力分为三个基本能力(数字应用、交流、信息技术使用)和三个拓展能力(与他人合作、提高自己的学习成绩、解决问题),同时又将这六个能力分为五个级别。

瑞士现代学徒制课程开发与实施机制在联邦政府、行业协会、培训企业和职业学校的共同参与下完成,学徒制的课程划分为职业学校课程、培训企业课程和行业课程。三种课程分别由职业学校、培训企业和行业协会根据法规制度规定,承担不同的课程建设和教学任务,行业协会在课程开发与实施过程中起主导作用,在课程目标、课程标准、职业资格标准、课程内容和考试考核等的

制定方面承担着重要职责,瑞士行业协会主导的课程开发与实施机制保障了教学质量的高效与稳定。

(四) 高度重视质量评价体系建设,构建稳定高效的质量保障机制

现代学徒制质量保障机制是指政府通过法律法规、政策制度的支撑与经费支持,明确现代学徒制各利益相关者的责任、权利和义务,规范学徒制运行过程中的合作行为,从契约约束和组织机构建设上对学徒制的过程与结果进行协调、检查、监控、监督,以保障现代学徒制顺利实施并实现持续的质量提高的运行机制。因此,政府制定出台相关的法律法规、政策制度,明确现代学徒制各利益主体,尤其是明确行业协会、培训企业、职业学校等在现代学徒制运行过程中的作用地位与权利义务,这是现代学徒制质量保障机制的前提与基础。政府部门、行业协会、培训企业、职业学校等利益主体各负其责、积极参与、相互配合是保障现代学徒制正常运行的核心与关键。

例如,德国现代学徒制完备的法律和制度保障体系、完善的行业协会机制、经费分担机制和监督评价机制等,有效保障了德国现代学徒制的高效运行,使德国现代学徒制成为世界上可供借鉴的典型范式。以国家学徒制服务中心为主要管理机构,以项目激励机制为主要举措的英国现代学徒制,构建了机构保障、法律保障、标准制定、经费保障和项目激励"五位一体"的质量保障机制,使英国现代学徒制走上快速、健康、持续的发展轨道,从而使英国现代学徒制实现了形态与形式的三大转变与创新,即"学徒制从民间自娱自乐转向政府主导,学徒制从手工作坊转向现代企业,学徒制从企业自主转向校企合作"①,英国现代学徒制的靓丽转型为世界各国推进现代学徒制提供了可资借鉴的发展路径。以"三元制"为基础,以联邦政府经济部职教司、联邦职业教育与培训研究所和瑞士州教育局长联席会议为主要管理机构的瑞士现代学徒制,不仅构建了由联邦、州政府和行业组织为主的组织运行管理架构,而且还建立了学徒培训企业资质标准、职业教师资格标准和职业资格证书与现代学徒制的对接制度等,从而保障了现代学徒制的质量与成效,使瑞士现代学徒制职业教育成为世界上成本较低、效益比最高的现代学徒制之一。

---

① 姜大源,等.当代职业教育发展趋势研究[M].北京:电子工业出版社,2013:160.

小　结

为了解国际上现代学徒制运行机制的发展现状,本章选取德国、英国、瑞士三个西方国家作为现代学徒制运行机制的典型代表,进行国际比较研究。分别从利益驱动机制、协调沟通机制、课程开发与实施机制和质量保障机制四个维度,对这三个国家现代学徒制的运行机制进行分析,并对其进行比较研究。

从德国现代学徒制的运行机制看,德国是世界上开展现代学徒制较早的国家,其运行机制的特征比较明显。利益驱动机制表现为"双元驱动,企业主体",沟通协调机制主要表现为"多元参与,利益均衡",课程开发与实施机制主要表现为"职业导向,企业参与",质量保障机制主要表现为"法律为先,行会参与"。从英国现代学徒制的运行机制看,英国属于"供给引导型"的准市场运行机制,政府通过较为直接的经济激励措施鼓励雇主提供学徒岗位,企业对学徒培训表现为"自主自愿"的方式。利益驱动机制主要表现为"政府放权,雇主主导",协调沟通机制主要表现为"三方合作,各司其职"。课程开发与实施机制主要表现为"三方协作,三要素主导",质量保障机制主要表现为"五大机制,全力助推"。瑞士现代学徒制运行机制是在借鉴德国"双元制"模式的基础上,发展成为具有本国特色的"三元制"模式。利益驱动机制表现为"成本分担,利益共享",沟通协调机制表现为"民主协商、公正透明",课程开发与实施机制表现为"三方协作,稳定高效",质量保障机制表现为"标准清晰,责任明确"。

从德国、英国、瑞士三国现代学徒制运行机制的比较与经验借鉴可以看出,三个国家现代学徒制的人才培养模式和运行机制,均堪称世界典范。通过三个国家的比较研究,可以得到四点启示:一是高度重视各方利益相关者,构建高效的利益驱动机制;二是高度重视沟通平台建设,构建多方合作的协调沟通机制;三是高度重视课程开发与建设,构建多元课程开发与实施机制;四是高度重视质量评价体系建设,构建稳定高效的质量保障机制。

第六章

高职院校现代学徒制运行机制的案例分析

在第四、五章对高职院校现代学徒制运行机制的制度环境及国际比较进行研究的基础上,本章选取我国西部 G 职业技术学院、中部 W 职业技术学院、东部 J 职业技术学院三所高职院校作为典型案例,并从三所高职院校现代学徒制运行机制的背景、实践探索和存在的问题及成效进行分析研究,同时,又对三所高职院校现代学徒制的利益驱动机制、协调沟通机制、课程开发与实施机制进行比较研究。

第一节 G 职业技术学院现代学徒制运行机制的个案分析

一、G 职业技术学院现代学徒制运行机制的背景

(一) G 职业技术学院基本情况概述

G 职业技术学院(以下简称 G 学院)是国家首批现代学徒制试点单位。该院成立于 2007 年 4 月,是××市人民政府主办的一所全日制、综合性的高等职业院校,实行省市共管、以市为主的办学管理体制。G 学院全力适应××省和××市经济社会发展和产业布局的需要,坚持探索国际化办学之路,重点建设轨道交通、城乡规划建设、财政经贸与信息技术、食品药品与化工、装备制造、旅游与航空服务六大专业群,形成了 5 分院 10 系 55 个专业的办学格局,是××省 6 所万人高校之一,在校学生总数达 16 038 人。学院秉持"突出办学特色、服务地方经济、加强对外合作、提升人才培养质量"的办学理念,加大与企业联合办学的力度,与相关行业企业建立了"校企合作"战略联盟,建立了"校厂一体"的实习实训基地;通过"订单培养、工学结合"等多元化人才培养模式的改革,与行业企业的合作实现了"合作办学、合作育人、合作就业、合作发展"的合作模式,凝练出了"行业+企业+学院"的轨道交通分院模式;"园区+特大型企业+学院"的化工分院模式;"园区+支柱产业+学院"的装备制造分院模式;"企

业+境内外大学+学院"的食品药品生产与检测分院模式。积极探索基于校企合作的现代学徒制办学新路子,创新校企合作的新模式,在深入推进校企合作的实践中,在培养理念、课程体系、教学方法、校企文化和技术创新等方面形成了"校企融合"的办学特色,G 学院 2013 年获评"××省省级示范性高职院校"。G 学院是国家级高技能人才培训基地和国家级职业教育实训基地,同时还是××市职业培训学校、××市数控加工工程技术研究中心、××市维修电工和数控技术等工种(职业)技能鉴定的指定单位,G 学院与美国哈挺公司共建国内第二家"哈挺培训中心",是现代学徒制人才培养的摇篮。

(二) 奇瑞万达××客车股份有限公司情况概述

奇瑞汽车股份有限公司 1997 年在安徽芜湖创建,目前为国内最大的集汽车整车、动力总成和关键零部件的研发、试制、生产和销售为一体的自主品牌汽车制造企业,也是中国最大的乘用车出口企业。奇瑞万达××客车股份有限公司是奇瑞集团控股子公司,公司坐落于××市孟关装备制造生态工业园区,建有冲焊、涂装、总装、交检等完整的客车制造工艺厂房,具有大型客车整车磷化、阴极、电泳等国内领先制造工艺技术。产品覆盖公务及商务用车,公路、旅游、城市公交、团体用车、专用车、校车等各个用车市场,公司通过装备自动化、管理信息化、产品国际化的发展路线,全力打造国内一流、世界先进的民族品牌客车企业。

奇瑞万达××客车股份有限公司与 G 学院,由开展校企合作到开展现代学徒制试点,合作形式发生了质的变化,合作内容逐步深化。该公司是 G 学院汽车制造与装配技术专业现代学徒制试点企业,目前该公司已接受了汽车制造与装配技术专业学徒 155 人。为满足学徒培训的需求,该公司按德国标准投资建立了总装、焊装、涂装等学徒培训场所,为 G 学院发展现代学徒制提供了便利的条件保障。

二、G 学院现代学徒制运行机制的实践探索

(一) 打造"园区+支柱产业企业+学院"学徒制模式

2010 年,××省确定工业强省的发展战略,在××市小河经济开发区规划工业园区引入大型企业,奇瑞汽车在这样的背景下整合了原贵州万达客车,在小孟工业园投资建厂,规划面积 512 亩,主要生产客车和商务车,年产客车 3 万

辆。为了更好地服务园区,为汽车产业培养人才,政府、企业与G学院经过充分协商沟通,按照"政校企合作"模式建立装备制造分院,设立汽车专业,开始联合招生。奇瑞万达贵州客车股份有限公司作为校外现代学徒制培训基地,校企共同遴选师傅(教师),校企共同实施教学与生产任务,校企共同承担学徒制课程教学,校企共同考核评价学徒质量,学徒制培训场所根据学徒需要在企业实训角与生产线之间机动切换,企业参与学徒培养培训的全过程。

(二)明确三方职责,签订学徒协议

汽车专业现代学徒制试点,是G学院与奇瑞万达贵州客车股份有限公司的合作项目,采用校企"双选"形式,按照企业用人标准,从2015级汽车制造与装配技术专业在校生中遴选出28名学员,组成"现代学徒班"。教育教学采用"学校+企业""教师+师傅"的方式,企业不仅参与人才培养方案的编制,而且参与开发1到2门现代学徒制课程,并选派企业师傅到校授课,承担学徒制课程的企业教学任务。学徒制试点项目紧密对接企业的装调工、工艺工程师、质量工程师岗位。

在实施现代学徒制的过程中,需通过签订协议来明确界定学校、企业、学生(家长)三方的权利和义务。

企业的主要职责包括:(1)明确岗位用人要求,包括岗位人才应具备的知识和技能;(2)与学校共同研制人才培养方案,并参与学徒质量的评价;(3)委派技术骨干担任企业师傅(导师)和管理人员;(4)视学徒的培养情况优先安排就业;(5)为教师和学徒的岗位实践提供相关便利条件。

学校的主要职责包括:(1)在做好专业分析的基础上制订好学徒制专业的教学计划;(2)构建现代学徒制的课程、学生、教师等评价体系;(3)推荐、安排专业教师赴企业实践;(4)重新安排教学时空,为教师和学生创造便利条件。

家长和学生的主要职责包括:(1)家长积极引导并支持子女到企业进行学徒实践(半工半读);(2)学生根据培养方案参加学习和实践;(3)遵守学校和企业的规章制度,并履行相应的职责。

(三)明确培养目标,构建"三联四有"运行机制

汽车专业现代学徒制班构建了"三联四有"运行机制。"三联"是指校企"联合招生、联合培养、联合管理",为校企共同实施学徒制培养提供体制保障。学院将合作企业纳入招生宣传,企业赴学校进行"学徒"选拔,通过签订三方协

议,明确学徒身份;企业根据项目对接岗位的技能需求,参与"现代学徒班"人才培养方案的制定,并自行开发相应的企业项目化课程,共同开发现代学徒制课程,安排企业师傅到校授课,负责学徒实践课程的教学,共同完成相关课程的考核和评价;在原有的合作交流基础上,校企共同制定学徒管理办法、教学管理办法,完善沟通渠道,采用统一标准,加强校企之间的交流与合作。

"四有"是指学徒制培养"有产品、有经验、有平台、有成果",为校企共同实施学徒制提供机制保障。学徒制以培养一批优秀的"学徒"为目标,跟踪学徒的发展轨迹,重视企业评价;强调企业师傅团队的"试点工作经验",重视提升学徒制团队专业技能的"企业生产经验";建设完善具有可靠合作伙伴、有效交流渠道、稳定工作模式、团队磨合基础的试点工作平台;建设完善学徒制试点的相关框架文件、人才培养标准、教学运行文件、沟通管理办法等方面的教学成果、标准成果和机制成果。

(四)"合作班"回归"现代学徒班",企业挑选学徒

在长期校企合作的基础上,企业主动寻求建设"合作班"。计划在2015级汽车制造与装配技术专业学生中,采取校企"双选"的方式,先进校后分班,在二年级开设企业课程,三年级第一学期进入企业进行专业实训,三年级第二学期顶岗实习。由于受到企业生产任务的影响,这样的校企"合作班"并未按原计划实施。

在现代学徒制试点工作开始推进后,汽车专业负责人积极与企业协调沟通,将原"合作班"项目改为"现代学徒班",在原项目组成员的基础上微调团队结构,重新签订校企协议、制定建设方案。在2015级二年级上学期完成建设方案拟定、协议签订,以及宣传动员、报名选拔等工作,组建了汽车制造与装配技术专业"现代学徒班"。

学徒班入选人员,均由企业师傅或管理人员到学校考核,经过书面笔试和体能测试,符合企业学徒标准后,方能进入到学徒制班。

(五)校企深度合作,遴选企业师傅队伍

G学院的汽车专业经过几年发展,校企关系日渐巩固,合作程度逐步深化。校企共同制定遴选企业师傅的制度与工作机制。首先是明确师傅职责。师傅承担对学徒的全面培养工作,完成《师徒协议书》里规定的各项任务,制订具体的培养计划,并监督检查学徒的执行情况,协助做好学徒的考核评价等。

其次是完成师傅资格认证。师傅的遴选主要考虑三个方面：一是选择对企业忠诚的技术人员来担任指导师傅；二是选择具有职业权威的人员，一般要选择服务该企业3至5年的技术人员；三是选择具有"教与授"能力的人员，能够用规范的技术语言讲解问题。

G学院已有36名毕业生在奇瑞万达××客车股份有限公司任职，其中多为一线技术骨干和管理人员，部分人进入公司行政管理部门，这些技术骨干已逐渐成长为企业的重要力量。在企业提供的师傅队伍备选名单中，有40%的候选人都是本校本专业毕业，这成为汽车专业"师傅"队伍的优势特色。这支队伍特别的组成结构，让校园文化、企业文化的融合和传承更加易于实现，也让"双导师"队伍在工作中的交流变得更容易，同时也使校方的学徒制管理机制更加畅通，管理效益更高。

（六）"从企业来，到企业去"，构建现代学徒制课程开发机制

汽车专业的现代学徒制教学体系并非完全推翻原有课程结构重新搭建，而是根据企业生产任务的需要、课堂教学与现场教学的特点，选取部分课程进行现代学徒制课程开发，构建"企业课程"或"现代学徒制课程"体系。企业课程和现代学徒制课程对应现代学徒制教学阶段。企业派遣技术人员担任兼职教师，指派能工巧匠担任学徒的师傅，全程参与企业课程、现代学徒制课程的教学任务。学校教师在教学期间经常与企业带教师傅进行交流研讨，跟进教学过程。在此阶段涉及的其他课程，企业有选择地参与修订课程大纲、审核课程标准，并可选派技术人员承担相关教学任务；在此阶段涉及的其他专业课程的任课教师，必须根据需要到企业实践，熟悉企业生产任务，了解所授课程与生产实际。

（七）构建"两阶段"教学运行机制

校企紧密合作，构建了企业教学阶段和学校教学阶段的现代学徒制教学运行机制。在现代学徒制的企业教学阶段中，企业不但要为学徒提供技术带教师傅，指导和监督学徒的岗位技术训练，还要投入大量的学徒训练原材料成本，并且能够提供足够的学徒岗位。在现代学徒制的学校教学阶段中，企业也需要派遣技术人员到校负责企业课程的教学，学校为企业授课人员提供教学资源支持和日程安排上的便利。在学生管理、教学管理、监督评价等各个环节加强校企沟通交流，保障教学运行高效便利。

（八）制定制度、建立标准，监控学徒培训质量

学校与企业共同制定教学质量监控机制，制定《G学院汽车专业现代学徒制试点实施方案》《专业人才培养方案》《学徒、学校、企业三方协议》《学徒管理办法》等规章制度，制定学徒制管理办法，落实学徒责任保险、工伤保险，切实保障学徒的权益和人身安全。学校教学督导队伍也对教师和师傅进行考核，并对参与现代学徒制的教师和师傅在评优方面优先考虑。为引导学徒全面发展，学校建立了以能力为核心、行业企业共同参与的学徒评价模式。

三、G职业技术学院现代学徒制运行机制的成效及问题

（一）现代学徒制运行机制的成效

1. 现代学徒制专业对接企业的遴选机制逐步形成

合理选择现代学徒制试点专业，是现代学徒制良性运行的重要前提。选择专业就要考虑其人才培养所对应的企业岗位。同样的专业，人才培养目标不同，培养方式、课程体系都会有差别，其作为试点的适宜性也会各有不同。人才培养方式、试点企业的特点等都是选择试点专业的考量因素。G学院汽车制造与装配技术专业，以培养整车制造企业的一线操作人员、班组长、工艺工程师、质量工程师等岗位人才为目标，相关岗位都需具备较扎实的专业知识基础与现场工作经验，其中工艺工程师、质量工程师还需要如工程软件应用、专业外语基础等知识技能的储备。

从现代学徒制人才培养的适宜性来看，汽车专业的校内教学传授的专业知识，也能让学徒在较宽松的环境中学习拓展知识；企业现场教学则能将理论与实践结合起来，在积累学徒工作经验的同时，还能让学徒的学习更具针对性；现代学徒制"师带徒"的形式，一方面能加强现场管理，让技能要点、安全意识的传授更有效，另一方面也能在师傅的监督下，降低学徒生产的废品率。

从试点企业特点的适宜性来看，整车制造企业实力大，市场竞争强，有足够的人才需求支撑学徒制试点，有足够的工作岗位支撑学徒来选择，有足够的技术人员支撑学徒培养，有先进的技术技能积累支撑学徒的技能提高，有精细化的管理流程和高效化的运行机制支撑学徒制的高效运行。

2. 现代学徒制协调沟通机制初显成效

深化校企合作是提高现代学徒制效益的前提条件，也是调动企业参与现

代学徒制试点积极性的关键环节,但是,如果校企双方在职业教育现代学徒制理念和行动上暂时未达成一致,或企业目前有自身的困难需要克服、无暇旁顾时,建立现代学徒制有效的协调沟通机制就显得尤为重要。G学院构建了校企之间有效的交流渠道,在学徒培训与学徒管理中强化现代学徒制"校企合作"的沟通运行机制。一方面,由企业和学校各派比较固定的联系人,在校企之间建立学徒制试点工作联系人制度,具体负责学徒制运行过程中的管理工作;另一方面,由企业和学校共同遴选师傅或教师,建立现代学徒制"双导师制"培养机制,具体负责学徒制的教学安排与实施;同时,通过建立学徒制试点工作例会制度、导师交流机制等一系列制度安排,保障校企双方信息共享、交流通畅。

3. 现代学徒制利益驱动机制成效显著

利益驱动机制是决定学徒制运行成败的关键。G学院通过与企业签订学徒制协议,明确企业在学徒制运行过程中的经济利益,降低企业在现代学徒制运行过程中的投入成本。一是学院划拨学徒制专项经费,专款专用,补助给企业,用经济杠杆撬动企业的积极性;二是降低企业在现代学徒制运行过程中的管理成本,例如在学徒制运行过程中,师傅的遴选及其培养、人才培养方案的开发、学徒培养及管理、合作模式的修订等一系列问题,都需要投入大量的人力、物力、精力以及时间等成本,通过协议约定、共同商定、协商沟通等办法与机制,有效降低了企业的经济成本,保障了企业的既得利益,提高了企业参与学徒制的积极性。

4. 现代学徒制人才培养质量显著提高

为保障现代学徒制的成效与质量,G学院建立了由学校纪检监察部门、教学督导部门、教学管理部门以及企业纪律检查部门、生产管理部门等多部门组成的质量跟踪与监督检查管理机制以及学徒制运行故障应急响应机制,从而保障学徒制人才培养质量。现代学徒制实施以来,G学院坚持"深化改革、创新发展,面向未来、开放发展,服务地方、特色发展"的办学发展理念,按照省市"服务地方经济、突出办学特色、提高教育质量"的要求,坚持以服务经济社会发展和人的全面发展为宗旨,以市场与就业为导向,以专业建设为主线,以改革创新为动力,以内涵建设为核心的发展道路,人才培养质量显著提升。近年来,现代学徒制已培养毕业生243人,其中毕业生的"双证书"率、中级工率和就业率均为100%,真正实现了毕业即就业。

(二) 现代学徒制运行机制存在的问题

1. "学徒"与"学生"的身份认同问题

招工即招生,学生签署三方协议后,即明确了学徒的身份。但是学生应该怎样认识这一身份?从学生到学徒,到底经历了怎样的身份转变?在学徒制运行过程中,校企双方该怎样对待这一双重身份?

从学生或学徒的角度看,学徒身份意味着更明确的目标。一旦签订学徒协议,即确定了就业的企业甚至岗位,在正式上岗前的学徒都是为了能够胜任这个岗位,为了能更好地在此岗位上发展。学徒身份的确认意味着比在校学生拥有更多的资源。学徒可以享有企业的生产培训资源,而如何正确对待这些资源、更有效地对其加以利用,就需要教育者做好说明和引导。同时,学徒身份的确认也意味着有更高的学徒标准、更严格的学徒管理,这是学生在签订学徒协议时要做好的思想准备。

从学校和企业的角度看,双重身份意味着对方的存在。对企业而言,学生还不是企业的正式员工,还不能委以生产重任,也不能违规安排生产任务;对学校而言,学徒是企业的准员工,学校可以辅助企业管理、辅助企业培养,但是培养规格和标准只能按照企业要求来实施。从学生到学徒身份的转变,需要学校、企业、学生这些利益相关者明确各自的职责与权利,通过学徒协议确定学生与学徒的具体职责与义务。

2. 现代学徒制课程的选择及开发问题

汽车专业现代学徒制课程不是从零开始搭建试点教学体系,而是先从现有专业课程中选取了部分课程,将其改造成为现代学徒制课程。现代学徒制课程的选择,需要考虑课程在专业教学体系中的重要性、关键性,需要考虑该门课程的理论部分与实践部分的比例,需要考虑该门课程在生产岗位上的应用情况。

在课程的开发上应以企业岗位工作内容为主线,结合岗位技能要求、工艺标准来设计教学内容。在设计教学方式时,要考虑现场教学、课堂教学两部分,或交替,或补充,或可互换;在设计教学项目时,要考虑典型案例并易于实施;在设计考核评价环节时,要突出重点,针对弱点。汽车专业的现代学徒制课程的选择与开发还要适时调整,不断完善。

3. 现代学徒制弹性学分制问题

职业教育的跨界属性,要求在现代学徒制教学中,教学空间由校内延伸到校外,由课堂延伸到生产车间,由教师单独教变为教师、师傅共同教,教学时空和教学主体都呈现多元化格局。因此,在教学管理运行中,要求做到工学衔接合理、有序,并充分考虑现代学徒制的科学规范运行。但是,现有的教学组织模式严重阻碍了工学交替开展,也就是说,现代学徒制的培养要依据能力发展需求,选择适合的教学组织方式,实施校企双主体共同参与的教学管理模式,即校企共同开发与组织实施课程教学,共同评价教学效果,共同评价学徒制的质量。

如实行弹性学分制。在以学校为主体的办学模式下和现有学籍管理制度下,完全的弹性学分制会给教学管理带来很多困难,还会带来教学管理无序、教学时空转换困难等诸多问题。因此,尝试有限制的弹性学分制,制订灵活的教学计划调整机制等是探索现代学徒制弹性学分制的路径选择。

第二节 W职业技术学院现代学徒制运行机制的个案分析

一、W职业技术学院现代学徒制运行机制的背景

根据《教育部办公厅关于公布首批现代学徒制试点单位的通知》(教职成厅函〔2015〕29号)要求,2015年8月成功入选教育部首批现代学徒制试点单位以来,W职业技术学院(以下简称W学院)按照现代学徒制试点项目实施方案及实施计划,制定了《W学院现代学徒制试点工作任务书》。按照现代学徒制试点工作要求,结合实际情况和铁路行业背景,W学院牢牢把握"服务发展、促进就业"的办学方向,依托××轨道交通职业教育集团平台,深化与武汉铁路局、广铁集团、上海铁路局、珠三角城际轨道交通公司、武汉地铁集团、广州地铁公司、深圳地铁公司、成都轨道交通有限公司等企业的合作,积极开展现代学徒制试点,重点在高速铁路类、城市轨道交通类专业,着力构建学校与企业共育、招生与招工协同、培养与需求衔接、教学与生产联动、教师与师傅互补、督导与考评双控、运行与调度共管、毕业与就业共融"八个一体化"现代学徒制人才培养运行机制。W学院与校外12家实训基地联合成立"牵引动力校企合作理事分会",全面推动现代学徒制人才培养模式改革。

二、W 职业技术学院现代学徒制运行机制的实践探索

W 学院在推行现代学徒制过程中,创新现代学徒制体制机制,完善现代学徒制组织架构和制度体系建设。成立现代学徒制试点工作领导小组和工作机构,按照项目负责、任务驱动、过程监控的要求,构建了"八个一体化"现代学徒制运行机制,并将其分解为 66 个重点工作任务,明确各试点项目的责任部门和负责人,提出工作标准和进度要求,确保试点项目的推进进度和质量。现将其运行机制的实践探索分析如下。

(一) 学校与企业一体化共育机制建设

构建学校与企业一体化共育机制,明确重点任务、进度安排和计划完成时间。学校与企业一体化育人机制主要内容包括:完善校企合作育人机制、完善学徒培养管理机制、探索人才培养成本分担机制和探索企业职工终身教育途径四个方面,而且每一项重点内容又分解为若干个具体的实施路径、办法或任务(见表 6-1)。

表 6-1 学校与企业一体化共育机制建设情况一览表

编号	重点任务	进度情况	计划完成时间
1. 学校与企业一体化共育机制建设			
1.1 完善校企合作育人机制			
1.1.1	签订现代学徒制人才培养合作协议	已完成	2016.6
1.1.2	成立现代学徒制试点工作领导小组和工作机构	已完成	2016.6
1.1.3	制定现代学徒制试点工作办法	已完成	2016.12
1.2 完善学徒培养管理机制			
1.2.1	制定现代学徒制学徒培养管理细则	已完成	2016.6
1.2.2	制定校企联合招生、分段育人、多方参与评价制度	已完成	2017.12
1.3 探索人才培养成本分担机制			
1.3.1	校内外实训场所、公共实训中心共建共管实施细则	已完成	2016.12
1.3.2	企业实习岗位提供及管理实施细则	已完成	2016.12
1.3.3	"双导师"聘用与管理实施细则	已完成	2016.12
1.4 探索企业职工终身教育途径			
1.4.1	共同开发职工终身教育方案	已完成	2016.12
1.4.2	开展技术技能培训和文化素养教育	已完成	2017.12
1.4.3	开展职业技能鉴定	已完成	2017.12

(二) 招生与招工一体化协同机制建设

按照"招生即招工、入校即入厂、联合培养"的现代学徒制培养思路,构建招生与招工一体化协同机制,研制招生招工一体化工作方案,签订校企现代学徒制联合培养协议,打造"新生进校千人订单学徒工程"(见表6-2)。W学院与武汉铁路局、武汉地铁集团分别签订学徒制联合培养协议,校企经过协商,明确招生(学徒)计划、招生(学徒)条件、招生(学徒)标准、学生(学徒)培养方式以及学生(学徒)就业岗位要求等事项,在每年新生报到时,校企联合实施"新生进校千人学徒订单工程",基本实现了招生招工一体化,破解了现代学徒制实施过程中招生与招工不同步的瓶颈问题。

表6-2 招生与招工一体化协同机制建设情况一览表

编号	重点任务	进度情况	计划完成时间
2. 招生与招工一体化协同机制建设			
2.1 研制招生招工一体化工作方案			
2.1.1	校企共同商定试点专业的招生计划、招生条件要求	2015级已完成	每年上半年
2.1.2	校企共同制定一体化培养方式、毕业要求	已完成	每年上半年
2.2 签订校企现代学徒制联合培养协议			
2.2.1	与武汉铁路局、武汉地铁集团等企业签订高速动车组检修技术、城市轨道交通运营管理专业的现代学徒制联合培养协议	2015级已完成	每年上半年
2.3 校企联合实施招生和招工			
2.3.1	将企业岗位要求纳入招生条件,明确招生章程,吸收企业参与招生宣传,增强招生效果	2015级已完成	每年6—8月
2.3.2	按照企业岗位需求和岗位任职基本条件,向企业推荐在校学生,与企业共同组建现代学徒制订单班	2015级已完成	2016.9
2.3.3	与企业商定师徒协议,企业师傅与学生签订师徒协议	已完成	2016.12

(三) 培养与需求一体化衔接机制建设

学校人才培养与企业人才需求相匹配,是现代学徒制的应然要求,也是职业教育现代学徒制的出发点和落脚点。从现代学徒制的本质规律出发,W学院构建了现代学徒制培养与需求一体化衔接机制(见表6-3)。主要内容包括:优化学徒制人才培养方案、制定学徒制专业教学标准、优化学徒制课程体系、建立学徒制课程内容与工作内容一体化机制、建立学徒制学历教育与资格培训一体化机制等。培养与需求一体化衔接机制的实践探索,有效破解了现

代学徒制中"学校教学与企业学徒两张皮""教学内容与企业工作两分离"等瓶颈与困境问题。

表 6-3 培养与需求一体化衔接机制建设情况一览表

编号	重点任务	进度情况	计划完成时间
3. 培养与需求一体化衔接机制建设			
3.1 优化人才培养方案			
3.1.1	专业人才培养方案指导意见	已完成	2016.5
3.1.2	专业人才培养方案开发工作手册	已完成	2016.5
3.1.3	优化2个试点专业人才培养方案	已完成	2016.7
3.2 制定专业教学标准			
3.2.1	共同制定专业教学标准	已完成	2016.12
3.2.2	共同制定岗位标准	已完成	2016.12
3.2.3	共同制定企业师傅标准	已完成	2016.12
3.2.4	共同制定质量监控标准及相应实施方案	已完成	2016.12
3.3 优化课程体系			
3.3.1	课程体系构建	已完成	2016.12
3.3.2	完善课程标准	已完成	2016.12
3.4 建立课程内容与工作内容一体化机制			
3.4.1	开发基于岗位工作内容、融入国家职业资格标准的专业教学内容和教材	已完成	2016.12
3.4.2	建设优质教学资源	已完成	2017.12
3.5 建立学历教育与资格培训一体化机制			
3.5.1	创新试点专业"双证书"制度	已完成	2016.12
3.5.2	学生获取职业资格证书情况统计分析	已完成	2017.12

（四）教学与生产一体化联动机制建设

由于价值取向的差异，学校的育人功能与企业的生产功能很难达成一致或趋同，这是困扰现代学徒制实行的一大难题。如何破解这一难题？W学院构建的教学与生产一体化联动机制，值得借鉴（见表6-4）。教学与生产一体化联动机制建设主要包括：建立学习与工作一体化制度，使学校教学与企业生产由融合到融通；优化专兼分工协作课程实施机制，使学校教师的教学课程与企业师傅的生产任务无缝对接，融会贯通。

表6-4 教学与生产一体化联动机制建设情况一览表

编号	重点任务	进度情况	计划完成时间
4. 教学与生产一体化联动机制建设			
4.1 建立学习与工作一体化制度			
4.1.1	校企双方的现代学徒制教学方案	已完成	2016.12
4.1.2	建立学徒培养质量第三方评价机制	已完成	2016.12
4.2 优化专兼分工协作课程实施机制			
4.2.1	现代学徒制兼职教师聘任和管理办法	已完成	2016.12
4.2.2	制定专兼教师分工协作课程实施制度及办法	已完成	2016.12
4.2.3	制定现代学徒制专兼职教师考核制度	已完成	2017.12

（五）教师与师傅一体化互补机制建设

学校教师教学（理论）能力强，企业师傅生产（实践）能力强，这是目前高职院校师资队伍建设的现实状况。然而，在现代学徒制背景下，要求学校教师既要有教育教学所具备的理论知识，还要有企业生产经验或实践能力；要求企业师傅既要有生产实践能力，还要有教书育人能力。如何破解现代学徒制教师与师傅岗位互补、能力互补以及学校教师与企业师傅"一长一短"等瓶颈问题？W学院构建了教师与师傅一体化互补机制（见表6-5），主要包括：建立"双导师制"、建立指导教师考核激励制度、建立灵活的人才流动机制。

学校聘请企业师傅为教师，企业聘请学校教师为师傅，实现师傅（教师）与教师（师傅）双向角色转化，校企联合制定"双导师"的选拔、培养、考核、激励等一系列制度，由武汉铁路局、武汉地铁集团选拔企业技术人员担任学徒制师傅，学校选派优秀教师担任学徒制导师，明确学徒制教师与师傅"双导师"的业务分工。校内导师主要负责专业基础课程、基础性实践课程的教学和指导，企业师傅负责专业核心课程、综合实践课程的教学和指导，形成了校企互聘共管、角色互换的"双导师"管理机制。

表6-5 教师与师傅一体化互补机制建设情况一览表

编号	重点任务	进度情况	计划完成时间
5. 教师与师傅一体化互补机制建设			
5.1 建立"双导师制"			
5.1.1	建立企业与学校相互兼职的制度	已完成	2016.12
5.1.2	校企联合建立"双导师"选拔、培养、考核、激励制度	已完成	2017.12

(续表)

编号	重点任务	进度情况	计划完成时间
5.2 建立指导教师考核激励制度			
5.2.1	建立指导教师考核激励制度及实施细则	已完成	2017.12
5.3 建立灵活的人才流动机制			
5.3.1	制定双向挂职锻炼激励制度和考核制度	已完成	2016.12
5.3.2	制定校企横向联合技术研发激励制度和考核制度	已完成	2016.12
5.3.3	制定专业建设的激励制度和考核奖惩制度	已完成	2017.12

（六）考核与督导一体化双控机制建设

严格的考核评价机制和督查督导机制是保障现代学徒制成效的关键环节。W学院构建考核与督导一体化双控机制（见表6-6），主要包括：成立校企联合督导机构、优化人才培养质量评价体系、加强校企联合督导队伍建设、开展周期性评估、加大课堂教学督导和实施人才培养结果监控。实施教考分离，校企共建学徒制考试考核题库，由第三方随机从题库中抽取考试考核试题，并由第三方对学徒进行考核评价；实施以形成性评价为主的考核方式改革，强调能力形成，着眼于学生应用能力评价，积极推行实操、作品、论文、报告等多种考核方式；强化过程与阶段性考核，学院与武汉地铁等企业联合对学徒开展体能测试、基础知识考试、技能抽考等阶段性考核；校企联合，强化课堂教学督导和学徒培养质量结果监控，确保学徒质量符合企业标准与要求。

表6-6 考核与督导一体化双控机制建设情况一览表

编号	重点任务	进度情况	计划完成时间
6. 考核与督导一体化双控机制建设			
6.1 成立校企联合督导机构			
6.1.1	校企联合成立教学督导组	已完成	2016.12
6.1.2	教学督导组的职责	已完成	2016.12
6.1.3	教学督导组工作计划与成效	已完成	2016.12
6.2 优化人才培养质量评价体系			
6.2.1	优化专业评估指标体系	已完成	2016.12
6.2.2	研究制定质量标准和评估办法	已完成	2016.12
6.2.3	教学质量的重要指标体系研究	已完成	2016.12
6.3 加强校企联合督导队伍建设			
6.3.1	制定校企督导员遴选办法	已完成	2016.12

（续表）

编号	重点任务	进度情况	计划完成时间
6.3.2	制定校企督导员培训方案	已完成	2017.12
6.3.3	制定校企督导员考评办法	已完成	2017.12
6.3.1	制定校企督导员遴选办法	已完成	2017.12
6.4 开展周期性评估			
6.4.1	对试点专业的课程、课程教学、顶岗实习、专业技能抽查、教学资源、校内外实训基地、毕业生质量等方面实行周期性评估	已完成	2017.12
6.5 加大课堂教学督导			
6.5.1	制定课堂教学督导办法	已完成	2016.12
6.5.2	开展课堂教学督导	已完成	2017.12
6.6 实施人才培养结果监控			
6.6.1	引入第三方评价机构开展毕业生质量跟踪调查	已完成	每年12月
6.6.2	发布试点专业人才培养质量年度报告	2015年已发布	每年12月

（七）运行与调度一体化共管机制建设

学校教学运行与企业生产调度也是现代学徒制运行过程中容易冲突或矛盾的环节，W学院构建学校教学运行与企业生产调度一体化共管机制（见表6-7），主要包括：建立健全与现代学徒制相适应的教学管理制度，即构建教学运行与生产调度一体化和学生学徒双重身份等管理制度。这一系列的一体化共管制度的建立，既有效保证了企业的生产和学校教学管理不受影响或少受影响，同时又保证了学生学徒双重身份的利益不受影响。

表6-7 运行与调度一体化共管机制建设情况一览表

编号	重点任务	进度情况	计划完成时间
7. 运行与调度一体化共管机制建设			
7.1 建立健全与现代学徒制相适应的教学管理制度			
7.1.1	制定弹性学制管理办法	已完成	2016.12
7.1.2	学分制管理办法	已完成	2017.6
7.1.3	学分累积和转换管理制度	已完成	2017.12
7.2 建立教学运行与生产调度一体化制度			
7.2.1	建立教学运行与生产调度一体化制度与实施细则	已完成	2017.6
7.3 建立学生学徒双重身份管理制度			
7.3.1	建立"双班主任"聘任和管理制度	已完成	2016.12

(续表)

编号	重点任务	进度情况	计划完成时间
7.3.2	学生学徒行为准则与评价办法	已完成	2016.12
7.3.3	学生学徒身份动态管理制度	已完成	2017.12
7.3.4	建立学生学徒信息管理平台	已完成	2017.12

（八）毕业与就业一体化共融机制建设

推行现代学徒制，以提高学徒质量和学徒就业为主要目的，W 学院通过对学徒的跟踪调查、分析学徒质量、校企之间及时反馈和互通学徒情况等多种形式，了解每一位学生（学徒）的实际情况，构建了毕业与就业一体化共融机制（见表 6-8），企业与学徒签订就业协议，实现了学徒毕业即就业。

表 6-8 毕业与就业一体化共融机制建设情况一览表

编号	重点任务	进度情况	计划完成时间
8. 毕业与就业一体化共融机制建设			
8.1 毕业与就业一体化共享机制建设			
8.1.1	学院定期向企业通报学生在校学习、操行情况；企业向学院定期通报企业实习实训、顶岗实习情况	已完成	2016.12
8.1.2	组织相关院系与企业共同开展试点专业毕业生就业质量分析和毕业生跟踪调查	已完成	2016.12
8.1.3	按照企业要求，组织学业、操行和企业体检合格的毕业生与企业签订就业协议，做好毕业生就业报到组织工作	已完成	2017.12

三、W 职业技术学院现代学徒制运行机制的成效及问题

（一）现代学徒制运行机制的成效

作为国家现代学徒制第一批试点院校，W 学院深化现代学徒制体制机制创新，建立现代学徒制组织机构，完善现代学徒制制度体系建设，构建了"八个一体化"现代学徒制运行机制。校企一体化共育机制以建章立制、完善制度体系为重点，制定了《现代学徒制试点工作办法》《现代学徒制学徒培养管理细则》等九个管理运行制度，较好地解决了在实施现代学徒制过程中，企业育人职责不明确或积极性不高等问题，校企合作育人机制初见成效；招生与招工一体化协同机制以签订学徒培养协议和师徒协议为重点，校企联合实施招生与

招工,搭建"新生进校千人学徒订单工程"平台,基本解决了招生与招工不同步的问题;培养与需求一体化衔接机制以校企共同制定专业教学标准,共同商定课程内容与工作任务的有机融入为重点,学徒的培养标准、培养质量与企业需求无缝对接,学徒满师即上岗,学徒毕业即就业;教学与生产一体化联动机制以制定学徒学习与工作一体化制度为抓手,基本保证学校学习(学生)与企业工作(学徒)相互融合,协调统一;教师与师傅一体化互补机制以"双导师制"建设为抓手,以校企互聘、考核、激励制度为重点,教师被互聘师傅、师傅被互聘教师的双向互聘、互补机制运行良好;考核与督导一体化双控机制以校企联合成立督导组织为抓手,以校企联合制定质量评价体系和联合建立督导队伍为重点,实施学徒制教学过程督导和结果监控监督相结合,学徒制质量保障体系进一步完善;运行与调度一体化共管机制以学徒制运行管理为重点,以学徒制运行制度建设为核心,强化基于弹性学分制的教学运行管理,强化基于学徒生产任务的生产调度管理,强化基于学徒双重身份的动态监控管理,学校教学运行与企业生产调度良性互动;以促进学徒高质量就业为目的,W 学院构建了毕业与就业一体化共融机制,学徒高质量就业率达到100%。

经过两年的现代学徒制试点,取得了显著成效。2016 年,W 学院的学徒在铁道行指委全国铁道职业院校"捷安杯"铁道车辆技能大赛中,荣获团体二等奖;2016 年,在"铁道车辆专业学生空调客车库检作业"技能竞赛中,荣获三等奖;2016 年,在全国"挑战杯——彩虹人生"创业创效创新大赛中,荣获一等奖和三等奖各一项;2016 年,动车组检修专业学生徐汉荣获全国大学生自强之星提名奖;等等。

(二) 现代学徒制运行机制存在的问题

1. 行业协会的作用有待进一步发挥

从国际经验看,行业组织对职业教育的发展有着不可替代的作用。一般而言,行业协会通过制定行规、行约从而规范行业行为,同时为政府主管部门制定行业规划、产业政策和立法工作提供建议等,在政府和会员企业之间发挥桥梁和纽带的作用。然而,由于行业组织在我国没有被赋予法定功能,同时缺乏相关的参与机制,其在职业教育中所发挥的作用也十分有限,常常是心有余而力不足。

2. 学徒培养与企业生产之间的对接有待进一步加强

我国高铁、城际铁路、新增城市轨道交通线网总规模在不断扩大,铁路和轨道交通技术、装备急剧更新升级,城市轨道交通行业职业技能标准提高,对W学院现代学徒制人才的培养提出了新要求、新挑战,需要职业院校课程更进一步深入企业生产一线,紧贴岗位实际工作过程,进一步优化课程结构,更新课程内容,促进技术技能人才培养与行业职业标准之间的有效对接,更好地适应铁路和城市轨道交通行业发展要求。

3. 师资队伍建设步伐有待进一步加快

专业师资队伍的规模、结构、质量与学徒制人才培养的规格要求、质量标准还不能很好适应,需要进一步加强专任教师企业实践力度,加强企业技术人员聘用和管理力度,努力在教科研领军人才及高水平创新团队建设上取得新突破。

4. 企业参与学徒制积极性有待进一步提高

企业作为一个以盈利为主要价值追求的市场经济主体,参与现代学徒制是基于人力资源储备、经济回报、企业形象提升等方面的考虑。目前企业参与高职院校人才培养的利益回报有限,主要表现在:一是培养出来的学生往往在企业工作一段时间后跳槽换岗,离职率较高;二是较少获得相关的税费减免和财政补贴;三是对企业形象提升作用不大。在这种情况下,企业参与现代学徒制的积极性不高。

第三节 J职业技术学院现代学徒制运行机制的个案分析

一、J职业技术学院现代学徒制运行机制的背景

J职业技术学院(以下简称J学院)在逐步深化校企合作的基础上,现代学徒制运行机制依据合作办学对象、合作办学形式依次经历了以下四个发展阶段。

第一阶段:订单班模式。2010年前,为缓解企业招工难问题,提高学院人才培养针对性,按照企业所需,校企双方合作共同培养人才,校企合作最初以

订单班的形式开展,主要有"甬港订单班""商达订单班""江南订单班"等。但随着区域经济发展、行业企业转型升级,订单班越来越不能满足企业的人才需求。订单式人才培养缺陷主要体现在两个方面:一是人才培养的间歇性,高职院校在早先的校企合作办学过程中,创新实践了校企订单人才培养模式,该办学模式在一定阶段满足了行业和企业的用人需求,但随着行业发展和产业升级,企业对专业技能型人才的储备需求和技能要求越来越高,订单式人才培养不可持续;二是专业发展方向建设的局限性,根据行业岗位的需求,高职院校的课程体系建设与专业方案设置,发生了日新月异的变化,也取得了一定的改革成效,但是,当前行业企业对专业人才的需求正趋向于精细化和多元化,部分高职院校专业发展方向的设立和改革,存在有生源没岗位、有岗位没生源的局限性,或是岗位多生源少、生源多岗位少的矛盾性。

第二阶段:"1+1"模式。针对订单式人才培养出现的问题,J学院创新人才培养模式,构建了"1+1"校企合作学院模式,即"1+1"模式,第一个"1"是学院,第二个"1"是知名企业。该模式主要是根据行业知名企业、大型企业人才需求,不限专业在J学院先进行"招聘",学生根据自己的兴趣、特长报名组合成"1+1"校企合作学院,接受企业和学校的联合培养。J学院共有校企合作学院四家,并各具特色。一是联合浙江××装饰股份有限公司成立"亚厦学院"。构建了基于"共同组建管理机构、共同遴选组成人员、共同制定培养方案、共同实施学院运作、共同打造共享基地、共同管理亚厦基金"的"六共"合作办学模式。二是联合××物业服务集团有限公司成立"绿城学院",该院重在实践锻炼,每年组织合作学院师生到企业不同的基地实习锻炼。三是联合浙江××工程项目管理有限公司成立"五洲管理学院",该院重在"院中院"建设,在人才培养、项目共研、基地共建、文化共融等方面开展合作。四是联合××房产集团有限公司成立"金都绿色建筑联合学院",该院以树立绿色建筑理念、培养绿色建筑人才为宗旨,重在绿色文化传承。

"1+1"校企合作学院在很大程度上满足了行业知名企业、大型企业人才需求,但对行业中小型企业的人才少而精的现实需求却很难兼顾。由于企业规模和承担项目的局限性,在市场经济体制中,中小型企业对人才的竞争一直趋于弱势,这很大程度上影响了中小型企业的人才储备和企业转型,也在一定程度上影响了企业岗位和专业人才的匹配度,造成人才资源的不对称。这种情况下,J学院又在积极探索新的人才培养模式。

第三阶段:"1+1+X"模式。即"1+1+X"行业联合学院阶段,"1+1+X"行业联合学院以行业协会为纽带,联合多家中小型企业,学生接受学校和行业联合学院的共同培养,毕业后学生和企业双向选择。"1+1+X"模式中第一个"1"是指职业学院、第二个"1"是指行业协会、第三个"X"是指行业协会中的中小型企业,学院共有四家"1+1+X"行业联合学院,分别为浙江省建筑业行业联合学院、浙江省装饰幕墙联合学院、浙江省智慧城管联合学院和浙江省建设监理联合学院。"1+1+X"行业联合学院的创新之处有三个方面:一是合作内涵创新,联合学院的主体是由多个独立法人组成的产学研一体的办学体,构建了"学院—协会—企业"不同主体"统一领导、分工负责、资源共享、专款专用"的管理模式;二是合作实践创新,该模式由行业协会牵线搭桥,行业协会隶属的企业参与建设,参与企业根据自身发展提出要求,为合作院校选送优质的师资,为学生就业实习提供优质的岗位保障,为教师科研实践搭建优质的项目平台;三是合作价值创新,该模式创新了行业、学院、企业"三主体"办学模式,满足了中小型企业在转型发展过程中对人才储备培养的需求,也在行业企业对普适性技能型人才需求基础上,满足了对特殊岗位综合型人才的需求,解决了中小型企业难以独立开展订单式人才培养的困难,同时为联合学院的学生提供了更广阔的择业空间和发展平台。

第四阶段:现代学徒制模式。根据教育部《关于开展现代学徒制试点工作的意见》(教职成司〔2014〕9号)文件要求开展现代学徒制试点工作,以促进行业、企业参与职业教育人才培养全过程,实现"五个对接",提高人才培养质量和针对性。以此为契机,J学院在"装饰幕墙行业联合学院"的基础上,开展基于"1+1+X"行业联合学院平台的建筑类现代学徒制探索与实践,实现了校企合作人才培养模式的再升级。

二、J职业技术学院现代学徒制运行机制的实践探索

(一)重视顶层设计,构建"六个一体"运行机制

J学院根据《教育部关于开展现代学徒制试点工作的意见》(教职成〔2014〕9号)和《现代学徒制试点工作实施方案》(教职成司函〔2015〕2号)等文件精神,按照报批备案的《J学院现代学徒制试点项目实施方案》,联合浙

省装饰行业协会,在装饰幕墙设计与施工专业中推行基于行业联合学院的现代学徒制人才培养模式探索与实践。J学院精心设计现代学徒制顶层架构与方案,创新现代学徒制体制机制,构建了学院与行企一体育人、招生与招工一体操作、培养与需求一体衔接、教学与生产一体联动、教师与师傅一体协同、毕业与就业一体实现"六个一体"现代学徒制运行机制,实现了现代学徒制人才培养计划与培养目标的对接。

(二) 遵循"强、大、深、稳"原则,构建遴选企业机制

现代学徒制试点专业的选择,应重点考虑岗位人才的需要,即要与建筑业产业化发展密切相关,以培养行业紧缺型人才和特殊岗位人才的专业为宜,其原因在于此类人才正是行业、企业所迫切需要的,可以最大限度地调动行业、企业参与现代学徒制试点的积极性。为此,J学院选定装饰幕墙设计与施工专业开展现代学徒制试点。

试点专业确定后,遴选什么样的企业进行合作关系到学徒培养的精准性和有效性。J学院合作企业的遴选遵循"强、大、深、稳"的基本原则:"强"即合作企业的自身实力强、行业影响力大;"大"即合作企业自身规模发展速度快、在建(拟建)工程项目多、对专业人才的需求量大;"深"即企业在以往的校企合作中能够主动合作、深度参与,并与学院保持长期的校企合作关系;"稳"即企业有较为扎实的经济基础,具有抵御市场风险的能力,从而确保学徒能够享受法定的劳动保护、福利保险以及学徒报酬等。

按照以上四个原则,在行业联合学院框架下,通过先期的企业调研和实地考察,J学院遴选了区域内幕墙行业的龙头企业,组建了装饰幕墙设计与施工专业现代学徒制合作企业群。

(三) 签订学徒制培养协议,构建三种招生招工运行机制

根据现代学徒制试点要求,J学院创新现代学徒制招生招工体制机制,构建了三种不同形式的招生招工运行机制。一是先招生再招工:先由学校根据高考成绩录取生源,经过一年专业理论课学习后,由行业、企业组织招聘委员会在专业生源中招收符合条件的学生组成现代学徒制教学班。二是先招工再招生:合作企业在企业员工内部选择相当于高中学历的人员,报名参加成人高考,而后参加由学院组织行业协会、合作企业共同参与的单招考试。三是招生招工一体化:以提前招生的形式进行,将合作的6家企业的用工标准纳入招生

标准,行业、合作企业同时参与招生。

为确保三种招生招工机制的健康运行,明确现代学徒制实施过程中J学院、行业协会、企业、学生(学徒)的职责和义务,保障现代学徒制各利益相关者的权益,根据相关的法律法规和方针政策,由J学院、行业协会、企业和学生四方共同签订学徒制培养协议,从而实现学生身份与学徒身份的合理对接。

（四）课程设置对接四种岗位,构建课程开发与实施机制

根据现代学徒制的特点和行业企业工作岗位的实际需要,"校行企"沟通协作,共同开发"识岗、轮岗、专岗、顶岗"四种工作岗位,分步实施,并完成基础课程、专业课程和岗位课程三类课程的学习,构建学生、学徒、准员工和员工四个层次的职业能力课程模块,从而实现职前与职后成长相衔接。

"识岗"安排在前3个学期实施,主要目的是实现从学生到学徒的准备,需要完成基础课程(包括公共基础、专业基础和学徒识岗课程等)的学习;"轮岗"安排在第4学期实施,主要目的是实现从学生到学徒的转变,通过工学交替的形式完成;"专岗"安排在第5学期实施,主要目的是实现学生从学徒到准员工的转变,学生在校内实训基地和合作企业工程现场完成专门岗位的实训课程;"顶岗"安排在第6学期实施,主要目的是实现从准员工到员工的转变,学生在企业工程现场完成岗位顶岗工作。

（五）"行企校"沟通协作,构建双导师教学指导机制

在行业联合学院的框架下,依托行业协会丰富的专家资源,学院建立健全双导师的选拔、培养、考核、激励等机制,形成校企"互聘共用、双挂双聘"的双导师教学指导运行机制,实施"把行业企业能工巧匠请进来,让一线专业教师走出去"的双导师团队管理模式。

学院根据职业道德良好、技术过硬、表达能力好和带徒经验丰富等标准,同时按照每个师傅不多于5个学生的配备标准,从6家合作企业选拔了10名企业师傅,并聘请行业协会的秘书长担任企业班主任,组建了企业师傅团队;由学校的专业班主任(由专业负责人担任)、班导师(由班级辅导员担任)和核心课程(5门)专任教师等组成学校的专业教师团队。

企业师傅团队和专业教师团队共同实施课堂教学,一个课堂双导师授课,一个学生双导师指导,实施企业能工巧匠与学院专业教师相对接的机制。

(六) 学徒评价对接职业资格证书,构建多元评价体系

构建学院、企业和行业多元考核评价机制是保障现代学徒制质量的重要环节。其中,学院公开评价,是指通过预先公开课程(包括实训课程)评价标准、教学进度安排,以学院为主体根据相关评价标准来考评学生的表现和学习的成绩;企业现场评价,是指由企业人事部门和企业师傅通过现场操作技能测评来评价学徒技能掌握程度的考核;协会(社会)能力评价,是指学生(学徒)所掌握的专业知识和职业技能参加协会(社会)组织的施工现场职业能力岗位证书考证。学徒制考核对接行业资格认证,学徒参与现代学徒制项目,必须学习国家职业标准与企业标准作业流程,通过学校教师、企业导师以及行业协会的全程考核与评估,接受学校理论知识考核,同时接受企业、行业岗位技能、行业标准、职业素养考核,即可获得毕业证书、行业联合学院结业证书和行业职业资格证书,实现毕业证书、行业实践经历、职业资格证书相对接。学徒满师或毕业,必须取得以下资格证书中的一项:绘图员资格、施工员(装饰)、质量员(装饰)、安全员(装饰)、材料员(装饰)、造价员(装饰)资格证书等。

三、J职业技术学院现代学徒制运行机制的成效及问题

(一) 现代学徒制运行机制的成效

J学院现代学徒制试点项目,联合浙江省装饰行业协会,在装饰幕墙设计与施工专业中推行基于行业联合学院的现代学徒制人才培养模式探索与实践,构建了"六个一体"的现代学徒制运行机制。值得一提的是,理事会领导下的行业联合学院的现代学徒制体制机制创新与实践,受到业界的高度评价。

成立行业联合学院理事会,并在理事会领导下开展现代学徒制探索,理事会下设院务会及专项工作组,围绕共同育人目标,发挥各自优势,明晰责权利。行业牵头制定方案标准,企业提供师资岗位,学院具体操作实施,形成了高效流畅的现代学徒制运行机制(见图6-1)。

经过多年的实践探索,学徒的专业知识与就业岗位高度融合,学徒的高质量就业率达到100%,学徒制培养质量企业高度认可。学校连续获得国家职业技能鉴定中心、中央财政支持技能型紧缺人才职业教育实训基地、建设部建设类高职师资华东片培训中心、建设部中德合作(中西部地区)建设职业教育培训中心、全国首批现代学徒制试点单位、全国校企合作创新一体化联盟发起单

位和副秘书长单位、"国家骨干高职院校"和 2015 年度全国毕业生就业典型经验高校等荣誉。

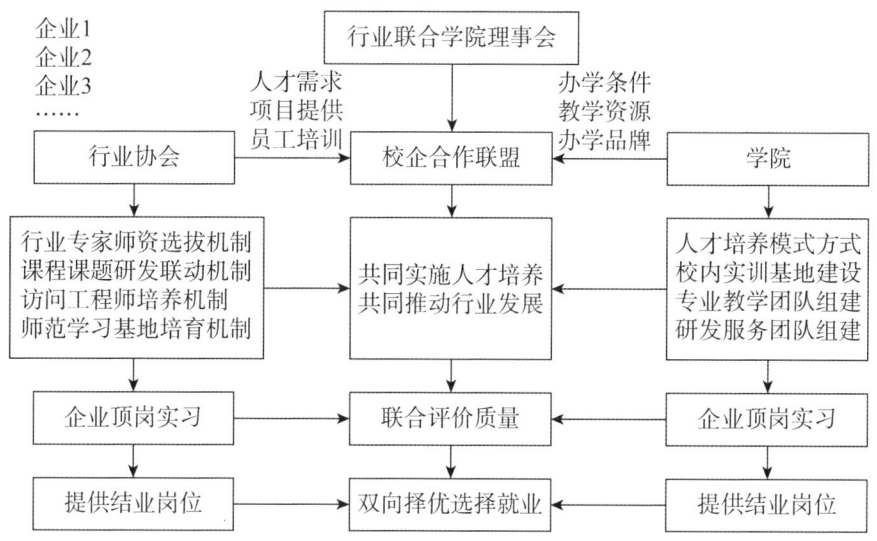

图 6-1 行业联合学院运行机制示意图

（二）现代学徒制运行机制存在的问题

1. 招生招工一体问题

在我国现行职业教育体系以及现代学徒制试点的大背景下，由于现代学徒制相关政策法规以及制度设计一定程度的缺失，J 学院推行现代学徒制招生与招工一体化只是一种有效的尝试与探索，进一步做好现代学徒制试点工作，还面临着许多制度障碍和实践困境。

2. 企业师傅标准问题

现代学徒制实施最重要的一个环节是企业师傅的选拔。虽然 J 学院制定了企业师傅的选拔标准，但教学过程中企业师傅的教学技能和教学规范还有待提高，企业师傅的教学效果评价还有待规范，诸如此类的标准和规范问题还需要在试点过程中逐步完善。

3. 企业岗位标准问题

在不同企业，同一工作岗位标准的内涵不尽相同，这就需要行业协会牵头协调相关企业，在现有行业岗位标准的基础上研究制定统一的企业岗位标准。

4. 教学组织管理问题

鉴于现代学徒制教学空间和教学主体发生变化，在现实的教育教学管理中需要兼顾学校教学的原则性和企业生产实训的灵活性。然而,现实境况中校企共同参与的柔性教学管理以及工学的有效衔接,还有很多问题亟待解决。

第四节 高职院校现代学徒制运行机制个案比较及启示

一、三所职业技术学院现代学徒制运行机制的分析比较

从三所职业技术学院现代学徒制的利益驱动机制来看,G学院主要通过学校、企业、学徒三方签订现代学徒制协议来保障企业的经济利益,降低企业的投入成本。例如,G学院在学徒制运行过程中,划拨专项经费补助企业,以调动企业参与现代学徒制的积极性。W学院现代学徒制的利益驱动机制主要通过培养与需求匹配来节约企业的人力资源培训成本,通过教学与生产联动机制、运行与调度一体化共管机制来降低企业的生产成本和管理成本,企业直接或间接获得了实实在在的利益。J学院现代学徒制的利益驱动机制,主要通过签订现代学徒制协议,保障企业的既得利益,调动企业参与现代学徒制的积极性。

从三所职业技术学院现代学徒制的协调沟通机制来看,G学院主要通过与政府、企业多次协商,构建了"园区+支柱产业企业+学院"的学徒制模式。G学院与企业、学徒、家长多次协调沟通,签订学徒制三方协议,明确学校、企业、学徒的各自职责,在此基础上构建了特色鲜明、高效运行的"联合招生、联合培养、联合管理"和"有产品、有经验、有平台、有成果"的"三联四有"学徒制运行机制。W学院现代学徒制的协调沟通机制,主要体现在构建"八个一体化"现代学徒制运行机制过程中以及在制定学徒制制度、考核评价体系等方面都与企业达成比较好的协调沟通效果。J学院现代学徒制的协调沟通机制,主要是在构建"六个一体"运行机制过程中,与企业进行协调沟通,达成一致,构建"强、大、深、稳"的遴选企业机制,发挥企业在学徒制中的主体作用,最大限度地调动企业参与现代学徒制的积极性。

从三所职业技术学院现代学徒制的课程开发与实施机制来看,G学院主要通过签订现代学徒制协议,明确学校与企业在课程开发与实施机制中的职

责、权利和义务,在此基础上,构建了基于"从企业来,到企业去"的现代学徒制课程开发机制,校企无缝对接,构建了企业教学阶段和学校教学阶段的"两阶段"教学运行与实施机制。W学院现代学徒制的课程开发与实施机制,主要通过培养与需求一体化衔接机制建设,来解决专业教学标准、专业课程体系、课程内容开发以及与技能资格证书对接的问题,通过学校与企业一体化共育机制建设、教学与生产一体化联动机制建设、教师与师傅一体化互补机制建设等来实施教学过程与教学结果最优化。J学院现代学徒制的课程开发与实施机制,主要通过课程设置对接"识岗、轮岗、专岗、顶岗"四种工作岗位,相对应地完成基础课程、专业课程、岗位课程三类课程的开发。通过构建双导师教学指导机制,企业师傅与学校教师共同完成教学任务。

从三所职业技术学院现代学徒制的质量保障机制来看,G学院主要通过制度构建来保障学徒的各种权利,学校督导参与学徒质量监督来保障学徒的教学质量,制定多元的考核评价体系来保障学徒的培养质量。W学院主要通过考核与督导一体化双控机制建设,既重视过程考核,又重视结果评价,还创新了考核评价方式,保障学徒制的质量效益。J学院主要通过学徒评价对接职业资格证书,构建多元评价体系,从而提高现代学徒制培养的质量。

二、基于案例分析的高职院校现代学徒制运行机制的经验及启示

本研究选择的三个高职院校现代学徒制案例都属于国家首批现代学徒制试点单位,区域分布为我国的西部、中部和东部,具有典型的区域代表性。他们在实施现代学徒制的过程中,能够按照教育部现代学徒制试点的文件要求,并结合本地区及学校的实际情况,卓有成效地开展现代学徒制实践探索,在利益驱动机制、协调沟通机制、课程开发与实施机制和质量保障机制等构建方面,都积累了一些有益的经验,给其他高职院校开展现代学徒制提供了有价值的借鉴与启示。

(一) 构建利益驱动机制,保障利益相关者利益

G学院、W学院和J学院作为国家现代学徒制的第一批试点单位,积极探索现代学徒制的利益驱动机制建设。例如,G学院在签订现代学徒制协议时,在明确企业、学徒与学校的职责权利的同时,还高度重视企业、学徒的利益,划

拨专项经费补助给企业,为学徒购买责任保险、工伤保险,落实学徒的报酬等。W学院则通过为企业节省人力资源培训成本、生产成本和管理成本来保护企业的利益。J学院也同样在签订现代学徒制协议时,明确了企业在现代学徒制中的合法权益和必要利益。

(二)构建协调沟通机制,保障学徒制高效运行

在现代学徒制运行过程中,有企业、行业、学校、学徒及其家长等多种利益相关者主体,而各利益相关者的利益诉求又不尽相同,如何搭建协调沟通平台,构建协调沟通机制,是保障现代学徒制健康良性运行的重要条件。G学院开展"政校企"深度合作,搭建"园区+支柱产业企业+学院"合作平台,加强与政府、企业的沟通交流,校企联合搭建"联合招生、联合培养、联合管理"的管理平台,完善沟通渠道,提高管理效能,建设完善具有可靠合作伙伴、有效交流渠道、稳定工作模式、团队磨合基础的试点工作平台,保障现代学徒制的高效协调运行。

W学院构建的"八个一体化"现代学徒制协同创新机制,在学院与企业共同育人、招生与招工同步、培养与需求衔接、教学与生产联动、教师与师傅互补等方面,都在与企业深度协调沟通的过程中达成一致。J学院在现代学徒制实践探索经历的四个发展阶段中,不同发展阶段都通过与行业协会、知名企业或中小企业开展多层次、多渠道的沟通交流,最后达成现代学徒制价值趋同,合作升级。同时在协商解决遴选企业问题、招生与招工同步问题、企业导师的聘任问题以及考核评价机制问题等方面,都达成较好的合作效果。

(三)构建课程开发与实施机制,保障学徒制教学运行效果

构建现代学徒制课程开发与实施机制是保证学徒制教学健康运行的重要条件。G学院与企业合作,根据企业生产任务的需要、课堂教学与现场教学的特点开发企业课程,重构现代学徒制课程体系,并将现代学徒制的教学运行分为学校教学阶段和企业教学阶段,学校教师和企业师傅根据教学任务需要分别承担不同的课程。W学院通过构建学校人才培养与企业人才需求一体化运行机制,开发新的课程体系,实现学校教学与企业生产相对接,课程内容与工作内容相对接;构建教师与师傅互补机制,实现学校教师与企业师傅课程教学的分工与互补。J学院通过构建基于"识岗、轮岗、专岗、顶岗"等不同工作岗位的课程开发机制,实现基础课程、专业课程、岗位课程分步实施路径;构建

"双导师"教学指导机制,实现学校教学与企业指导有机结合、合作共赢。

（四）构建质量保障机制,保障学徒制质量与效能

现代学徒制质量保障机制主要通过学徒制的制度、标准、考核、评价来实现。G学院实施的现代学徒制通过校企联合制定规章制度,规范运行管理,制定评价标准和评价办法,并构建以能力为核心、行业企业共同参与的学徒评价模式,有效提高了学徒的培养质量。W学院构建基于第三方考核评价与校企联合督导的质量双控机制,实施以形成性考核为主的考核方式改革,既重视过程性考核,又重视学徒质量的结果评价。J学院通过学徒质量评价对接职业资格证书,构建基于学院公开评价、企业现场评价、行业能力评价为一体的多元评价机制,同时,将获得职业资格证书作为学徒制质量评价的重要组成部分,学徒满师或毕业必须经过考核评价,且获得相应的职业资格证书。

小 结

本章选取我国西部G学院、中部W学院、东部J学院三所高职院校进行案例研究,并从三所高职院校现代学徒制运行机制的背景、实践探索的成效和存在的问题等方面进行分析研究,又对三所高职院校现代学徒制的利益驱动机制、沟通协调机制、课程开发与实施机制和利益驱动机制进行比较研究。

从G学院现代学徒制案例的研究中发现,G学院现代学徒制运行机制主要表现为:构建了"园区+支柱产业企业+学院"的学徒制模式;明确学校、企业、学生三方职责,签订学徒协议;明确学徒制培养目标,构建"三联四有"运行机制;"合作班"回归"现代学徒班",企业挑选"学徒";校企深度合作,遴选企业"师傅"队伍;"从企业来,到企业去",构建现代学徒制课程开发机制;构建了企业与学校"两阶段"教学运行机制;制定学徒制制度,建立学徒制标准,有效监控学徒培训质量。现代学徒制存在的主要问题有:"学徒"与"学生"的身份认同问题、现代学徒制课程的选择及开发问题、现代学徒制弹性学分制问题等。

从W学院现代学徒制案例的研究中发现,W学院现代学徒制运行机制主要表现为:创新现代学徒制体制机制,完善现代学徒制组织架构和制度体系建

设,按照"项目负责、任务驱动、过程监控"的要求,构建了"八个一体化"现代学徒制运行机制,即学校与企业一体化共育机制、招生与招工一体化协同机制、培养与需求一体化衔接机制、教学与生产一体化联动机制、教师与师傅一体化互补机制、考核与督导一体化双控机制、学校教学运行与企业生产调度一体化共管机制、学生(学徒)毕业与就业一体化共融机制。现代学徒制存在的主要问题有:行业协会的作用有待进一步发挥,学徒培养与企业生产之间的对接有待进一步加强,师资队伍建设步伐有待进一步加快,企业参与学徒制的积极性有待进一步提高。

从J学院现代学徒制案例的研究中发现,J学院现代学徒制运行机制主要表现为:精心设计现代学徒制顶层架构与方案,创新现代学徒制体制机制;遵循"强、大、深、稳"原则,构建遴选企业机制;签订学徒制培养协议,构建三种招生招工机制;课程设置对接四种岗位,构建课程开发与实施机制;"行企校"沟通协作,构建双导师教学指导机制;学徒评价对接职业资格证书,构建多元评价体系。现代学徒制存在的主要问题有:招生招工一体问题、企业师傅遴选的标准问题、企业岗位标准问题、教学组织管理问题等。

从三所示范院校现代学徒制运行机制的比较分析来看,三所院校在利益驱动机制、沟通协调机制、课程开发与实施机制和质量保障机制等方面的实践探索中,值得借鉴的经验主要表现为:一是构建利益驱动机制,保障利益相关者的利益;二是构建协调沟通机制,保障学徒制高效运行;三是构建课程开发与实施机制,保障学徒制教学运行效果;四是构建质量保障机制,保障学徒制的质量与效能。

第七章

高职院校现代学徒制运行机制的实践路径探索

前文针对现代学徒制运行机制这一研究主题,从多个方面进行了探讨。首先基于对现代学徒制运行机制理论分析框架的阐述,分析编制了相应的调研工具,并据此对当前我国高职院校现代学徒制运行机制的现状进行了总体的调查,还基于社会建构理论对我国现代学徒制运行机制构建的现实困境进行了深入阐述,并对国内外现代学徒制运行机制的典型案例进行了深入剖析。尽管上述研究已经从多个方面对现代学徒制运行机制进行了分析探讨,但为了能够更加深入地总结归纳高职院校现代学徒制运行机制构建的基本规律,尤其是在当前国情下,探寻高职院校现代学徒制运行机制构建的具体路径更为重要。因此,基于笔者在H职业技术学院所承担的角色,试图采取行动研究法,依据"计划—行动—观察—反思"这一流程来开展行动研究,并辅之以其他方法,对现代学徒制运行机制展开深入的实践探索,分析探讨当前高职院校现代学徒制运行机制构建面临哪些问题,并努力在理论指导下展开实践行动探索,探索在当前国情之下高职院校现代学徒制运行机制构建的具体路径。

第一节　行动背景:充分深入把握当前国情与校情

行动研究的一般过程大致要经历"问题界定—情境分析—行动假设—发展行动计划—实施行动计划—评价行动计划—反思行动—记录与传播结果"这样一个基本过程。本研究的基本问题已经确定——在当前国情下H职业技术学院现代学徒制运行机制的构建路径。在基本问题确定的情况下,就需要进一步对当前的国情与校情进行深入的考察分析,因为只有深刻把握环境因素对行动的制约机制,才可能制定出科学合理的行动实施方案。

一、H职业技术学院现代学徒制运行机制探索的国情分析

当前我国现代学徒制运行机制构建的整体环境呈现出国家重视、政策密

集出台的良好态势,但同时也存在着系统规划缺失、法律制度建设滞后、社会主流舆论不利的局面。唯有真正认识清楚这一基本国情,才能够在具体的实践探索中根据基本国情对行动策略进行科学合理的整体规划。

(一) 实施现代学徒制已经成为国家重要发展战略

在我国,发展现代学徒制已经成为国家"制造立国、技能兴国"战略的重要组成部分,从国务院领导到各部委都将发展现代学徒制作为实现我国经济社会发展的重要举措。在2014年2月的国务院常务委员会会议上首次提出"开展校企联合招生、联合培养的现代学徒制试点"①。随后教育部在2014年8月又发布了《教育部关于开展现代学徒制试点工作的意见》(教职成〔2014〕9号),在文件中提出了开展现代学徒制对我国进一步加快发展现代职业教育的战略意义。而且在国家重要的产业政策文件《中国制造2025》中,也提出了强化职业教育和技能培训,开展现代学徒制试点示范。② 除上述宏观政策出台外,政府部门还专门针对现代学徒制试点出台了一系列具体的行动实施计划,如教育部办公厅公布了首批现代学徒制试点单位,经过专家评议,决定遴选165家单位作为现代学徒制试点单位和行业试点牵头单位,要求各试点单位要制定工作任务书、加强科研工作,做好宣传工作,强化组织领导。而H职业技术学院所在的Z省同样遴选了19所高职院校、56所中职学校开展现代学徒制试点工作。通过对以上文件的整体归纳分析,可以发现现代学徒制已经成为国家提升技术技能人才供给质量的重要战略举措,已经纳入到国家整体的人才发展战略规划之中。

(二) 国家对现代学徒制实施路径尚缺乏顶层设计

尽管国家出台了一系列政策文件来推动现代学徒制的落地实施,但当前还尚未对我国现代学徒制的实施进行顶层规划设计,由于我国职业教育管理体制存在条块分割、部门分割、人才培养与就业分割的弊端,导致教育主管部门同劳动人事部门、政府其他各业务部门、行业协会之间缺乏很好的沟通与衔接,总体上呈现出多头管理、职能交叉的问题。具体在人才培养过程中表现为

---

① 国务院.国务院印发《关于加快发展现代职业教育的决定》[EB/OL].(2014-06-22)[2020-08-10]. http://www.scio.gov.cn/ztk/xwfb/2014/gxbjhzyjyggyfzqkxwfbh/xgbd31088/Document/1373573/1373573_1.htm.

② 国务院.国务院关于印发《中国制造2025》的通知[EB/OL].(2015-05-19)[2020-08-10] http://www.gov.cn/zhengce/content/2015-05/19/content_9784.htm.

技术技能型人才的职前培养由教育部门来管理、实施,而职业资格证书标准的制定与考核则由人力资源管理部门进行考核与评价,而职后培训则又由经济管理部门进行组织实施。正是因为在技术技能型人才的培养、管理和使用上部门之间存在条块分割的问题,从而造成当前现代学徒制的推动实施也呈现出明显的体制矛盾。例如,教育部在2014年8月出台的《教育部关于开展现代学徒制试点工作的意见》,与人社部和财政部在2015年7月出台的《关于开展企业新型学徒制试点工作的通知》存在着明显的不同,两者无论是在政策出台的意义指向、发展目标,还是在内容、培养模式、培养主体上都存在一定程度上的矛盾与冲突(见表7-1)。

表7-1 教育部与人社部现代学徒制试点政策对比分析一览表

	教育部	人社部
文件	《现代学徒制试点工作意见》	《企业新型学徒制试点工作的通知》
意义	促进行业企业参与职业教育人才培养全过程	改革创新企业职工培训制度,加快技能人才培养
目标	推进产教融合,适应需求,提高质量	发挥企业的培训主体作用
主要内容	招生即招工、入校即入厂、校企联合培养	招工即招生、入企即入校、企校双师联合培养
培养模式	双导师制	企校双制、工学一体
培养主体	校企共同承担	企业承担

(三) 现代学徒制运行实施缺乏法律法规的保障

现代学徒制的实施不仅仅是企业与学校之间的合作,还需要出台相应的法律法规来保障不同合作主体的合法权益和利益,而且也需要突破一些法律制度的瓶颈深入推进现代学徒制的实施。例如,作为一名在校接受全日制教育的学生,主要受《中华人民共和国职业教育法》等法规条例的保护;而作为一名企业员工,主要受《中华人民共和国劳动合同法》等法规条例的保护。林巧认为,依据劳动部印发的《关于贯彻执行〈中华人民共和国劳动法〉若干问题的意见》,"在校生利用业余时间勤工助学不视为就业,未建立劳动关系",现实中一般理解为在校生不能与企业建立劳动关系。① 因此,既然双方不能签订

---

① 林巧.现代学徒制学徒权益保障法律困境及解决对策探析[J].浙江工商职业技术学院学报,2017(01):56-60.

劳动合同,那么"招生即招工"就不能有效实现,所签订的协议对双方行为的约束性也不强,很容易造成违约现象的发生,无论哪一方违约都对未来双方参与现代学徒制的积极性产生了不利的影响。

而且,除了学徒身份所带来的潜在风险外,目前对学徒的权益救济同样属于缺位的状态,参与主体的多元复杂导致责任主体并不明确。例如:如果学生根据课程安排,在前往企业进行实践学习的途中发生了交通安全事故,是应该按照在校生实习意外处理还是按照企业员工工伤进行处理? 而且,如果学徒在工作中的权益受到了侵害,权益救济的通道在哪里? 与企业签订了合同的普通劳动者可以与企业协商,也可以申请申诉、仲裁,对仲裁结果不服的还可以向法院提起诉讼,但学徒身上同时带有"学生"的身份,就很难通过现有法律的通道实现自身权益的保障。

(四) 企业参与现代学徒制缺乏相应的利益保障

企业作为以追求经济利益为目的的组织,目前在法律法规方面尚未明确界定其在现代学徒制实施中所应承担的责任,因此在当前现代学徒制的推进中普遍会遭遇"学校热、企业冷"的状况。而作为一个企业始终会依据成本—收益原则来决定自己是否要参与现代学徒制。现代学徒制运行情况较好的国家,都会通过税收、补贴等方式弥补企业参与现代学徒制的部分成本,甚至会对人才培养成效显著的企业提供一部分奖励。但反观我国当前现代学徒制实施的现状,政府并没有制定相关的制度来保障企业的利益,也没有相应的税收优惠或资金补贴等措施来激发其参与的积极性。正是基于以上原因,企业参与现代学徒制的积极性并不高,而没有企业的积极参与和配合,现代学徒制的实施无疑将"寸步难行"。

二、H 职业技术学院现代学徒制运行机制探索的校情分析

前文针对 H 职业技术学院现代学徒制运行机制探索的外部环境进行了阐述分析,基本对外部环境的各个方面进行了全方位的展现。可以发现 H 职业技术学院现代学徒制运行机制的实践探索既面临着重要的发展机遇,同时也存在着较大的挑战。对外部环境进行了充分的考察分析后,就需要对 H 职业技术学院内部在现代学徒制运行机制探索上的已有基础,以及存在的优势和不足进行深入分析,唯有在对内外环境进行深入考察的基础上,才能据此做出

全面的形势判断,并对所应采取的行动策略做出科学的决策判断。

(一) H 职业技术学院实施现代学徒制的优势

H 职业技术学院实施现代学徒制有如下几项重要的优势。其一,在校企合作方面进行过积极的探索与尝试,取得了显著的成效。现代学徒制运行实施的首要前提是需要企业的积极参与,要获得企业的支持就必然需要实现校企双方利益的契合,这是顺利开展校企合作的有效前提。而在校企合作方面 H 职业技术学院较早就进行了积极的探索与尝试,在"校企一体化"机制创新的基础上进行校企共同体建设,倡导"企业主体、学校主导""校企共赢,以他赢为律"等高职教育办学思想,进行方方面面的改革创新,体现出制度创新的冲劲,为校企合作开拓出一条新路,"校企共同体"已经成为学校一块闪亮的金字招牌,受到社会各界的瞩目。

其二,在校企合作运行机制上,创造性地构建了以校企共同体为载体的运行模式。例如,以友嘉机电学院为例,该院实行校企共同领导下的理事会管理模式,理事会的正副会长分别由友嘉集团和学校的主要领导担任。学院在理事会和学校的直接领导下,实行"资源共享、人才共育、校企共管"三位一体的校企紧密型管理模式。这一具有开创性的办学举措有效弥合了学校与企业之间的沟壑,实现了学校与企业之间利益的紧密契合。除此以外,H 职业技术学院其他二级学院都纷纷与企业建立了相应的"校企共同体",如达利女装学院、商贸旅游学院、青年汽车学院和临江学院等。

其三,在"校企共同体"背景下对人才培养模式进行了系统的优化革新,已经初步形成了校企紧密合作、工学交替进行的课程教学。例如在课堂教学上各个校企共同体普遍实现了课程"三明治化",三明治课程是融合理论与实践的一种课程安排方式,由于课程安排常采取"理论—实践—理论"或"实践—理论—实践"的方式进行,形式上很像三明治,所以被称为三明治课程。"友嘉模式"实施的就是这样一种互相融合、交互式课程。尽管表面上看,专业的课程基本上还是沿袭"公共基础课、专业课程和专门化课程"三明治式,但实际上它并没有把理论学习与实践学习完全分开,而是相互穿插、有机融合。校企一体化的深度开展,在实际教学中积累了丰富的实践教学资源,从而使"友嘉模式"所坚持的"学习的过程尽可能在真实程度高的情境中进行"的原则得以可能实现。

因此,通过对 H 职业技术学院办学历史的分析,可以发现现代学徒制运行机制的探索创新不是"另起炉灶",H 职业技术学院在校企合作、工学结合上的创新性探索已经为学校现代学徒制运行机制奠定了良好的基础,这就要求 H 职业技术学院现代学徒制运行机制的探索需要充分借鉴和吸收过往校企合作的办学经验,在传统办学优势的基础上进一步探索现代学徒制运行机制的创新路径。

(二) H 职业技术学院实施现代学徒制的劣势

尽管 H 职业技术学院现代学徒制实施有着良好的校企合作基础,为现代学徒制运行机制的实施提供了较好的基础性条件,但是现代学徒制和校企合作有本质的区别,现代学徒制的运行实施不仅需要企业的紧密配合,而且需要构建制度化的师徒关系作为技术技能知识传授的重要载体,这在本质上是对校企合作的一种超越,对学校和企业提出更高的要求。如果基于对现代学徒制内涵的认知和理想化的现代学徒制运行模式来反观学校基础,可以发现在如下几个方面还存在一些不足。其一,对现代学徒制的内涵认知不到位,缺乏对现代学徒制人才培养规律的深刻认知。H 职业技术学院教职员工尽管在开展校企合作的形式和途径上已经形成了较好的办学经验,但现代学徒制作为对校企合作的深化扩展,还缺乏与现代学徒制人才培养相适应的组织机构、管理制度和实践经验;尽管从理念上可以较为清晰地认识现代学徒制的准确内涵,但就如何将其落地,如何根据现代学徒制人才培养的规律进行人才培养模式创新、教学管理的创新,当前学校还较为缺乏相应的基础,也未对其开展系统性的研究。其二,教职员工对现代学徒制在学校推广实施的重要意义和价值作用认识不足。尽管国家明确提出了要大力推动实施现代学徒制试点,学校也成为全国现代学徒制试点单位之一,但就目前为止,学校各级管理层和教职员工没有在思想上引起足够的重视,没有认识到其对人才培养模式优化创新的重要价值,在工作开展上还缺乏相应的积极性和主动性。其三,现代学徒制实施推广还缺乏整体的顶层规划,现代学徒制的实施不仅仅是某一学院和某一专业的试点探索,需要纳入学校层面的整体规划设计,而且需要建立良好的环境氛围,为各个二级学院和专业现代学徒制的试点探索提供科学的指导和较大的制度创新空间,让各个二级学院和专业在较大的改革空间内勇于探索创新。但就目前而言,现代学徒制的实施还停留在局部的试点探索,尚未在学院层面形成顶层规划方案,这不仅影响了各个二级学院探索的积极性和主动性,也制约了现代学徒制实施的整体效果。

三、H 职业技术学院现代学徒制运行机制探索的 SWOT 分析

前文已经对 H 职业技术学院现代学徒制运行机制实践探索的内外环境进行了详细的阐述分析,为了能够对内外环境进行更加细致的深入分析,根据 SWOT 分析原则,将内外部环境分为了四个方面:优势(Strengthen)、劣势(Weakness)、机遇(Opportunity)、挑战(Threats)。具体的分析结果见表 7-2。通过对以上四个方面的系统分析,可以把各个因素相互匹配起来加以分析,从中得出一系列的结论和发展策略。

表 7-2　H 职业技术学院现代学徒制运行机制探索的 SWOT 分析一览表

优势(S)	劣势(W)
1. 有较好的校企合作传统,且取得了较好的培养成效,与区域企业建立了合作关系。 2. 在校企合作运行机制上,创造性地构建了以校企共同体为载体的运行模式。 3. 在"校企共同体"基础上对人才培养模式进行了系统优化,已经初步形成了校企紧密合作、工学交替进行的课堂教学。	1. 对现代学徒制的内涵认知不到位,缺乏对现代学徒制人才培养规律的深刻认知。 2. 教职员工对现代学徒制推广实施的重要意义和价值认识不到位。 3. 现代学徒制的推广实施在学校层面还未形成顶层规划设计,缺乏具体的行动方案。
机遇(O)	挑战(T)
1. 实施现代学徒制已经成为国家重要的发展战略。 2. 学校是浙江省现代学徒制试点单位,获得政府支持。	1. 国家对现代学徒制的实施尚缺乏顶层设计。 2. 由于缺乏相应法律法规的保障,现代学徒制实施还存在许多体制困境。 3. 企业参与现代学徒制的利益得不到保障,参与主动性较低。

第二节　行动方案:在集思广益的基础上进行顶层设计

依据勒温提出的行动研究螺旋循环模式的四个基本阶段:计划、行动、观察、反省,首先需要提出行动方案。前文已经对 H 职业技术学院现代学徒制运行机制实践探索前的内外环境进行了深入的分析,在此基础上,为了能够更好

地明确未来的行动方向,向在现代学徒制领域进行了深入研究的相关专家进行了咨询,并通过实地调研学习当前高职院校现代学徒制试点院校成熟的做法并吸取其经验教训。经过多个层面的沟通协商后,H职业技术学院领导层制定了现代学徒制行动实施方案,明确了现代学徒制实施学校领导层、各二级学院以及具体承担现代学徒制运行实施的各专业所应承担的责任、义务以及所应享受的权利。

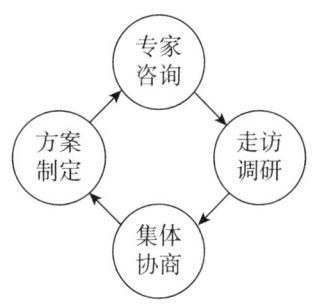

图7-1 H职业技术学院行动方案出台示意图

一、专家咨询

在制定行动方案之前,首先进行了专家咨询,通过专家咨询试图明确现代学徒制的本质内涵、国外现代学徒制探索的基本经验,以及在我国高职院校现代学徒制实施中应注意的问题。笔者所咨询的专家都是当前职教界研究现代学徒制的著名专家,如HD师范大学的×教授,其承担了2015年度教育部重大攻关课题"职业教育现代学徒制理论研究与实践探索",以及SH师范大学的G副教授,其一直聚焦于现代学徒制的研究,取得了十分丰硕的成果。通过对相关专家的咨询,笔者对现代学徒制的本质内涵有了更为深刻的认知,也更为深刻地认识到现代学徒制所具有的重要价值意义,如×教授专门针对H职业技术学院现代学徒制运行机制的实践探索提出以下重要意见。

"一是要开展一些现代学徒制的课题研究,深入了解现代学徒制的内涵,了解哪些教育内容是学校层面解决不了而需要企业师傅参与的,继而开发学徒制的培训标准;二是要构建现代性的师徒关系,了解师傅指导能力的优劣势,要建立学校教师和师傅的沟通机制,确立师傅的教学主体地位;三是现代学徒制要体现专业的特色,明确主攻方向,如精湛工艺、工艺研究、技术开发和创意创业;四是注重制度的构建,以制度约束保障现代学徒制的稳定发展;五是要有检验现代学徒制育人成效的测评办法,注重作品评价、实践数据的收集和评价系统的开发。(HD师范大学×教授)"

除此之外,还有许多专家为H职业技术学院现代学徒制运行机制的探索提供了宝贵的意见,这些专家的意见对学校行动方案的制定具有十分重要的理念引领作用,不仅加深了学校对现代学徒制本质内涵的认知,也让学校进一步明确了现代学徒制运行机制探索的方向。

二、走访调研

为了能够制定出科学的行动实施方案,笔者还对全国部分现代学徒制试点高职院校进行了实地走访调研,试图了解当前试点高职院校现代学徒制实践探索的真实情况,并了解其所遇到的主要问题,具体走访调研的高职院校见表7-3。通过对各个院校现代学徒制实践探索的调研,充分借鉴吸取各个院校现代学徒制运行的经验和教训,也为学校现代学徒制运行机制的实践探索提供了十分宝贵的经验。例如,通过实地走访调研,笔者充分认识到各个行业企业的人才需求类型以及需求紧迫的程度直接影响到企业参与的动机强度以及参与现代学徒制的深度,而且各个专业现代学徒制运行的成效同企业的参与程度和参与能力呈现明显的正相关。通过实地走访调研,笔者真实地了解到当前现代学徒制运行的实际状况,也对制约现代学徒制深入实施的一些制度瓶颈有了更为深刻的体会和认识。

表7-3 走访调研现代学徒制试点院校名单一览表

调研对象	试点专业	调研时间
贵州轻工职业技术学院	工艺美术品设计	2014年4月
贵阳职业技术学院	汽车制造与装备技术	2014年4月
浙江机电职业技术学院	机械制造与自动化	2015年3月
浙江建设职业技术学院	装饰幕墙设计与施工	2015年4月
长沙民政职业技术学院	老年服务管理	2015年7月

三、集体协商

为了确保H职业技术学院现代学徒制运行机制方案的科学有效,也为了使方案的出台过程在学校层面达成共识,确保方案能够有效贯彻实施,学校在不同层面的会议上围绕现代学徒制的行动实施方案进行了详细的论证研讨。通过这样一个不断沟通协商的过程,不仅通过集体智慧更加确保方案的科学性与合理性,而且通过这样一个过程逐渐在学校各个层面表明了学校实施现代学徒制的决心,也加深了教职员工对现代学徒制本质内涵的认知。

四、方案制定

正是基于以上这样一个循环往复的咨询—调研—协商沟通的过程,不断对行动方案进行调整与修正,最终明确了行动研究所欲解决的核心问题,即如何在当前制度环境以及已有办学的基础上根据各专业特点进行现代学徒制运行机制的探索与创新,这不仅明确了改革发展的方向,也为行动方案的具体实施步骤和程序进行了一定程度的限定。根据行动研究所欲解决的核心问题,可以通过以下四个主要方面来阐述该行动方案的实施步骤和程序。

(一)明晰权责

H职业技术学院现代学徒制运行机制的实施首先需要明确从学校到专业各个层面所应承担的权利和责任,即建立从上至下的现代学徒制领导管理体制是保证现代学徒制运行机制实践探索能够顺利实施的重要组织前提。这是因为现代学徒制的运行实施需要基层进行创新探索,这就要求赋予以专业为教学组织基本单元的实践探索者以充分的自主空间进行探索创新,而且由于国家没有对现代学徒制的运行实施进行顶层规划设计,也没有出台现代学徒制的实施运行标准,在这种情况下,就更需要各个专业教学部门根据各个专业所面对的行业、企业的人才需求和特征进行创新探索。因此,在现代学徒制运行机制的探索上,主要以二级学院和各个专业为主要的创新载体,而学校层面将主要为各个专业搭建现代学徒制运行机制实践探索的公共服务平台,主要通过理念引领、标准制定、质量监督以及服务指导等途径参与到现代学徒制运行机制的实践探索之中。尽管各个院系和专业是实践探索的主体,但并不意味着学校层面可以完全置身事外,由于现代学徒制运行机制的实践探索需要突破传统的教学管理模式以及人才培养模式,会在一定程度上和学校层面的教学管理制度相违背,这就需要学校层面在教学管理制度上进行创新,为现代学徒制的运行实施提供充分的制度空间。而且,在现代学徒制的理念引领以及教育教学质量的标准制定、评价考核方面,学校层面同样发挥着十分重要的作用。因此,该行动方案没有将现代学徒制的实践探索创新停留在二级学院和各个专业层面,而是将其定位为一项系统性的变革,需要学校各个层面进行统一规划与部署。

（二）分布创新

在基本明确了学校层面、二级学院和专业在现代学徒制运行机制实践探索上各自应承担的责任和权利后,首先遴选了一批校级的现代学徒制试点专业,并采用项目制的方式进行运作,建设周期为三年,并且会根据建设情况对各个试点专业的建设运行情况进行中期检查。通过二级学院申报并最后遴选出的专业见表7-4。通过项目制的方式不仅将现代学徒制实施的责任落实到人,也将更加有利于学校对其运行情况进行整体的方向引导和质量监控。学校现代学徒制的试点专业涉及各个行业,这将有利于对各个行业现代学徒制运行的差异进行总结归纳,也有利于探寻现代学徒制运行机制的本质规律。

表7-4　H职业技术学院校级现代学徒制试点专业一览表

序号	学院	专业
1	友嘉机电学院	机械设计与制造
2		数控技术
3	商贸旅游学院	旅游管理
4		物业管理
5		会计
6	达利女装学院	纺织装饰艺术设计
7		服装设计与工艺
8	临江学院	环境工程技术
9	信息工程学院	软件技术
10	青年汽车学院	汽车制造与装配技术
11	动漫艺术学院	动漫设计
12		数字媒体艺术设计
13		园艺技术
14	特种设备学院	电梯工程技术
15	彩虹鱼康复护理学院	护理

（三）方向把控

除了在顶层规划与组织领导上明确现代学徒制实施各参与主体的权利、责任外，学校层面会出台相应的政策文件来引导、调控各个二级学院和专业的现代学徒制实践探索，学校各个职能部门都会对各个二级学院现代学徒制的试点进行方向上的指引，如学校专门出台文件明确了申报现代学徒制试点的各个二级学院、专业在实践探索过程中所应坚持的七个基本原则。

1. 牢牢把握基本特征

坚持双主体育人、双导师教学，学生双重身份培养，签订双合同（学生与企业签订学徒合同、学校与企业签订合作合同）。

2. 努力推进招生与招工一体化

从政策层面来看，招生与招工一体化是开展现代学徒制的基础。试点专业通过两种方式探索：一是同步进行的方式，学校和企业合作实施提前招生、联合培养；二是先招工再招生（双元制）的方式，合作单位出台激励政策，鼓励企业的在岗员工在职申报攻读，合作双方共同委派导师联合在岗培养。

3. 深入推进校企跨界合作育人

校企组建双导师团队，共同制定人才培养方案，并对学徒进行共同管理、共同考核。专业组主要负责系统的专业知识传授和技能训练，合作企业主要负责岗位技能训练。

4. 加强专兼结合"双导师"团队建设

现代学徒制的教学任务需要由学校教师和企业师傅组成的"双导师"共同承担。试点专业需要探索制定现代学徒制"双导师"管理办法，明确学校导师和企业导师的聘任条件、程序、职责和待遇等。与此同时，学校要加大和企业之间的人员互聘共用、横向联合研发等力度。

5. 建立有效的管理和运行机制

现代学徒制人才培养工作的有效实施，需要试点专业和企业共同探索构建现代学徒制管理和运行的机制。

6. 充分保障学生合法权益

学校和企业要根据教学需要，合理安排学徒岗位、分配工作任务，研究制定专门的学徒管理办法，保证学生（学徒）的合法权益。

7. 选择合作企业

试点专业要优先选择综合实力强、社会知名度高、对学生吸引力大、企业培训机制完善的大型骨干企业作为合作企业,待试点成熟后再逐步扩大企业选择的范围。

以上七个方面的原则性规定为各二级学院和专业的现代学徒制试点探索提供了基本的方向指引,保证了现代学徒制人才培养的质量底线。除了通过颁布正式的校内政策文件来指导现代学徒制的实践探索方向外,笔者也经常通过校内讲座、专题研讨、工作指导等多种途径向各个试点专业的负责人传达现代学徒制实践探索应坚持的理念和方向。

(四) 环境创建

除了在宏观层面为各个二级学院和专业的现代学徒制实践探索进行理念和方向上的引导外,H职业技术学院同样为各个试点专业的实践探索提供了良好的环境氛围。首先,由学校作为发起单位之一,联合全国19所高职院校成立现代学徒制研究中心。现代学徒制研究中心是"群众性"的职业技术教育学术团体,是中国职业技术教育学会教学工作委员会分会,由单位会员、个人会员自愿组成,是非营利性的社会组织,旨在通过开展现代学徒制研究活动,探讨现代学徒制的理论和实践问题,实施现代学徒制人才培养模式改革,提升人才培养质量,支撑中国制造,促进职业技术教育的改革与发展。通过建立这一协作沟通平台,各成员单位可以通过论坛、会议、考察、网络等方式进行资源共享和交流,针对现代学徒制探索中的重要问题开展讨论;还会组织课题研究,共享研究成果,通过这样一个平台有效地聚集了多方智力资源,成员可以充分吸收借鉴其他学校现代学徒制的实践探索经验。其次,以现代学徒制理论研究来推动实践创新。为了推动现代学徒制实践探索的深入,就必须借助理论研究来发现问题、剖析问题,进而针对这些问题提出有效的行动举措。为了帮助各个试点专业在推动现代学徒制试点的过程中积极反思,且基于经验反思形成理论思考,学校科研处会公布一批专门围绕现代学徒制研究的校级招标课题,这些课题都是当前现代学徒制研究中的热点、难点问题,在研究思维、理性思考的引领带动之下,有效推动了现代学徒制实践的深入。

第三节 行动实施:宏观指引与分布创新统筹推进

行动方案确立之后,在学校层面的宏观引导下各个二级学院及专业深入开展现代学徒制运行机制的实践探索,经过为期近三年的建设取得了较为显著的办学成效。通过对各个专业现代学徒制实践经验的总结、归纳和提炼,可以将 H 职业技术学院各个专业现代学徒制实践探索的行动实施过程归纳为如下六个方面。

一、寻求各方利益契合,构建利益驱动机制

（一）坚持校企合作双赢,以企业赢为先

目前我国企业参与职业教育的积极性总体不高、动力不足[①],其根本原因在于企业的利益无法保障。因此,在我国尚未形成企业参与职业教育的文化氛围的前提下,用社会责任来对企业进行道德"绑架"是不现实的。而 H 职业技术学院为了有效解决这一问题,坚持以"校企合作双赢,以他赢为律"的原则,即善于站在企业的角度,以企业赢利为先,想企业所想,急企业所急。

例如,在航空制造业领域高技能人才紧缺的大背景下,H 职业技术学院和××西子航空工业集团联合成立西子航空工业学院,共同培养航空制造业领域的高技能人才。在人才的联合培养过程中,西子航空专门出台了一系列优惠政策来吸引学生参与。之所以企业会如此积极投入并参与到现代学徒制中,正是因为学校能够为其提供充足的高素质技术技能型人才,可以有效支撑企业人力资源结构的不断优化升级。正如西子航空的人力资源部长所说:"我们的师傅都是从东北过来的,时间到了,必须尽快让学生把师傅的技术接过来。"正是因为企业面临人力资源供给的缺失,才需要提前介入人才培养,培养能够符合其需求的学生。而 H 职业技术学院恰恰瞄准了这一需求,主动寻求与企业开展现代学徒制试点合作,取得了较好的效果。正如该企业老总 W 所言:"我找了很多职业学校合作,想培养满足航空制造要求的技术工人,只有这所学校做到了。"正是基于能

---

① 张利庠,杨希.企业参与校企合作职业教育影响因素的实证研究[J].中国职业技术教育,2008(33):56-59.

够有效满足企业人力资源需求这一原因,H职业技术学院和西子航空形成了紧密的利益契合关系,这是现代学徒制得以深入推进的有效前提。

(二)以学生职业生涯发展为宗旨,保障学生(学徒)合法权益

现代学徒制的制度设计还应充分考虑学生的利益诉求。比如,H职业技术学院在现代学徒制试点时,专门考虑到了未满18周岁学生的利益。对年满16周岁但未达到18周岁的学生,还须加上学生的监护人签订四方协议。通过协议确定各方权益,并重点落实学生(学徒)的人身意外伤害、学生实习责任和工伤等保险,保障学生的工作安全和学习权益。例如,学校旅游管理专业与中国国旅(浙江)国际旅行社有限公司签订的"国旅学徒班"人才协议中,就明确规定了学生(学徒)应享有以下权利:

1. 要求甲方和丙方按照定制的人才培养方案进行培养;

2. 在毕业顶岗实习期间,要求甲方及时支付实习补贴;

3. 入职中国国旅(浙江)国际旅行社有限公司并完成服务年限的,要求甲方兑现学费返还政策。①

而作为人才培养主体的企业在学生(学徒)培养过程中应承担如下的义务:

1. 在培养期间,选派最优秀的企业技师以学徒制形式进行课程教学和指导学生顶岗实习;

2. 在乙方进入顶岗实习期间提供不低于杭州最低工资标准的实习补贴。按时支付实习补贴。每月____10____日(遇周末或节假日提前),甲方支付乙方上月实习补贴,由甲方支付到乙方提供的银行账户;

3. 甲方负责乙方实习期间的安全管理工作,为乙方提供符合安全管理要求的实习环境,并为乙方购买相应保险;

4. 进入"国旅学徒班"的学生,对毕业后正式入职甲方企业的,将分三年返还最高额为12 000元的学费。具体按工作服务年限计算,工作满一年,返还3000元学费;工作满两年,再返还4000元学费;工作满三年,再返还5000元给员工;

5. 提前转正,待乙方毕业后,若甲乙双方签署了正式劳动合同,乙方工作表现为"优秀"的,其试用期可以缩短为两个月;

① 节选自H职业技术学院与中国国旅(浙江)国际旅行社有限公司"国旅学徒班"人才培养协议。

6. 优先推荐乙方参加杭州市和浙江省的金牌导游大赛,获奖员工按照相关政策享受各项待遇;

7. 甲方不得安排乙方从事违法活动或与实习岗位无关的工作。①

其他专业在与企业推进现代学徒制试点工作时,都会对学生在企业的学习内容以及所应享有的权利和所应履行的义务进行明确的界定,这样就从制度上保障了参与现代学徒制的学生的合法权益,避免现代学徒制成为企业廉价用工的机制。

(三) 创新师带徒管理制度,激发企业师傅的积极性

现代学徒制同过往顶岗实习最大的不同就是师徒关系的建构,师徒关系的建构是确保现代学徒制能够有效运行实施的关键,没有师傅的积极主动参与,那么现代学徒制必将流于形式。H职业技术学院现代学徒制运行机制的实践特别注重激发企业师傅的积极主动性,为了激励企业师傅积极参与学徒培养,专门设立了"师带徒"的月津贴制度。学校的旅游管理专业在与中国国旅(浙江)国际旅行社有限公司所举办的"国旅学徒班"中就明确制定了师带徒考核管理制度,在制度中明确规定了师傅的选拔要求以及对师傅"师带徒"工作的考核激励办法。

根据《师徒协议书》规定的职责,对师带徒期间的职责履行情况进行考核评价。考核主体的评分权重为:企业方评分占50%,学徒评分占30%,学校专业负责人评分占20%。根据考核结果对师傅进行等级评定,每学年评出金牌师傅1人、银牌师傅2人、铜牌师傅3人,并给获奖师傅颁发奖状和奖金。②

为了打破企业师傅对"劳动安全"的顾虑,通过制度化设计解决企业师傅技能传承的忧虑,有的合作专业还采取了"将学徒满师入职后的工作业绩与师傅的业绩进行绑定"的方式,这样就形成了一种长期的利益关系,并且适度拉开师傅、普通技工与学徒的收入差距,提升师傅指导学徒的积极性。

二、搭建联合管理平台,构建协调沟通机制

鉴于参与现代学徒制主体的性质不同,如何促进不同主体之间的有效沟

---

① 节选自H职业技术学院与中国国旅(浙江)国际旅行社有限公司"国旅学徒班"人才培养协议。
② 节选自H职业技术学院与中国国旅(浙江)国际旅行社有限公司"国旅学徒班"师带徒考核管理制度。

通,构建协调沟通机制是当前现代学徒制亟待解决的关键问题之一。针对这种状况,为了推进现代学徒制的有效实施,高职院校可以通过与合作企业成立实体型的组织机构,有效减少双方合作过程中由于目标追求差异和沟通渠道不畅等而产生的冲突。

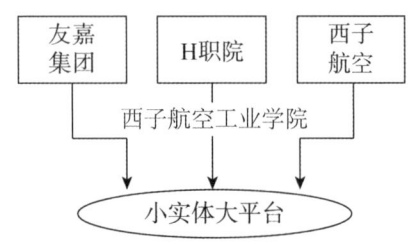

图7-2 H职业技术学院联合友嘉集团与西子航空共同成立西子航空工业学院

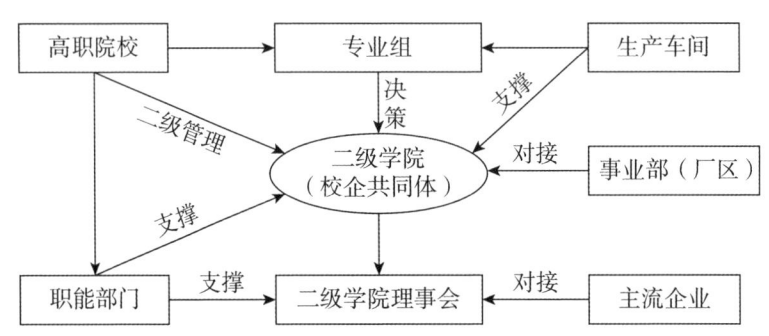

图7-3 校企合作共同体运行机制示意图

如图7-2与图7-3所示,H职业技术学院与××西子航空工业有限公司合作共建的西子航空工业学院,实行校企共同体领导下的二级学院企业化管理模式。该学院在理事会的直接领导下,实施"资源共享、人才共育、校企共管"三位一体的校企紧密型管理。这种做法有效保证了学校和企业及时沟通学徒培养过程中遇到的问题,从而避免了由于双方信息沟通不畅而导致的冲突。

三、组建双师教学团队,构建教师合作机制

双师教学团队是保证现代学徒制人才培养质量的关键因素。为了有效组建双师教学团队,促进企业师傅和学校教师之间的紧密合作,H职业技术学院与企业在试点专业合作,共同组建了由专业教师、企业高工和岗位工艺主管组成的"校企联合教研室",为学校专业教师和企业师傅提供了交流合作的平台。"校企联合教研室"对学校教师和企业师傅进行了明确分工,各有侧重,其中学

校教师主要负责理论传授,企业师傅主要负责课程标准制定和课程内容的萃取,采取双导师联合授课的课程实施形式。

双师教学团队建设中,企业师傅的遴选标准不可或缺。比如,H职业技术学院特种设备学院的奥的斯学徒班对师傅的资质提出了明确的要求,师傅除了传道授业外,还需要承担对学徒进行职业启蒙的重任。师傅的遴选主要考虑三个方面:一是对电梯行业高度认可,对企业忠诚;二是具备行业职业权威,具有学徒职业规划的指导能力,一般要求具有五年以上的工作经验;三是具有较强的"教与授"的能力,能够用规范的技术语言有效传授技术。

四、校企协同开发课程,构建课程开发机制

从国家层面对现代学徒制的课程内容框架进行确定,是西方国家保障学徒培养质量最为普遍的做法。然而,我国现代学徒制的课程内容框架建设还处于探索阶段。见表7-5,H职业技术学院的动漫游戏专业现代学徒制课程体系正是校企联合,根据学生职业能力发展的自身规律和企业岗位设置的特点,进行一体化课程体系设计与开发的成果。该课程体系分为三个阶段:一年级主要以学校实施为主,课程类型主要为专业技术技能的基础课程和职业素养的养成课程等;二年级主要以学校和企业的交替学习为主,根据企业岗位的具体要求开发了一系列岗位(群)技术技能课程;三年级主要以企业学习为主,根据学生自身的职业理想和岗位职业生涯规划等开设了基于学徒个人职业发展规划需求的课程。

表7-5 H职业技术学院动漫游戏专业现代学徒制课程体系

	一年级	二年级		三年级	
能力	专业技术技能基础课程、职业素质养成课程	岗位(群)技术技能课程		学徒个人职业发展需求课程	
课程体系	新生始业教育 专业基础课 素质平台课 行业讲座 职业素质教育	插漫 动画 漫游 国际班	专业核心课 专业拓展课 人文素质修养课 公选课	专业拓展课 职业资格考证 顶岗实习(定制班)	毕业实习与毕业设计
身份转变	学生/老师	学生/老师			
		徒弟/师傅			

(续表)

	一年级	二年级	三年级
项目类型	阶段性产品	典型产品	全真产品
师资	专任教师为主	工作室专兼职导师共同授课	工作室专兼职导师共同授课

与此同时，H职业技术学院还与××西子航空工业有限公司联合构建了现代学徒制试点专业课程体系，该体系依据航空制造类技术技能型人才的培养和发展路径设计了四个模块：航空职业素质养成、制造类技术技能基础、航空制造岗位（群）技术技能和学徒个人职业发展。课程体系分为三个阶段：第一阶段安排在学徒制培养前期实施，主要通过设计专业平台课程和职业体验课程，展现职业生涯发展规划等，将学生的学习兴趣和专业发展有机地结合起来；第二阶段安排在学徒制培养中期实施，主要通过岗位实践培养学生专业能力，同时注重养成学生的职业习惯，让学生在工作过程中逐步形成遵守纪律、坚持标准、追求卓越的职业素养；第三阶段安排在学徒制培养后期实施，通过系统的理实一体化课程，注重培养学生的岗位迁移能力。应该说，该课程体系的设计在满足企业制造大类技术技能型人才岗位能力需求的前提下，重点关注学生个体职业生涯的可持续发展能力的培养。

除此之外，学校其他专业在开展现代学徒制实践过程中，都将人才培养方案的开发作为现代学徒制实施的一项核心工作。如H职业技术学院与吉利汽车控股集团联合开展的现代学徒制实践探索，就将人才培养方案的开发作为一项核心工作任务，学校教师和企业师傅基于工作岗位任务完成对职业能力的需要，并结合相关职业资格证书和学生的职业生涯发展需求，联合开发了系统化的人才培养方案，将整个学徒培养过程分为了四个阶段。第一阶段，在第一学年的第二学期引入××吉利汽车有限公司新能源认知性岗位操作实习和企业文化导入，让学生到企业真实环境中初步建立对将要从事岗位的技能要求的感性认识。第二阶段，第二学年的第四学期进行专业基本能力训练，按照企业岗前培训性操作，完成理论的学习和实操达标。第三阶段，在新能源汽车生产线顶岗，以两个人由一个师傅带教的方式进行专业核心能力训练；要求把顶岗学生纳入正常员工管理，在2—3周时间内能够达到30JPH生产节拍，完成日常工作；按照小组周考核、工段月评优的企业过程管理，最后体现为学分。第四阶段，综合能力训练，由企业师傅和指导教师共同指导学生完成毕业环节

的论文选题,学生结合所从事岗位来完成毕业论文,毕业论文的答辩在××吉利汽车有限公司进行,企业指导教师的打分占60%。

五、创新教学管理模式,构建教学运行机制

现代学徒制教学运行的核心就是要坚持教学做一体化,真正做到教中学、学中做,构建教学做一体化模式。理论学习应该坚持"实用为主、够用为度"的原则,有效实现理论知识和实践知识在学生(学徒)头脑中的整合。H职业技术学院现代学徒制教学运行机制的构建始终严格按照理论教学与实践教学紧密融合的思路,围绕学徒岗位的实际需求,确定理论教学的内容和目标要求,并且设置相应的教学环节和合理的教学进度,理论教学服务于学生(学徒)职业能力的发展。在具体的教学运行实施上,则坚持注重感知、操作,强调学生学习的主体性,通过具体教学实施环节的创新,更加注重技能操作的可视化,让学生(学徒)在真实或模拟的工作情境下建构完整的职业知识。这不仅增强了教学的直观性,而且充分反映了职业教育人才培养的自身规律,对提高教育教学质量起到了十分重要的作用。

例如,H职业技术学院西子航空班是由企业专家和工程师每周一、三、五进行飞机钣金成形与铆接工艺、航空基础英语、航空识图与CATIA的授课,并运用学校理论教学、公司实践交叉周的教学模式进行教学。西子航空班的学徒入职后由培训中心专职师傅带领,进行至少3个月的钣金、铆接、数控加工的基本功练习以及独立模拟生产,全面接触航空制造业的每一个过程。

H职业技术学院奥的斯学徒班则同样按照岗位技能培养可视化的原则要求,借助先进的信息化教学手段,实现了教学成效的显著提升。传统的电梯学徒培训,操作空间狭小,学生在观看师傅进行技能操作时无法看清楚操作的关键要领和程序,导致教学效果差,通过远程视频则可以放大操作细节,而且学员与师傅可以实现实时互动。通过这种教学实施途径,有效提升了学生对操作的直观感受,有助于学徒更好地掌握相应技能。而且为了能够让学徒更为直观地了解电梯的运行原理,在具体的教学过程中,H职业技术学院奥的斯学徒班还运用各种实体的设备模型,使得以往课上文字、语言难以表达的知识更加直观易懂。在教学管理上,根据试点专业的不同和专业的实际情况灵活选择学习的地点、方式、内容、教师和考核方式,并通过实

行弹性学习制度,使得学习方式灵活多样:既可以连续一次性完成,也可以分阶段学习;既可以全日制学习,也可以半日制学习或利用业余时间逐步完成。

六、建立多元评价体系,构建质量保障机制

质量保障机制的构建是确保高职院校现代学徒制人才培养质量的必要措施。H职业技术学院建立了较为完善的学徒培养考核评价体系。评价体系既包括对学徒的考核,也包括对企业师傅的考核。具体而言,对学徒考核的主体除学校自身外,还包括相关行业、企业或第三方机构;考核的内容主要根据学徒培养标准(试点专业跟企业联合制定每个岗位学徒的考核标准)来定,包括知识掌握程度、实际操作水平、工作表现、工作任务完成情况等;考核的方式坚持过程考核与结果考核相结合的原则,"师带徒"培养每个学期考核一次;考核的结果具体分为三个等级,"优秀满师""合格满师"和"不予满师";最后将考核的结果作为定期检查、反馈的依据,完善或重构人才培养方案。与此同时,H职业技术学院和企业还构建了针对企业师傅的考核评价体系及评价机制,校企双方每年对师傅进行等级考核评定,考评出"金牌师傅""银牌师傅"和"铜牌师傅",并予以专门奖励。

例如,以H职业技术学院汽车制造与装配专业的"成蝶计划现代学徒制班"为例,其根据学校的文件要求建立了多元化的学生出徒考核评价机制,与企业共同制定和完善相关专业实施性教学指导方案,并将其纳入学校教务管理系统,特别是制定并完善校企联合培养方案以及考核评价机制。主要举措包括以下方面:

制定第一、第二年的阶段性企业实习达标标准。以校企共同制定的标准贯穿整个企业实习环节,实习中结合业绩考核、小组周评价、月评过程管理,最终落实在学分考核中,在日常学习与实习中培养学生的职业素养。进入企业实习环节,现场为每两个学生指定1—2个企业师傅,全面指导与跟进学生的专业技能学习和考核。制定企业实习过程对应学分考核制度。而且这些学徒在满师之前要按照××吉利汽车有限公司员工的技能考核规定考取相关职业资格证书,取得学历证书、技能证书与企业规定的上岗证。

表7-6 ××吉利汽车有限公司员工入职要求一览表

名称	等级	颁证单位	性质
汽车修理高级工	三	人力资源和社会保障部	技能
新能源汽车上岗资格证	一	××吉利汽车有限公司	资格
学历证书	大专	H职业技术学院	学历

除了用以上评价手段来保证学徒培养的质量外，H职业技术学院奥的斯学徒班还会按照模块考核，考核合格才能进入下一流程。就像学习驾照的科目一、科目二一样。从第13周开始，要求学生每两周撰写一篇学习周记，并且上传到毕业生平台，由电梯专业教师批改。依据考核结果，确定学徒能否满师及具体的满师等级。具体而言，根据目前国际流行的电梯企业装调维修工的薪酬体系，确定A—D四个学徒等级，该等级与企业工资体系的红带、绿带、蓝带和黑带相对应，获得A等级的学徒入职后待遇可以达到企业中级水平，并成为年度优秀学徒，进行专项奖励。而对于最终确定为D等级的学徒将不予满师，也不予推荐工作。与此同时，考核办法还明确对于没有获得"电梯从业资格上岗证"的学徒一律"不予满师"；而对于获得技能等级证书的学徒，则给予优秀满师奖励。

表7-7 H职业技术学院学生企业实践考核一览表

学生姓名		行业师傅姓名		实践日期			
实践单位				实践岗位			
学生综合表现			设定分值（分）				师傅评价
			非常好	较好	一般	差	
纪律规范 （25分）	礼仪礼貌（顶撞领导记为0分）		5	3	1	0	
	保持整洁干净		5	3	1	0	
	人际关系		5	3	1	0	
	出勤 （迟到、早退、病假、事假3次/天记为0分）		10	6	2	0	
态度 （25分）	责任心		5	3	1	0	
	服从意识		5	3	1	0	
	服务态度		5	3	1	0	
	工作积极性、主动意识		10	6	2	0	

(续表)

学生综合表现		设定分值(分)				师傅评价
		非常好	较好	一般	差	
技能 (50分)	普通话语言组织、表达能力	5	3	1	0	
	计算机办公软件使用能力	5	3	1	0	
	心理调节及抗挫能力	10	6	2	0	
	协调沟通能力	10	6	2	0	
	业务知识的学习能力	10	6	2	0	
	营销/业务办理能力	10	6	2	0	
总计						
综合意见	考核成绩:A. 优(85分及以上)　B. 良(70—84分) 　　　　　C. 中(60—69分)　D. 不合格(60分以下)					

第四节　现状调查:机制日趋完善且成效逐步彰显

行动研究过程包含了计划—行动—观察—反思这样一个完整的过程,前文已经针对 H 职业技术学院现代学徒制运行机制的行动背景、行动计划以及行动过程进行了详细的阐述分析。因此,按照行动研究的既定程序,需要在一定时期后对整个行动实施的效果进行观察分析,找到其中存在的问题和成因,并对症下药,修正行动方案。

一、H 职业技术学院现代学徒制运行机制现状调研目的

本次调研的主要目的是深入了解当前 H 职业技术学院现代学徒制运行机制的现状,即现代学徒制参与各主体围绕现代学徒制人才培养在合作互动交流过程中是否履行了相应的责任和义务,是否达到了各自的预期目标。具体而言,根据前文对高职院校现代学徒制运行机制维度的划分,仍然试图从利益驱动机制、协调沟通机制、课程开发与实施机制、质量保障机制四个基本维度对当前高职院校现代学徒制运行机制的现状进行客观分析。

二、H 职业技术学院现代学徒制运行机制现状调研方法

为了能够真正把握当前 H 职业技术学院现代学徒制运行机制的现状,决

定采取问卷调查和访谈两种方法。本次调查所采用的问卷为自编的"高职院校现代学徒制运行机制调查问卷",分别为教师卷、企业卷和学生卷。其中教师卷和企业卷中都包含了"高职院校现代学徒制运行机制评价量表",该评价量表根据现代学徒制运行机制的理论分析框架编制而成,共分为四个维度,信度系数分别0.759、0.726、0.762、0.683,该量表的总体信度为0.823。

三、H 职业技术学院现代学徒制运行机制现状调研对象

在问卷调研对象的选择上,主要聚焦在 H 职业技术学院正在实施现代学徒制的各专业上,具体的调研对象包括了各专业教师、合作企业的人力资源部门负责人以及学生(学徒)。共发放学校卷100份,回收90份问卷,有效回收率为90%;学生卷100份,回收84份,有效回收率为84%;企业卷15份,回收15份,有效回收率为100%。在问卷调研基础上,还通过召开座谈会以及访谈等途径调研了部分企业负责人和学校教师对现代学徒制运行机制现状的认知。

四、H 职业技术学院现代学徒制运行机制现状调研结果

借助相应的调研工具,对 H 职业技术学院现代学徒制运行机制的现状进行了深入的调查,调研结果根据运行机制的四个维度分别进行了呈现。

(一) H 职业技术学院现代学徒制利益驱动机制现状

H 职业技术学院现代学徒制利益驱动机制的现状调查结果见表7-8,H 职业技术学院与企业之间的利益契合关系处于中等偏上水平,这表明 H 职业技术学院与企业之间在现代学徒制合作过程中的利益契合程度较高,双方合作能够达到彼此的预期,并不存在严重的利益不均衡现象。

表7-8　H 职业技术学院现代学徒制利益驱动机制的描述性统计分析一览表

	极小值	极大值	标准差	等级指数
内部驱动机制(企业)	2.40	4.80	0.6224	3.48
内部驱动机制(学校)	1.60	5.00	0.7332	4.03
外部驱动机制(企业)	3.00	4.50	0.5814	3.53
外部驱动机制(学校)	0.50	5.00	1.0155	3.59

(续表)

	极小值	极大值	标准差	等级指数
利益驱动机制（企业）	2.80	4.60	0.4356	3.48
利益驱动机制（学校）	1.80	5.00	0.6462	3.99

（二）H 职业技术学院现代学徒制协调沟通机制现状

H 职业技术学院现代学徒制协调沟通机制的现状调查结果见表 7-9，H 职业技术学院与企业之间在协调沟通水平上处于中等偏上水平，无论企业和学校，都认为双方之间有着较好的沟通与合作。

表 7-9　H 职业技术学院现代学徒制协调沟通机制的描述性统计分析一览表

	极小值	极大值	标准差	等级指数
协调沟通机制（企业）	2.40	4.20	0.6254	3.45
协调沟通机制（学校）	1.00	5.00	0.9222	3.69

（三）H 职业技术学院现代学徒制课程开发与实施机制现状

H 职业技术学院现代学徒制课程开发与实施机制的现状调查结果见表 7-10，H 职业技术学院与企业之间无论是在课程开发还是在教学运行以及教师合作水平上都处于中等偏上水平。这表明企业与学校之间在人才培养上实现了较为紧密的合作关系，无论是在课程开发还是在教学上都实现了深度合作。

表 7-10　H 职业技术学院现代学徒制课程开发与实施机制的描述性统计分析一览表

	极小值	极大值	标准差	等级指数
课程开发与实施机制（企业）	2.92	4.42	5.1415	3.52
课程开发与实施机制（学校）	1.33	5.00	0.8047	3.90
课程开发机制（企业）	3.00	4.40	0.5387	3.72
课程开发机制（学校）	1.00	5.00	0.8217	3.97
教师合作机制（企业）	2.60	4.40	0.5387	3.72
教师合作机制（学校）	1.80	5.00	0.8726	3.90
教学运行机制（企业）	2.00	4.50	0.8756	3.53
教学运行机制（学校）	0.50	5.00	1.0283	3.75

(四) H 职业技术学院现代学徒制质量保障机制现状

H 职业技术学院现代学徒制质量保障机制的现状调查结果见表 7-11，H 职业技术学院与企业之间在保障学徒质量方面实现了紧密的合作，在这一维度上达到了中等偏上的水平。这表明企业和学校为了保障学徒的培养质量在一些相关质量标准的研制以及质量保障制度建设上做了许多工作，并取得了较好的成效。

表 7-11 H 职业技术学院现代学徒制协调沟通机制的描述性统计分析一览表

	极小值	极大值	标准差	等级指数
质量保障机制(企业)	2.25	4.50	0.5579	3.49
质量保障机制(学校)	1.00	9.25	1.0047	3.88
标准制定机制(企业)	2.00	4.50	0.7020	3.70
标准制定机制(学校)	1.00	4.50	2.3184	4.18
过程监督机制(企业)	2.33	4.67	0.6923	3.40
过程监督机制(学校)	1.00	5.00	0.9088	3.82
结果考核机制(企业)	2.00	4.33	0.8132	3.44
结果考核机制(学校)	1.00	5.00	0.8480	3.80

第五节 经验归纳：优选合作企业，提升合作能力

基于对 H 职业技术学院现代学徒制运行机制实践探索的分析以及对其现状调查的结果可以发现，H 职业技术学院现代学徒制运行机制建设已经日趋成熟完善，不仅学校和企业之间实现了紧密的利益契合，在沟通渠道、人才培养方案合作开发、质量保障体系建设上都取得了一定的成效。因此，基于对 H 职业技术学院现代学徒制运行机制的实践探索，通过对其经验的总结归纳，可以为当前我国高职院校现代学徒制运行机制的探索创新提供以下启示。

一、制定标准、优选合作企业，审慎开展学徒培养

由于当前我国职业教育的人才培养属于典型的供给导向型，企业人才培养的主体作用未能充分展现，而且由于我国行业协会发展的不成熟，都造成企

业在开展现代学徒制的积极性和能力上存在着较大的差异。企业之间由于在生存发展阶段、技能需求类型、发展模式等方面存在着较大的差异,必然会影响到其参与现代学徒制的动机,甚至不能排除有些企业参与现代学徒制就是为了获得廉价劳动力。然而,由于当前我国并未建立相应的政策制度来鉴别企业参与现代学徒制的资质,就必然会有一些没有资质的企业"浑水摸鱼",想要通过这一途径获得廉价劳动力,如果同这类企业展开合作,不仅是对学生发展的不负责任,更会引起社会大众对现代学徒制的误解,将其视为企业与学校之间进行"交易"的幌子。

因此,在当前这一制度环境下,在人才培养的供给导向情况下,高职院校在开展学徒培养时一定要根据一定的标准选择合作的企业。首先,选择企业应该先看行业,能被简单机械所替代的行业一般是不适宜开展现代学徒制的,而要选择"人与人"的"技术技能传承及工匠精神传递"的行业岗位。例如,H职业技术学院所合作的企业(西子航空、奥的斯)所属的行业都属于高端制造业或者对技能要求较高,技能形成过程较为复杂,默会知识占比较高,唯有通过师带徒的途径才能更好地实现知识的传递的行业。其次,在行业确定之后,还要选择合适的企业。具体需要考虑企业的内在需求、企业的规模和品牌等,因为企业的规模和品牌将直接影响学徒制班的招生,影响开展学徒培养的人数和规模,并影响学徒的就业竞争力和留人率,而这些因素是现代学徒制能够顺利运行的关键。在供给导向下,由于学徒和企业之间达成可信承诺的制度环境较为脆弱,为了维持合作的稳定与可持续,就必须提升学徒(学生)留任率,而这些在行业里处于领先地位的企业必然对学生(学徒)的吸引力更大,更有助于维持一个稳定的合作关系。另外,企业的培训能力也是企业选择的一个重要因素。工作场所学习是学生(学徒)建构完整职业能力的重要场所,而现代学徒制培养技术技能型人才的关键就在于工作场所学习的质量,这就对企业的培训能力提出了更高的要求,不仅要求能够为学生(学徒)提供工作岗位,还需要企业具有一定的培训能力,即需要企业建立自身的员工培训体系,并具有可用于培训的场所和生产设备,这是保证学徒(学生)培养质量的重要前提。

二、新型师徒关系构建是现代学徒制运行的关键

师徒关系的构建是现代学徒制的核心,不同于传统学徒制下师傅与徒弟

之间的人身依附关系,在当前社会主义市场经济大背景下,师傅作为企业的雇员,因为和学徒之间潜在的竞争关系往往会导致师傅在技能传承上的消极应对,而现代学徒运行机制能够较好运行的关键就是如何在当前经济社会环境之下构建新型的师徒关系。根据H职业技术学院现代学徒制师徒关系构建的探索实践,可以将其归纳为如下几个方面。

首先,要通过多种途径将那些吃苦耐劳、敬业爱岗、作风正派的能工巧匠、业务骨干、技术负责人纳入到师傅资源库。根据H职业技术学院师徒选拔的经验,在师傅选拔上主要依据如下标准:一是对岗位认真负责,把岗位工作作为事业来做;二是服务行业5年以上并在企业服务的年限达到3年以上;三是德艺兼备,在某一岗位技术领域具有自身的专长并且职业素养较高;四是具有教育教学的能力,能够掌握学生在工作场所学习的一般规律,并掌握相应的专业教学法知识。

其次,校企应联合制定师带徒的激励办法和考核制度,激发师傅的积极性。根据H职业技术学院师傅管理激励考核制度的相关经验,其主要可归纳为如下三个方面:一是建立师带徒的津贴制度,校企联合制定师带徒津贴标准,按月给师傅相应的师带徒津贴;二是对师带徒成效较为优秀的师傅进行奖励,按照徒弟的学习成效将师傅分为金牌师傅、银牌师傅和铜牌师傅;三是将学徒满师入职后的工作业绩与师傅的业绩进行绑定,从根本上解决师傅"留一手"的问题,并且适度拉开师傅、普通技工和学徒之间的收入差距,将更有利于企业师傅积极性的发挥。

最后,通过有组织、制度化的师徒结对,最大限度地满足双方的需求。根据H职业技术学院师徒结对制度的实践探索经验,主要措施可归结为如下两个方面:一是师徒签订《师徒协议书》,通过协议书的形式明确师傅的职责并明确学生(学徒)的学习任务和要达成的目标;二是规范师带徒的过程,师傅每次带徒限定在2人左右,最多不超过3人,而且通过日常考核对师傅的职责履行情况和学徒的学习任务完成情况进行跟踪,确保学徒培养过程的规范。

三、提升院校合作能力是实现长效运行的基础

不同国家基于自身的国情,在实践中探索形成了不同的学徒制模式,从欧洲的主要模式来看,现代学徒制主要可以划分为需求引导型和供给引导型两

大类型,前者也被称为高企业合作与低学校整合型,其主要特征是企业的育人意识较强,企业自身的培训能力较强,学徒制度以行业、企业为主体进行运行,这种学徒制类型的国家如德国、奥地利、瑞士等国。而另外一种类型就是低企业合作与高学校整合型,其特点主要是雇主责任感较低,企业自身的培训能力较弱,学徒制运行主要依靠学校和教育主管部门,如英国、荷兰、法国等国。如果审视当前的制度环境,可以发现我国国情与英、美等国家更为相近,行业企业并没有肩负起相应的人才培养责任,教育部门和学校是人才供给的主体,在这种环境下,联合相关企业共同构建供给引导型现代学徒制运行机制就成为高职院校的现实选择。而这一选择的前提必然是高职院校首先要提升自身的合作能力,能够在人才培养、技术研发以及社会服务上发挥自身的积极作用,吸引企业积极参与到人才培养过程中,唯有如此方能通过建构平等的合作关系来构建校企联合育人的现代学徒制运行机制。之所以 H 职业技术学院能够较好地建立起运转良好的现代学徒制运行机制,就是因为在进行现代学徒制实践探索之前,H 职业技术学院就已经在校企合作方面进行了长期的耕耘,已经与企业在人才培养、应用研发等方面建立起了较好的基础。在校企合作运行机制上,H 职业技术学院创造性地构建了以校企共同体为载体的运行模式,正是在校企共同体的框架之下,现代学徒制运行机制才可能顺利地实现有效建构。

四、学校顶层规划与院系基层创新需要紧密结合

高职院校现代学徒制运行机制的构建绝不能仅停留在院系和专业的层面。由于现代学徒制运行机制的探索实践是一项涉及人才培养模式变革的系统性工作,涉及人才培养方案开发、教学组织管理模式变革、学生管理模式变革、评价体系建设等一系列工作,需要学校从整体发展战略的角度进行顶层规划设计。要将学校顶层规划与各个二级学院和专业的实践探索创新紧密结合起来,一方面应该给各个二级学院和专业一定的探索创新空间,让其有足够的空间"大胆试错",同时学校层面应该通过理念引领、平台搭建、环境创设为各个二级学院和专业的实践探索提供良好的环境氛围。例如,H 职业技术学院现代学徒制的实践探索首先是明确学校层面、二级学院和专业在现代学徒制运行机制实践探索中各自应承担的责任和权利,二级学院和专业作为创新的

主体,学校给予其较大的空间进行探索、尝试和创新,而学校层面则通过理念引领、标准制定、质量监控等途径对各个二级学院和专业的现代学徒制运行机制的实践探索进行引导和规范。H 职业技术学院还通过建立现代学徒制研究中心并发布一批专门围绕现代学徒制的研究课题营造良好的现代学徒制实践探索的氛围,从而有效推动了各个二级学院和专业在现代学徒制运行机制构建中探索的主动性。

小　结

基于笔者在 H 职业技术学院所承担的角色,本研究试图采取行动研究法,依据"计划—行动—观察—反思"这一流程来开展行动研究,并辅之其他方法对现代学徒制运行机制展开深入的实践探索。在对 H 职业技术学院现代学徒制构建的国情与校情进行深入调研分析的基础上,通过专家咨询、走访调研、集体协商的过程制定出了 H 职业技术学院现代学徒制实施的方案。行动方案确立之后,在学校层面的宏观引导下各个二级学院及专业深入开展现代学徒制运行机制的实践探索,经过为期近三年的建设取得了较为显著的成效。

H 职业技术学院实践探索的行动实施过程可归纳为如下五个方面:其一,寻求各方利益契合,构建利益驱动机制;其二,搭建联合管理平台,构建协调沟通机制;其三,组建双师教学团队,构建教师合作机制;其四,校企协同课程开发,构建课程开发机制;其五,建立多元评价体系,构建质量保障机制。实施效果的现状调查显示,现代学徒制运行机制取得了良好的成效,不仅学校和企业之间实现了紧密的利益契合,在沟通渠道、人才培养方案合作开发、质量保障体系建设上都取得了一定的成效。其经验可以总结归纳为:(1)优选合作企业,审慎开展学徒培养;(2)新型师徒关系建构是现代学徒制运行的关键;(3)提升院校合作能力是实现长效运行的基础;(4)学校顶层规划与院系基层创新需要紧密结合。

第八章

结论、建议与展望

最后,笔者对本研究的主要研究结论进行概括总结,并根据相关研究结论分别从政府和高职院校两个主体提出现代学徒制运行机制的构建策略。

第一节　主 要 结 论

其一,高职院校现代学徒制运行机制是指高职院校与企业两个合作主体在联合培养技术技能型人才过程中,参与到这一过程中的各个相关主体基于自身的诉求而在寻求相互合作的过程中所发生的相互作用关系。企业参与现代学徒制的主要利益诉求是为了提前筹划未来人力资源的战略储备,高职院校参与现代学徒制的主要利益诉求是为了提高自身的人才培养质量和社会声望,学生参与现代学徒制的主要利益诉求是为了获得较好的职业生涯发展,政府参与现代学徒制的主要利益诉求是为了提升教育服务经济社会发展的能级,行业参与现代学徒制的主要利益诉求是为了提升行业整体竞争力实现可持续发展,师傅参与现代学徒制的主要利益诉求是为了获得额外劳动经济报酬和社会声望。高职院校现代学徒制运行机制的理论分析框架包含了利益驱动机制、协调沟通机制、课程开发与实施机制、质量保障机制四个基本维度。

其二,基于现代学徒制四大运行机制所编制的相关调研工具,通过对部分院校教师、学生、企业负责人的问卷和访谈调查发现:从现代学徒制利益驱动机制来看,无论是高职院校还是企业,对当前高职院校现代学徒制利益驱动机制的评价都处于中等水平,也就是说参与现代学徒制的不同利益主体间的利益契合度处在中等水平;从现代学徒制协调沟通机制来看,无论是从学校还是从企业视角来看,当前高职院校现代学徒制协调沟通机制的得分整体上处于中等以下水平,表明高职院校与企业在合作过程中有着较大的沟通障碍;从现代学徒制课程开发与实施机制维度来看,高职院校和企业之间针对学生(学徒)人才培养方案的开发及实施程度都处于中等水平;从现代学徒制质量保障机制维度来看,当前高职院校质量保障机制的整体建设情况同样处于中等水平,绝大部分企业与学校仅仅建立了部分质量保障的措施,还尚未形成体系化。

其三,以社会建构为理论分析视角,当前我国高职院校现代学徒制运行机制的构建存在制度环境的制约。这种制约主要表现为:企业与学徒之间缺乏达成可信承诺的制度基础;学徒权益保障制度的缺失极易导致学徒制异化,成为企业廉价用工的工具;行业教育功能的缺位造成校企交易成本高涨,双方会由于组织属性的差异而在人才培养方案上进行高成本的协商;师傅资格标准的欠缺阻碍企业师傅的身份认同,师傅会因为担心"教会徒弟,饿死师傅"的事情发生而积极性不高;职业资格标准的缺失极易造成学徒培养质量的下滑,由于外在标准的缺失,会造成人才培养主体对质量监控的懈怠。

其四,借助高职院校现代学徒制运行机制的理论分析框架,对德国、英国、瑞士三国现代学徒制运行机制的比较分析可以得出如下结论:在利益驱动机制上,德国模式可以概括为"双元驱动、企业为主",英国为"政府放权,雇主主导",瑞士为"成本分担,利益共享";在协调沟通机制上,德国模式可概括为"协调沟通,利益均衡",英国可概括为"三方合作,各司其职",瑞士可概括为"民主协商、公正透明";在课程开发与实施机制上,德国模式可概括为"职业导向,企业参与",英国可概括为"三方协作,三要素主导",瑞士可概括为"三方协作,稳定高效";在质量保障机制上,德国可概括为"法律为先,行会参与",英国可概括为"五大机制,全力助推",瑞士可概括为"标准清晰,责任明确"。德国、英国、瑞士三国现代学徒制运行机制的横向对比分析,对我国现代学徒制运行机制构建的启示是,应高度重视参与各方的利益诉求,搭建多方参与的沟通合作平台,多方参与课程开发,创新教学实施路径,构建职责明晰、相关主体广泛参与的质量保障机制。

其五,分别选取西部 G 职业技术学院、中部 W 职业技术学院、东部 J 职业技术学院三所高等职业技术学院为典型案例,从现代学徒制运行机制的背景、实践探索过程以及成效和主要问题出发,对其试点的共性经验进行概括归纳。基于本文所确定的现代学徒制运行机制分析框架,从利益驱动机制、协调沟通机制、课程开发与实施机制、质量保障机制四个维度对三所院校四大机制建设的经验举措进行了对比分析,并对其异同进行了概括归纳。通过对三所院校现代学徒制运行机制构建经验的归纳,其建设经验可概括为:构建利益驱动机制,保障利益相关者利益;构建协调沟通机制,保障学徒制高效运行;构建课程开发与实施机制,保障学徒制教学运行效果;构建质量保障机制,保障学徒制质量与效能。

其六,H职业技术学院现代学徒制运行机制的实践探索经验对我国高职院校现代学徒制运行机制构建的启示是:要根据一定的标准优选合作企业,根据行业和企业的类型审慎选择是否进行学徒培养;现代学徒制运行机制构建的关键是要建立新型的师徒关系;提升院校自身的合作能力是实现现代学徒制长效运行的基础;高职院校现代学徒制运行机制的探索创新一定要将学校顶层规划与学校的基层创新紧密地结合起来。

第二节 对策建议

为了保障高职院校现代学徒制运行机制的有效实施,建议政府采取如下三点措施。第一,国家应实施积极干预行为,进一步保障参与企业的利益。建议政府进一步实施积极干预行为,通过采取标准制定、服务购买和税收补贴等"非市场"治理措施,区别参与学徒制培训企业的待遇,规避技能形成过程中的"搭便车"行为。第二,构建学徒制国家职业资格标准,规范学徒培养过程。为了保障学徒制的人才培养质量,不仅要将其纳入到正规学制之中,还应制定规范、统一、灵活的课程框架体系,从结果和过程两个方面规范学徒制人才培养的过程。第三,强化行业协会的育人功能,有效降低交易成本。政府机构应进一步放权,将一些职权交予行业协会,让其真正能够反映和代表行业内企业的利益诉求,从而使其在现代学徒制课程内容制定、师资考核、质量保障等方面发挥应有的作用。通过全面发挥行业协会的应有作用,从而真正降低现代学徒制的运行成本,实现有效和高效运行。

除了政府应通过多种举措为高职院校现代学徒制运行机制的构建创造良好的制度环境外,高职院校也应该通过自身积极主动的探索,打破制度瓶颈的束缚,通过以下举措实现高职院校现代学徒制的长效运行。其一,在合作对象的选择上,应根据一定的标准进行合作企业的遴选,并根据行业发展的现状、

所提供岗位的类别以及企业自身的培训体系和培训能力审慎地开展现代学徒制培训。其二,高职院校应提升合作能力,在人才培养、应用技术研发和社会服务方面与企业建立稳定的利益共赢基础,唯有如此,在没有相应的外在制度规范的约束下,以成本—收益作为行为决策的企业才会主动与高职院校进行合作,才会主动付出一定的成本参与到学徒培养之中。其三,新型师徒关系的建构是高职院校现代学徒制运行机制构建的难点,也是重点突破口,师徒关系是现代学徒制运行机制的核心,高职院校与企业应通过制定师傅资质、完善师带徒激励与考核机制、师徒结对制度化和组织化等措施实现新型师徒关系的建构。其四,高职院校现代学徒制的建构不应仅停留于院系和各专业层面。高职院校应该对学校现代学徒制运行机制的构建进行顶层规划,为各个院系、专业的现代学徒制运行机制实践探索创造良好的环境氛围,并在理念引领、标准制定以及平台搭建方面为各个院系和专业的实践探索赋能。

第三节 反思与展望

从确定研究问题,到研究方案的设计、相关资料的收集和分析,直至最终的撰写,笔者都始终通过多种视角反复推敲研究结论的真实性与可靠性,从而真正实现对研究问题深入、客观的剖析。尽管如此,由于自身研究经验的不足以及研究对象的复杂性,尤其是个人的学术视野、时间精力和研究能力有限,本研究还存在如下的局限或不足。

其一,不同研究方法整合的困难性。为了能够深入了解高职院校现代学徒制运行机制的规律,采取了问卷调查法、访谈法、比较研究法、行动研究等多种方法,通过多种方法的使用可以搜集更为丰富的研究数据为研究结论的得出提出更为坚实的证据支撑,通过问卷调查和访谈法的使用较为深入全面地了解当前我国高职院校现代学徒制运行机制的现状和存在的问题,而通过案例研究方法的使用则可以较为深入地了解相关问题的症状以及背后的作用机理,而比较研究法的使用则为行动研究提供了可供借鉴的域外经验。尽管在研究之初对每种方法在本研究中的作用和功能进行了较为详尽的设计,但在具体的研究过程中,由于不同的研究方法来源于不同的研究范式,研究过程中研究者经常陷入如何整合不同研究成果的困境,如何保证整个研究的连贯性始终是本研究面临的一个重要问题。

其二,研究深度有待进一步拓展。基于高职院校现代学徒制运行机制这一研究主题,笔者对其多个方面进行了探讨分析,既从理论层面分析探讨了现代学徒制运行机制的理论内涵及其结构维度,也通过问卷与访谈调查的方法对我国高职院校现代学徒制运行机制的现状进行了调查分析,但在研究过程中逐步发现研究的实际范围已经大大超出了预先的研究设计。许多问题之间都存在着紧密的关联,但是限于自身的精力和时间,不可能对所有的问题都进行深入的探讨与分析。例如,针对高职院校现代学徒制运行机制的制度困境,仅能够从宏观和中观层面探讨相应主体在现代学徒制运行机制的构建过程中的地位、作用及其相互之间的作用机制,无法进一步深入探讨具体在教师合作机制、课程开发机制等维度上不同合作主体之间合作的困境。

其三,研究样本的代表性和研究技巧运用的不足。无论是在访谈调查还是在问卷调查上,样本取样的科学性与规范性都有待进一步提高。尤其是在对高职院校现代学徒制运行机制的现状调查上,研究取样的范围仅集中于三个省份的部分高职院校,而且民办高职院校所占比例较小,在取样的代表性上有待进一步提高。除此以外,在访谈对象的选择上,来自企业的受访者较少,主要是来自高职院校的教师,在一定程度上影响了研究结论的客观性。除了在研究样本的取样上存在局限性外,在研究技巧的使用上同样存在一些不足之处,比如在访谈过程中,笔者曾多次无意之中打断受访者的谈话,并且在谈话过程中做出了过度的解释,在访谈之前就存在预设和相关的价值判断,这极大影响了访谈实施的效果以及相关资料的可靠性与客观性。

高职院校现代学徒制运行机制的研究是一个内涵十分丰富的研究主题,无论是从理论而言还是基于实践,都具有十分重要的价值意义。但由于研究问题的复杂性,上述研究不可能穷尽关于该主题所有的相关问题,还有许多有价值的问题有待进一步通过采取多种方法途径进行破解。

其一,关于高职院校现代学徒制运行机制的参与主体之间的相互关系需要进一步理清。在本研究中主要确定了行业企业、高职院校、政府作为主要的利益相关者和运行机制构建的主要参与主体,但并没有具体深入分析各显性参与主体背后相关隐形参与主体在运行机制构建过程中的地位、作用以及利益诉求,以及这些潜在的参与主体(教师、企业师傅、学生)和显性参与主体之间是一种怎样的互动关系。因此,不能将视野仅仅局限于宏观层面,而需要进一步深入到课程开发、师徒关系构建等方面,进一步深入分析各个主体之间的相互作用机制。

其二,关于高职院校现代学徒制运行机制分析框架的科学性与合理性需要进一步探讨验证。本研究基于现代学徒制的本质内涵确定了高职院校现代学徒制运行机制的理论分析框架,试图从利益驱动机制、协调沟通机制、课程开发与实施机制以及质量保障机制四个维度来具体阐述回答关于高职院校现代学徒制运行机制的一系列问题。但这一分析框架是否能够覆盖高职院校现代学徒制运行机制的全部内含,尤其是对我国而言,区域之间现代学徒制构建的实践策略差异非常显著,是否能够采取这一分析框架涵盖所有不同区域的模式选择,这些都是有待进一步深入探讨的问题。

其三,关于高职院校现代学徒制运行机制行动研究的内容需要进一步深化。本研究尽管采取了行动研究方法选择以 H 职业技术学院为行动研究对象探讨高职院校现代学徒制运行机制构建的问题和基本经验,但囿于研究周期较短,许多行动举措还未充分发挥其应有的成效,这就造成许多研究结论的得出都是基于当事人的访谈资料和其主观判断,极大地影响了研究结果的客观性和可靠性。因此,在当前阶段性研究成果的基础上,应不停留于已有的结论,且根据日后的实施成效反馈修正已有结论,不断地进行完善优化。

参考文献

一、中文部分

（一）普通图书

[1] [德]菲利普·葛洛曼,菲利克斯·劳耐尔.国际视野下的职业教育师资培养[M].石伟平,译.北京:外语教学与研究出版社,2011.

[2] [德]克劳斯·贝克.职业教育教与学过程[M].徐国庆,吕志敏,译.北京:外语教学与研究出版社,2011.

[3] [英]达琳·克拉克,克里斯托弗·温奇.职业教育:国际策略、发展与制度[M].翟海魂,译.北京:外语教学与研究出版社,2011.

[4] [英]海伦·瑞恩博德,艾莉森·富勒,安妮·罗蒙.情境中的工作场所学习[M].匡瑛,译.北京:外语教学与研究出版社,2011.

[5] 高文.教学模式论[M].上海:上海教育出版社,2002.

[6] 黄克孝.职业和技术教育课程概论[M].上海:华东师范大学出版社,2001.

[7] 姜大源.当代世界职业教育发展趋势研究[M].北京:电子工业出版社,2013.

[8] 凯瑟琳·西伦.制度是如何演化的[M].王星,译.上海:上海人民出版社,2010.

[9] J.莱夫.情景学习:合法的边缘性参与[M].王文静,译.上海:华东师范大学出版社,2004.

[10] 雷正光.德国双元制教学模式初探[M].北京:科学普及出版社,1992.

[11] 刘晓,徐真真,等.职业教育产学研一体化办学模式研究[M].杭州:浙江大学出版社,2017.

[12] 欧盟委员会.欧洲现代学徒制[M].孙玉直,译.北京:中国劳动社会保障出版社,2016.

[13] 石伟平,匡瑛.比较职业教育[M].北京:高等教育出版社,2012.

[14] 王星.技能形成的社会建构——中国工厂师徒制变迁历程的社会学分析[M].北京:社会科学文献出版社,2014.

[15] 张熙.国外中小学教育面面观:德国双元制职业教育概览[M].海口:海南出版社,2000.

(二) 学位论文

[16] 陈靖.英国现代学徒制研究——基于利益相关者视角[D].杭州:杭州师范大学,2016.

[17] 陈利.瑞士学徒制职业教育模式研究[D].重庆:西南大学,2007.

[18] 范军.2009年以来英国学徒制新进展及启示[D].上海:华东师范大学,2015.

[19] 高燕.英国中等职业教育学徒制研究[D].重庆:西南大学,2013.

[20] 关晶.西方学徒制研究[D].上海:华东师范大学,2010.

[21] 何勇.中职酒店服务专业现代学徒制的实践研究——以宁波市A职业学校为例[D].杭州:浙江工业大学,2016.

[22] 雷成良.职业教育现代学徒制人才培养模式研究[D].重庆:西南大学,2016.

[23] 李苏.现代学徒制在高职院校中的应用研究[D].广州:广东技术师范学院,2016.

[24] 刘静慧.现代学徒制实践状况及对策研究[D].上海:上海师范大学,2016.

[25] 齐亚丛.我国现代学徒制的实践现状及对策研究[D].石家庄:河北师范大学,2017.

[26] 田英玲.瑞士现代学徒制"三方协作"研究[D].沈阳:沈阳师范大学,2014.

[27] 王伟巍.澳大利亚"新学徒制"改革研究[D].大连:辽宁师范大学,2014.

[28] 吴艳红.英澳现代学徒制比较研究[D].南昌:东华理工大学,2013.

[29] 邢莹莹.澳大利亚现代学徒制改革研究[D].南昌:江西科技师范大学,2014.

[30] 熊苹.走进现代学徒制[D].上海:华东师范大学,2004.

[31] 徐春.高职院校实施现代学徒制的现状研究——以江苏Y校为例[D].扬州:扬州大学,2016.

[32] 杨冠琼.中世纪晚期至近代英国传统学徒制的演变[D].天津:天津师范大学,2017.

[33] 张冠博.河北中等职业教育现代学徒制人才培养模式研究[D].保定:河北大学,2016.

[34] 张雅美.现代学徒制导向的高职院校人才培养模式研究[D].秦皇岛:河北科技师范学院,2016.

[35] 章惠.高职院校现代学徒制班培养模式研究——以H校的探索为例[D].长沙:湖南师范大学,2017.

[36] 周柳.基于利益相关者视角的现代学徒制研究[D].广州:广东技术师范学院,2016.

[37] 周姝琼.21世纪以来奥地利学徒制改革研究[D].重庆:西南大学,2012.

[38] 朱静然.高职商科专业现代学徒制人才培养模式研究[D].杭州:浙江工业大学,2016.

[39] 祝伟.澳大利亚新学徒制研究[D].武汉:华中师范大学,2008.

(三) 期刊

[40] 宾恩林,徐国庆.市场化视野下现代学徒制的"现代性"内涵分析[J].现代教育管理,

2016(6).

[41] 岑华锋.现代职业教育体系视角下现代学徒制构建研究[J].职教论坛,2013(16).

[42] 柴彦辉,周志刚.双元制的可移植性研究:机理、内涵与借鉴——教育资源开发的视角[J].教育科学,2008(5).

[43] 陈海峰.现代学徒制多元主体利益平衡分析[J].中国职业技术教育,2014(33).

[44] 陈俊兰.现代学徒制的合理性、现实性与合法性研究[J].职教论坛,2014(16).

[45] 陈俊兰.中国学徒制的现实与运行机制研究[J].教育与职业,2011(33).

[46] 陈鹏.美国学徒制的移植、断裂与重塑[J].职教论坛,2011(25).

[47] 陈鹏.美国注册学徒制:演进过程与内部机理[J].职业技术教育,2011(21).

[48] 陈若蕾.具有广东特色的"234 现代学徒制"人才培养模式改革探索——以广东科贸职业学院秘书专业为例[J].职教论坛,2014(11).

[49] 陈秀虎,谌俊,刘元江,等.现代学徒制专业课程体系构建的探索与实践[J].中国职业技术教育,2015(21).

[50] 陈衍.走进瑞士学徒制[J].职业技术教育,2014(27).

[51] 陈圆,蒋颖.美国注册学徒制职业培训新政解读:困境与变革[J].外国教育研究,2011(10).

[52] 程宇.我国现代学徒制的政策发展轨迹与实现路径[J].职业技术教育,2015(9).

[53] 邓晖.学徒制在当今美国社会中的新使命[J].比较教育研究,1994(1).

[54] 杜广平.我国现代学徒制内涵解析和制度分析[J].中国职业技术教育,2014(30).

[55] 杜海琼,张剑平.认知学徒制在"推理与专家系统"教学中的应用[J].现代教育技术,2009(4).

[56] 菲利克斯·劳耐尔.双元制职业教育——德国经济竞争力的提升动力[J].职业技术教育,2011(12).

[57] 高芳,周佩秋.高职城市轨道交通类专业现代学徒制的教学运行管理实践[J].教育与职业,2015(3).

[58] 关晶,石伟平.西方现代学徒制的特征及启示[J].职业技术教育,2011(31).

[59] 关晶.当代澳大利亚学徒制述评[J].职教论坛,2015(4).

[60] 关晶.英国《学徒制、技能、儿童和学习法案》述评[J].全球教育展望,2012(10).

[61] 关晶.英国和德国现代学徒制的比较研究——基于制度互补性的视角[J].华东师范大学学报(教育科学版),2017(1).

[62] 广小利.基于现代学徒制的物流专业课程体系改革[J].教育理论与实践,2015(27).

[63] 郭全洲,谭立群.中国特色现代学徒制基本框架及运行机制研究[J].河北师范大学学报(教育科学版),2014(6).

[64] 韩天学.缄默知识理论视域下现代学徒制企业师傅的角色定位[J].高教探索,2016(4).

[65] 胡新建.高职院校试行现代学徒制的实践与探索——以宁波城市职业技术学院为例[J].中国高教研究,2016(7).

[66] 黄蘋.德国现代学徒制的制度分析及启示[J].湖南师范大学教育科学学报,2016(3).

[67] 黄享苟,郭自灿,陈卓.高职建筑工程技术专业现代学徒制人才培养模式探索[J].职业技术教育,2011(26).

[68] 黄忠强.发达国家学徒制比较研究[J].职教论坛,2011(24).

[69] 贾文胜,梁宁森.瑞士现代学徒制"三元"协作运行机制的经验及启示[J].职教论坛,2015(25).

[70] 贾文胜,潘建峰,梁宁森.高职院校现代学徒制构建的制度瓶颈及实践探索[J].华东师范大学学报(教育科学版),2017(1).

[71] 姜大源.德国"双元制"职业教育再解读[J].中国职业技术教育,2013(33).

[72] 姜大源.德国职业教育的最新改革与发展动态[J].中国职业技术教育,2010(5).

[73] 姜大源.关于澳大利亚职业教育与培训体系的再认识[J].中国职业技术教育,2007(1).

[74] 李俊.德国职业教育发展之社会结构及文化传统探原[J].清华大学教育研究,2011,32(1).

[75] 李敏,潘彦娜.英国学徒制体系及其制度建构[J].中国职业技术教育,2012(33).

[76] 李赟,林祝亮,曹振新,王泽文.瑞士学徒制STW过渡风险规避策略研究与思考[J].中国职业技术教育,2015(33).

[77] 李政,徐国庆.现代学徒制:应用型创新人才培养的有效范式[J].江苏高教,2016(4).

[78] 李政.职业教育现代学徒制的价值审视——基于技术技能人才知识结构变迁的分析[J].华东师范大学学报(教育科学版),2017(1).

[79] 林勇.教育与经济系统视野中的德国职业教育及其借鉴[J].重庆大学学报(社会科学版),2010,16(5).

[80] 刘晖.基于认知学徒制的高职会计教师教学能力培养研究[J].教育与职业,2015(18).

[81] 刘建同,静炜,董成仁.澳大利亚职业教育——新学徒制[J].中国职业技术教育,2006(2).

[82] 刘晓明,朱向楠.高职院校转型发展背景下现代学徒制推行的困境与路径[J].现代教育管理,2016(8).

[83] 刘艳春,刘春,王洪斌.美国和加拿大学徒制比较及对我国工学结合的启示[J].职业技术教育,2011(19).

[84] 路宝利,刘延翠,盛子强,周琪.认知学徒制背景下职教师资培养范式转换研究[J].中国职业技术教育,2015(27).

[85] 罗士喜,孙文琦,苏光.高等职业院校试行现代学徒制的现状与对策[J].现代教育管

理,2017(5).

[86] 孟迪云,赵芳.我国高职旅游管理专业现代学徒制人才培养模式[J].教育与职业,2015(2).

[87] 乜勇,王兰兰.认知学徒制在高阶思维能力培养中的应用研究——以信息技术课程教学为例[J].现代教育技术,2010(4).

[88] 欧阳忠明,韩晶晶.成本—收益视角下企业参与现代学徒制研究[J].现代教育管理,2016(6).

[89] 潘海生,王宁.社会主体有效参与的爱尔兰现代学徒制的嬗变与启示[J].外国教育研究,2016(11).

[90] 彭跃刚,石伟平.美国现代学徒制的历史演变、运行机制及经验启示——以注册学徒制为例[J].外国教育研究,2017(4).

[91] 冉云芳,石伟平.企业参与职业院校校企合作成本、收益构成及差异性分析——基于浙江和上海67家企业的调查[J].高等教育研究,2015,36(9).

[92] 荣标.聚焦加拿大职业教育学徒制[J].教育与职业,2014(16).

[93] 桑雷.中国特色现代学徒制的三维透视:内涵、困境及突破[J].现代教育管理,2016(6).

[94] 邵春艳,周萍.基于认知学徒制理念的青年教师导师制实践模式[J].中国职业技术教育,2013(18).

[95] 沈陆娟.英国学徒制的新进展和策略分析[J].中国职业技术教育,2011(10).

[96] 孙佳鹏,石伟平.现代学徒制:破解职业教育校企合作难题的良药[J].中国职业技术教育,2014(27).

[97] 孙晓燕.试论现代学徒制对我国职业教育的意义[J].职教论坛,2008(2).

[98] 孙琰.德国双元制职业教育管理体制中的政府角色[J].职业技术教育,2012(19).

[99] 汤霓,王亚南,石伟平.我国现代学徒制实施的或然症结与路径选择[J].教育科学,2015,31(5).

[100] 唐燕,丁建庆.中职酒店专业引入现代学徒制的实践探索[J].中国职业技术教育,2014(11).

[101] 田丽君,欧阳忠明.学徒参与现代学徒制项目的利益保障研究——基于《BIS》的调查报告[J].职教论坛,2014(16).

[102] 童学敏.加拿大学徒制的问题、对策选择及启示[J].中国高教研究,2012(4).

[103] 王根顺,付娟.德国"双元制"职业教育课程模式的特点及启示[J].湖北职业技术学院学报,2010,13(1).

[104] 王洪斌,鲁婉玉."现代学徒制"——我国高职人才培养的新出路[J].现代教育管理,2010(11).

[105] 王建梁,赵鹤.英国现代学徒制的发展历程、成效与挑战[J].比较教育研究,2016(8).

[106] 王世安.高职以工作室为基础的现代学徒制研究——以广州工程技术职业学院计算机仿真专业为例[J].职教论坛,2013(27).

[107] 王为民.产权理论视角下职业教育现代学徒制建设之关键:明晰"培养产权"[J].国家教育行政学院学报,2016(9).

[108] 王喜雪.英国现代学徒制与我国工学结合的比较研究——基于政策分析的视角[J].外国教育研究,2012(9).

[109] 王晓婉,张桂春.美国改善注册学徒制的措施及启示[J].职教论坛,2015(19).

[110] 王奕俊,王建初.德国、瑞士学徒制培训改革的差异比较分析——以商务职业领域为例[J].职业技术教育,2011(13).

[111] 王玉苗.英国高等学徒制:背景、保障与改革[J].比较教育研究,2015(1).

[112] 吴建设.高职教育推行现代学徒制亟待解决的五大难题[J].高等教育研究,2014(7).

[113] 吴静,杜侦.英国职业教育学徒制变迁及其启示[J].职教论坛,2014(6).

[114] 吴书安,王鹏,闫志刚.西方现代学徒制对中国建筑产业工人培养的启示[J].建筑经济,2013(11).

[115] 吴学峰,徐国庆.现代学徒制:对象、意义与实施策略[J].现代教育管理,2016(11).

[116] 吴学峰,徐国庆.职业教育现代学徒制发展的路径选择——一个制度分析的视角[J].江苏高教,2017(4).

[117] 吴学仕,伦凤兰.英国现代学徒制发展因素分析及其启示[J].职教论坛,2015(12).

[118] 夏韩辉.高职院校参与现代学徒制的机制和路径[J].高教探索,2016(5).

[119] 谢俊华.高职院校现代学徒制人才培养模式探讨[J].职教论坛,2013(16).

[120] 徐国庆.高职教育发展现代学徒制的策略:基于现代性的分析[J].江苏高教,2017(1).

[121] 徐国庆.我国职业教育现代学徒制构建中的关键问题[J].华东师范大学学报(教育科学版),2017(1).

[122] 许竞,史明洁.英国职业教育中的"业本学习"初探[J].比较教育研究,2003(5).

[123] 杨卉,王陆,马如霞.远程职业教育中认知学徒制教学模式及其支持环境的研究[J].中国电化教育,2008(11).

[124] 杨敏.简论英国现代学徒制及对我国职业教育的启示[J].中国职业技术教育,2010(18).

[125] 易烨,石伟平.澳大利亚新学徒制的改革[J].职教论坛.2013(16).

[126] 苑国栋.政府责任:实现校企合作的必要条件——来自现代学徒制的启示[J].职教论坛,2009(16).

[127] 张宝忠.基于现代学徒制的高职商科专业人才培养路径研究[J].中国高教研究,2016(10).

[128] 张常洁,王慧.国家资格框架下爱尔兰现代学徒制研究[J].教育与职业,2014(21).

[129] 张启富.我国高职教育试行现代学徒制的理论与实践——以浙江工商职业技术学院"带徒工程"为例[J].职业技术教育,2012(11).

[130] 张庆玲.高职机电一体化技术专业现代学徒制实践探索[J].职业技术教育,2014(14).

[131] 张胜军,黄晓,徐朝晖.运用现代学徒制开展新型职业农民培训的意义与策略[J].职业技术教育,2014(10).

[132] 张思,刘清堂,熊久明.认知学徒制视域下教师工作坊研修模式研究[J].中国电化教育,2015(2).

[133] 张砚清.英国现代学徒制对广东职业教育改革的启示[J].湖南师范大学教育科学学报,2011(1).

[134] 张烨.德国本科层次的双元制职业教育窥探[J].教育理论与实践,2009(9).

[135] 张勇,江萍.职业教育中的学徒制:英国与德国之比较[J].江苏高教,2015(1).

[136] 张宇,徐国庆.我国现代学徒制中师徒关系制度化的构建策略[J].现代教育管理,2017(8).

[137] 赵亮.企业主导下的现代学徒制实施模式研究[J].高教探索,2016(5).

[138] 赵鹏飞,陈秀虎."现代学徒制"的实践与思考[J].中国职业技术教育,2013(12).

[139] 赵鹏飞.现代学徒制人才培养的实践与认识[J].中国职业技术教育,2014(21).

[140] 赵有生,王军,张庆玲,等.高职院校现代学徒制的实践探索——以长春职业技术学院为例[J].职业技术教育,2014(11).

[141] 赵志群,陈俊兰.我国职业教育学徒制——历史、现状与展望[J].中国职业技术教育,2013(18).

[142] 赵志群.职业教育的工学结合与现代学徒制[J].职教论坛,2009(36).

[143] 周丽华,李守福.企业自主与国家调控——德国"双元制"职业教育的社会文化及制度基础解析[J].比较教育研究,2004(10).

[144] 周琳,梁宁森.现代学徒制建构的实践症结及对策探析[J].中国高教研究,2016(1).

[145] 朱军.现代学徒制视野下工学六融合人才培养模式实践研究——以无锡机电高等职业技术学校为例[J].职教通讯,2014(32).

[146] 朱双华.优化现代学徒制环境与提升校企合作绩效[J].财经问题研究,2016(2).

[147] 朱晓斌.文化形态与职业教育——德国"双元制"职业教育模式的文化分析[J].比较教育研究,1996(6).

[148] 祝士明,郭妍妍.现代学徒制背景下的人才培养优势与途径[J].中国高校科技,2016(10).

二、外文部分

[1] Aady Green and Akiko Sakamoto. "Models of High Skills in National Competition Strategies" [M]. Oxford: Oxford University Press, 2001.

[2] Acemoglu, Daron, Jorn-Steffen Pischke. Beyond Becker: training in imperfect labour markets[J]. Economic Journal, 1999.

[3] Allan Collins, John Seely Brown, Ann Holum. Cognitive Apprenticeship: Making Thinking Visible [EB/OL]. http://www.21learn.org/arch/articles/brown_seely.html/30/12/2004.

[4] Authority I T, Council A H R, Consulting I. Aboriginal Trades and Apprenticeship Study: interim report[J]. Industry Training Authority, 2008.

[5] Brain Knight. Government financial support[J]. NCVER, 2010.

[6] Brain Knight. History of the Australian apprenticeship and traineeship system[J]. NCVER, 2011.

[7] DCSF&DIUS. World-class apprenticeships: Unlocking talent, building skills for all[R]. london: DCSF&DIUS, 2008.

[8] Department for Business Innovation&Skills. Options Study for the Long-term Evaluation of Apprenticeship[R]. London: BIS, 2011.

[9] Federal Minister of Economy, Family and Youth. Apprenticeship Dual Vocational Education and Training in Austria Modem Training With a Future[M]. Vienna: Federal Minister of Economy, Family and Youth, 2009.

[10] Federal Ministry of Labour, Social Affairs and Consumer Protection. Youth and work in Austria [R]. Vienna Federal Ministry of Labour, Social Affairs and Consumer Protection, 2010.

[11] Hilary Steedman. Apprenticeship in Europe: Fading' or Flourishing[R]. London: Centre for EconomicPerformance, 2005.

[12] HM Government. Building Engagement, Building Futures: Our Strategy to Maximize the Participation of 16-24 Year Olds in Education, Training and Work[R]. London: HM Government, 2011.

[13] Johansen, Lars. Transferable training as a collective good[J]. European Sociological Review, 2002.

[14] Keating J. Australian Training Reform(Revised Edition)[M]. Melbourne: Curriculum Corporation, 1998.

[15] LSC. The Benefits of Completing an Apprenticeship[R]. London: Learning and Skills Council, 2009.

[16] Lumby J. 14 to 16 year olds in further education colleges: Lessons for learning and leadership [J]. Education and Training, 2007.

[17] Mclntosh, Steven. A Cost-Benefit Analysis of Apprenticeships and Other Vocational Qualifications[R]. Nottingham: DfES Publications, 2007.

[18] P. A. Hall and D. Soskice. Varieties of Capitalism: The Institutional Foundations of Comparative Advantage[M]. New York: Oxford University Press, 2001.

[19] Philip Manow. The Uneasy Compromise of Liberalism and Corporatism in Postwar Germany [M]. Berkeley: University of California, 1999.

[20] Polanyi, Michael. The Tacit Dimension[M]. London: Routledge&Kegan paul, 1996.

[21] Regina Dionisius, Stefan C. Wolter, etc. Cost and Benefit of Apprenticeship Training: A Comparison of Germany and Switzerland [EB/OL]. http://www.sbfi.ad min.ch/documentation/00335/00400/index.htm.

[22] Samuel Muehlemann, Stefan C. Wolter. Apprenticeship training and the business cycle [J]. Empirical Research in Vocational Education and Training, 2009.

[23] Sector Skills Development Agency. Apprenticeships in the UK-their design, development and implementation[R]. 2004.

[24] Sharpe Andrew, James Gibson. The Apprenticeship System in Canada: Trends and Issues [R]. Ottawa: CSLS, 2005.

[25] Stevens, Margaret. A theoretical model of on the job training with imperfect competition [J]. Oxford Economic papers, 1994.

[26] Thomas Sondermann. The German Vocational Training Reform Act of 2005: What is new, what is different? [J]. BWP Special Edition, 2005.

[27] Ursula Beicht, Hermann Herget. Costs and benefits of in-company vocational training [J]. BWP special Edition, 2007.

[28] Ute Hippach-Schneider, Martina Krause, Christian Woll. Vocational education and Training in Germany[R]. Luxembourg: Office for Official Publications of the European Communities, 2007.

[29] Young, A. Higher-Order Learning and Thinking: What Is It and How Is It Taught? [J]. Educational Technology, 1997.

附录

高职院校现代学徒制运行机制现状调查问卷

（企业卷）

高职院校现代学徒制运行机制现状调查问卷

（学生卷）

高职院校现代学徒制运行机制现状调查问卷

（学校卷）

访谈提纲

后记

1998年我大学毕业参加工作，先后任职于杭州教育学院和杭州师范大学；2003年机缘巧合入职杭州职业技术学院，从此与职业教育结缘；直到2020年离开杭职院到嘉兴学院、嘉兴南湖学院工作。在杭职院，我与职业教育整整打了17年的交道，有过太多的故事和回忆，给自己的人生写下了重重的一笔。回首这十七载，从不了解、不熟悉到逐渐喜欢，直至痴迷，从说外行话到形成自己的见解，从国家骨干高职院校项目申报到国家"双高"院校项目建设，从对"企业主体、学校主导"校企命运共同体的不懈探索、对"人职匹配"职业生涯规划教育的不断感悟、对"规划成长，兴趣为本；能力提升，创新为要；创业发展，实战为上"创新创业教育的不断琢磨……到此即将付梓的《我国高职院校现代学徒制运行机制研究》，都是自己这一路走来，在"国家大力发展职业教育"这一大背景下看到的靓丽风景和感受到的内心喜悦。但在自己所有的学习、体悟和研究中，对现代学徒制这一问题的思考，自我感觉是最痴迷、最深入，也是最系统的。一方面源于现代学徒制是深化职业教育内涵发展的重要法宝，另一方面还源于这是我博士研究成果的延续和深化。

2014年我考入华东师范大学在职攻读教育博士，并于2018年顺利毕业，期间研究的主要内容就是现代学徒制。正所谓"名师出高徒"，学徒制的核心要素之一是师傅。一晃离开职教战线一年有余，恩师石伟平先生的鼓励、指点与帮助，使我原有的研究得以延续并结集成册，内心十分感念。回首23年的职业生涯，自己磕磕碰碰、跌跌撞撞地走过来，在职业教育领域也算获益颇丰，这都是恩师的提携，也是学徒制的成果。所以在此不妨回忆两位恩师，特别回顾一下两位对我有重大影响的"师傅"，权作后记。

一位是叶鉴铭先生（现任杭州市政协副主席、民革杭州市委主委、研究员）。他先后担任过杭州市教委职教处副处长、处长、副主任（分管职业教育），从事职业教育管理工作20多年，其间公派德国留学研习职业教育一年，可以说是一位不折不扣的"职业教育人"。认识叶先生,是在2007年他调任杭职院院长时,回忆当时状况,其真如卸下"镣铐"的舞者,迸发几十年积聚之能量,迅速投身杭职改革创新大业,短短数年将一所百废待兴的高职院校演绎成一匹快速崛起的高职"黑马"。认识叶先生之前,我是一个地地道道的职业教育"局外人",尽管身在职业院校工作,但从校办、外办主任到分管人事、资产公司的副校长,做的都是行政事务管理工作;认识叶先生之后,由于工作原因与其接触甚密,可谓耳濡目染、"跟班学习",并日渐为其执着于职业教育的探究精神所感染,尤其是2010年受命于其,担任学校国家骨干项目创建的总指挥,三个月的时间,带着一支三余人的队伍每天干到凌晨三点钟,让自己彻底脱胎换骨走上了"职业教育"发展的道路,也让杭职院拥有了一批从实践中走出来的实干人才。基于此,叶鉴铭先生是激起我对"职业教育"浓厚兴趣的第一位引路人,是我"职业教育"入门并手把手传授技艺的、名副其实的"师傅"。

另一位当然是恩师石伟平先生(华东师范大学职业教育与成人教育研究所名誉所长、终身教授,我国职业教育学第一位博士生导师)。他学术造诣深厚,堪称国内顶尖职业教育研究专家,先后主持国家级、省部级科研项目20多项,发表学术论文150多篇,出版各类著作十余部,主编了我国第一套职业教育学术丛书,其研究成果和研究热点备受全国职业教育界广泛关注。他重义讲道,为人谦和,宽严相济,诲人不倦。尽管由于种种原因,我目前为止尚未参与过每年一次的"石门聚会",但其盛况却略知一二,其门下高徒不下百余众,个个都有"独门绝学",在其研究领域颇有成就,且师徒之间情同父子、手足,传为佳话。初识石先生,是在研讨杭职院发展战略的一次小型专家座谈会上,其对职业教育发展的宏观把握,对职业院校治理的精准把脉,以及其谦逊的举止言谈和对事物发展、问题研究的哲理思辨,都给我留下了极其深刻的印象。有幸拜其门下后,更是深感恩师之"大人格""大智慧",且不论学术研究上的关键点把握,大到重大工作难题的破解,小到琐碎繁杂的生活小事,无论大小,恩师石伟平先生都是绝佳的"请教对象",可谓是真正的良师益友。

俗话说,"一日为师,终身为父"。我能结缘职业教育,并得以小有成就,必感恩于以上两位先生,得此以记之。

贾文胜

2021年10月11日于嘉兴

图书在版编目(CIP)数据

我国高职院校现代学徒制运行机制研究 / 贾文胜著. — 上海：上海教育出版社，2021.11
(现代职业教育研究丛书 / 石伟平主编)
ISBN 978-7-5720-0262-5

Ⅰ.①我… Ⅱ.①贾… Ⅲ.①高等职业教育-学徒-教育制度-研究-中国 Ⅳ.①G718.5

中国版本图书馆CIP数据核字(2021)第246693号

图书策划　刘　芳　公雯雯
责任编辑　茶文琼
整体设计　陆　弦

现代职业教育研究丛书
石伟平　主编
我国高职院校现代学徒制运行机制研究
贾文胜　著

出版发行	上海教育出版社有限公司
官　　网	www.seph.com.cn
地　　址	上海市闵行区号景路159弄C座
邮　　编	201101
印　　刷	上海颛辉印刷厂有限公司
开　　本	700×1000　1/16　印张16
字　　数	254千字
版　　次	2021年12月第1版
印　　次	2021年12月第1次印刷
书　　号	ISBN 978-7-5720-0262-5/G·0200
定　　价	68.00元

如发现质量问题，读者可向本社调换　　电话：021-64373213